与庄家共舞
成功穿越牛熊

散户股市实战获利必读

康凯彬——主编

# 跟庄

口碑热销

# 技法 实战

第4版

中国纺织出版社有限公司

THE STOCK MARKET

# 内 容 提 要

庄家运作一只股票时，无论是有意还是无意，都会在盘口留下不可磨灭的痕迹。散户要在股市中紧跟庄家，成为股市赢家，必须认识自己，了解对手，只有知己知彼，才能百战百胜。

本书全面地介绍了庄股的各种形态特征以及庄家坐庄的全过程，针对庄家不同的坐庄阶段，详细地解读了庄家的各种操盘手法及散户可采取的应对策略和技巧。本书修订后，引用了大量沪深股市的实战案例，散户一看就懂、一学就会，是一本引导散户炒股获利的好书。

## 图书在版编目（CIP）数据

跟庄实战技法：散户股市实战获利必读 / 康凯彬主编 . —4 版 . — 北京：中国纺织出版社有限公司，2021. 4（2025. 3 重印）

　ISBN 978-7-5180-8057-1

　Ⅰ . ①跟… Ⅱ . ①康… Ⅲ . ①股票投资－基本知识 Ⅳ . ① F830. 91

中国版本图书馆 CIP 数据核字（2020）第 209119 号

策划编辑：向连英　　责任校对：高　涵　　责任印制：储志伟

中国纺织出版社有限公司出版发行
地址：北京市朝阳区百子湾东里 A407 号楼　邮政编码：100124
销售电话：010－67004422　传真：010－87155801
http://www.c-textilep.com
中国纺织出版社天猫旗舰店
官方微博 http://weibo.com/2119887771
天津千鹤文化传播有限公司印刷　各地新华书店经销
2021 年 4 月第 4 版　2025 年 3 月第 8 次印刷
开本：710×1000　1/16　印张：15.5
字数：237 千字　定价：49.80 元

股市是一个实现资源配置，让财富重新分配的场所。在我国，大概有上亿的股民在股市中"淘金"，但真正赚钱的却只有少数人，股民们最应关心的是自己怎样才能成为那少数人中的一个。

庄家往往凭借手中所掌握的资金优势、信息优势等有利条件影响股价，以获取利润。在股市里，庄家大多数时间是在与散户博弈，庄家要赢利就要从散户的口袋里"抢"钱。在这场博弈中，庄家为了成功地"抢"到钱，或者说为了"抢"到更多的钱，常常穷尽其所能。散户要想在股市中获利，必须了解掌握庄家这条股海里"大船"的特性，才能够借庄家之船，以最小的代价获取最大的收益。

跟庄是一门很有深度的学问。《孙子兵法》中讲"知己知彼，百战不殆"，散户要想通过跟庄在股市中获利，就要全面地把握庄家坐庄的全过程，细心观察每一个细节，及时感知庄家的新动向。

正如彼得·林奇所说："不进行研究的投资，就像打扑克不看牌一样，必然失败。"对于散户而言，如果能够猜透庄家的坐庄思路，了解庄家的坐庄手法，看透庄家操作中的技术特点，就可以有针对性地制定跟庄策略。散户跟庄获利，不是一两天能练就的，必须认真学习相关知识，掌握庄家坐庄的规律，不断提高对股市以及坐庄的认识，才能完善自己的操作理念，提高自己的操作技巧，从而成为股市中赢利的少数人。

为了解答散户在跟庄过程中遇到的各种问题，防止散户进入跟庄的误区，引导散户建立适合自己的跟庄策略，本书编者博采众家之长，利用自己多年的炒股和操盘经验，深入剖析庄家在坐庄过程中不同阶段的技术特点、盘口语言以及惯用的策略，为广大散户揭开了庄家的神秘面纱，为散户抄底逃顶、跟庄坐轿提供了全面、有效的技术支持和战术指导。

本书共有九章。第一章讲述庄家的一些基本特征，让散户对庄家有个初步的认识；第二章讲解散户应当如何识别庄股、选择庄股；第三章分析庄家在建仓阶段的特征、建仓手法，为散户提供了在这一阶段的操作策略；第四章分析庄家在试盘阶段的特征、试盘方式以及散户的应对策略；第五章分析庄家在洗盘阶段的特征、洗盘手法以及散户应采取的操作策略；第六章分析庄家拉升阶段的特征、拉升的方式以及散户跟庄策略；第七章分析庄家在最后出货阶段的特征、出货手法以及散户的操作策略；第八章剖析庄家的种种盘面骗术以及散户识破骗术的技巧；第九章阐述散户在实战中的跟庄获利技巧。

本书引用了大量经典案例和实战图，内容通俗易懂，是一本引导新老股民、中小散户炒股获利的好书。

为了适应股市的新特征和庄家的新变化，我们对上一版各部分内容进行了修订。现将新修订的版本推荐给广大读者朋友，希望大家能够喜欢。

康凯彬

于北京

# 目 录
## CONTENTS

## 第一章 知己知彼——散户识庄才能跟庄

俗话说："知己知彼，百战不殆"。股市当中也是如此，散户要想在强大的庄家面前找到自己生存的空间，就要充分了解庄家，因为只有这样，才有可能在跟庄的过程中盈利。

# 第二章　寻迹大牛——散户选择庄股的技法

"练就火眼金睛"的主要目的是识别庄股，然后有选择地跟庄。如果千挑万选出的股票是一只庄家早已经开溜，只剩下套牢无数散户的"死股"，其结果可想而知。那么，如何才能选到庄股呢？其实，庄股是有一些常见特征的。

## 第三章 顺藤摸瓜——判断庄家建仓的技法

庄家要坐庄某只股票的前提条件，是能够收集目标股一定数量的筹码，即完成建仓工作。收集筹码建仓才真正意味着庄家坐庄的开始，不管前期做没做准备工作，只要不进场吸筹，就谈不上坐庄。庄家只有吸足了控盘所需的筹码，才便于日后其他环节的操作。庄家建仓阶段的主要任务是在低位大量买进股票，而吸筹是否充分、持仓量的多少，这些对其日后的做盘有着极为重要的作用。庄家建仓的过程就是一个筹码换手的过程。在这个过程中，庄家为买方，散户为卖方。只有在低位充分完成了筹码换手，吸筹阶段才算结束，发动上攻行情的条件才趋于成熟。庄家的吸筹区域就是其持有股票的成本区域。

## 第四章　火眼金睛——看穿庄家试盘动作的技法

庄家吸筹建仓完毕之后，并不会马上进入拉升状态，即使此时提升的心情十分急切，也要对盘口进行最后一次全面的试验，称作试盘。

一般庄家持有的基本筹码占总流通盘的30%～50%，而剩余的在市场中。在较长的吸货阶段，庄家并不能肯定在此期间没有其他庄家介入，通常集中的"非盘"（也就是不受庄家控制的流通筹码）如果在10%～15%以上，就会给庄家造成不小的麻烦，所以必须试盘。

散户需要注意，试盘这一过程并不一定就只发生在庄家建仓之后，在底部或顶部吸筹或出货等各个阶段都可能会出现，在庄家的洗盘、拉升、出货等阶段，通常都伴随着试盘。在进行下一步行动前，庄家经常要试盘，看看市场跟风是否踊跃，持股者是何心态。庄家在开市时通过主动下买单或卖单压低或拉高股价，以观测市场反映，测试一下盘中卖压程度及追高意愿，再决定是拉升还是继续洗盘，或者护盘、出货。通过试盘，庄家认为时机成熟后，才会进入下一个步骤的操作。

　　试盘在坐庄流程中不是必需的阶段，有的庄家无试盘阶段。有的股票运作并不一定需要试盘，因为试盘的主要目的就是更好地掌握主动，利用技巧造市，尽可能有效地降低庄家运作成本和风险。如果庄家掌握流通盘的绝大多数筹码，就不用大费周折地去试盘了。

## 第五章　对症下药——灵活应对庄家洗盘的技法

庄家为达到炒作的目的，就必须在炒作途中让那些低价买进，意志不坚定的散户抛出手中所持股票，以减轻上档压力，同时让持股者的平均价位升高，以利于施行其坐庄的手段，从而达到牟取暴利的目的。洗盘动作可以出现在庄家坐庄的任何一个阶段，基本目的无非是为了清理市场多余的浮动筹码，抬高市场整体持仓成本。提高散户的平均持股成本，并把他们赶下轿去，以减轻进一步拉升股价的压力。同时，在实际的高抛低吸中，庄家也可赚取一些差价，以弥补其在拉升阶段所付出的较高成本。很多散户在买进某只股票以后，由于信心不足而被庄家洗盘，事后懊悔不已，只能眼睁睁地看着股价一直涨上去。因此，散户对庄家的洗盘技巧务必熟知。

# 第六章 \\/\\ 四两拨千斤——抓住庄股拉升段的技法

庄家的拉升过程在坐庄过程中是一个十分重要的阶段。不经过拉升，就不可能获利。庄家操纵一只股票，前期经历了建仓、试盘、洗盘等过程，最终的目的就是拉高股价，然后在高价位出局，以此获得巨额的利润。庄家把股价从建仓时期的低位推高到派发时期的高位，这个过程就叫作拉升。对于散户来说，如果能够在庄家开始拉升股价时跟进，就能够在其逐步拉升中获取丰厚的利润。

## 第七章 坐收渔翁之利——巧判庄家出货的技法

"万事俱备，只欠东风"，庄家完成了建仓、整理、试盘、洗盘及拉高等几个阶段，工作已经完成了一大半了，只差最重要的一个环节——派发出货了。如果说庄家吸筹、洗盘和拉升都是手段，那么派发手中筹码便是目的。庄家能不能将账面利润转化为实际盈利，就在这个环节。

## 第八章 全面透视——识破庄家常用骗术

庄家与散户在投资市场的交易就是博弈，庄家的胜利是以散户的失败为基础的，其盈利都是从散户口袋里赚的钱。在这场博弈中，庄家为了成功地赚到钱，或者说为了赚到更多的钱，常使出各种骗术，使散户无法看清真相。散户要做的就是要穿破迷雾，识破庄家的伎俩。

# 第九章 见缝插针——散户获利的实战技法

散户在跟庄过程中，从一些技术上寻找最佳的买卖点，是决定能否盈利的关键点。通常，在大盘趋势不明朗的情况下，散户不宜急于介入，待大盘趋势明朗时介入，可降低投资风险。作为散户，要能够比较准确地把握市场的热点并进行关注。

# 第一章

# 知己知彼

## ——散户识庄才能跟庄

俗话说："知己知彼，百战不殆"。股市当中也是如此，散户要想在强大的庄家面前找到自己生存的空间，就要充分了解庄家，因为只有这样，才有可能在跟庄的过程中盈利。

# 一、看清庄家真面目

在股市中，大家经常提到"庄家"这个词，散户以跟庄为幸，大户以控庄自喜，股评家以推荐庄股为荣。那什么是庄家呢？其实"庄家"一词源于赌博活动，那些具有通吃通赔的资金量，并与众人赌博者称为庄家。在赌博中，庄家是以众人为对手，其梦想是大小通吃。证券市场中的"庄家"是一个引申概念，是借用赌博中"庄家"的名称，与通常所称的机构券商等同。他们拥有资金、人才、信息、技术、关系、渠道等多方面的优势。庄家相对于市场中的散户而言，在市场竞争中占有绝对的优势。

股市中的庄家，指能影响某一只或多只股票行情的大户，通常占有 50% 以上的流通盘。有时庄家控盘量不一定要在 50% 以上，这需要依品种而定。庄家以在市场中获取最大利润为目的，以各种不同的方式和手段，有目的、有计划、有组织地在某一个特定的环境中控制某一只或多只股票的股价走势。

## （一）庄家的结构与分类

### 1.庄家的内部结构

庄家是一个团体，其内部人员分工明确，根据不同人员所承担的任务和职责可以分为总管、调研人员、公关人员、资金调度人员及操盘手五类。每一类人员未必是一个人，可能是几个人组成的一个小组。

### （1）总管

总管的主要职责是主持整个坐庄过程的全局，把握大的方向，起着决策主导作用，是坐庄活动的核心，贯穿于整个活动的始终。总管负责决定选择什么品种坐庄、进庄时机、持仓数量、操作手法、出货方式以及资金调度和人员安排。

### （2）调研人员

调研人员的主要工作是与上市公司进行沟通，通过调查分析，归纳并提出一些有价值的建议和意见，并不断研究，给总管提出防范风险的措施。

（3）公关人员

公关人员是由庄家派出的"外交人员"，他们负责接触上市公司、咨询公司、电台、电视台、散户、大户、专家、股评人士及传媒等，贯彻和执行总管的意图以及发布消息等。

（4）资金调度人员

庄家要想尽办法使资金保持充足，就要有专门的资金调度人员与银行和其他金融机构打交道，以顺利融资保证资金供给。

（5）操盘手

操盘手的工作主要是按总管的指令进行现场买卖。操盘手的水平高低直接影响股价的走势，甚至是赢利的多寡，其作用不可低估。

2. 庄家分类

由于所选择的角度不同，庄家种类的划分也不同。

（1）根据坐庄时间长短划分

根据坐庄时间的长短来划分，庄家可以分为短线庄家、中线庄家和长线庄家。短线庄家运作周期仅几个月、数周，甚至几天的时间。短线庄家一般重势不重价，不强求持仓量，个股持仓量较少。其所选择的上市公司基本面一般，时间、仓位不定。要求速战速决，股价在短期内爆发力极强。中线庄家运作周期为6～12个月，控盘程度为30%～50%，建仓时间为1～2个月。庄家借助大盘的某次中级行情或个股利好拉高股价，通过板块联动效应，短时期内完成出货。长线庄家运作周期最少在1年以上，大多数在2年以上，股价上涨幅度不少于1倍，大牛股则为数10倍，控盘程度在60%～80%，呈现明显的坐庄阶段。长线庄家一般实力雄厚，宏观面、政策面、个股基本面都能很好地把握。

（2）根据坐庄形式的不同划分

根据坐庄形式的不同，庄家可以划分为合伙庄与单独庄。合伙庄就是两个以上的庄家共同坐庄某一只股票。通常该股基本面较好，流通盘较大。单独庄就是目标个股中只有一个庄家坐庄，庄家实力很强，通常控盘在50%左右。

（3）根据坐庄手法不同划分

根据坐庄手法不同，庄家可以划分为善庄与恶庄。善庄的操作手段较温和、善良，不单自己赚钱，也让跟风盘获利。善庄庄股基本面较好，股价波动幅度不大，庄家把握大盘的水平较高，控盘能力强，资金雄厚。恶庄的操作手段凶狠，股价波动幅度较大，股价大涨大跌。恶庄吸货时拼命打压，甚至让股价跌穿所有中期均线或重要支撑位；拉升前期拼命洗盘，把市场中绝大部分跟风盘赶下车；出货时震荡幅度极大，常采用打压出货和跌停出货。恶庄大多选择资金量要求不大、易于控盘的个股。

（4）根据驻留情况的不同划分

根据驻留情况的不同，庄家可以划分为常驻庄和游走庄。常驻庄长年累月驻守在某只个股中，不会轻易离去；在某只个股行情中多次发动行情，至少要做足一次大行情；庄家经常高抛低吸，赚取差价。游走庄碰到爆发行情时瞄准一只股票做足一次，或者遇有题材时爆发一波行情，其操作时间短、速度快，不恋战。

（5）根据入庄时间不同划分

根据入庄的时间不同，庄家可以划分为新庄和老庄。新庄就是庄家第一次入驻目标股，目标个股通常为刚上市的新股，或者老庄早已经撤出的个股。老庄就是已经进驻目标股的庄家，对个股的股性非常清楚，对股价走势把握较好，股价走势呈规律性波动。

（6）根据资金实力的不同划分

根据资金实力的不同，庄家可以划分为强庄和弱庄。强庄所在的个股在某一段时间内股价走势较强，预期升幅较大。弱庄资金实力较小，主要靠做差价赚取利润，弱庄股的股价在一定时期内升幅不会很大。

**（二）庄家的公共关系与特性**

1.庄家的公共关系

庄家坐庄是一个极为复杂的系统工程，牵涉到社会的方方面面。通常会借助各种力量，调动一切可以调动的因素来支持和协助自己的整个坐庄过程。庄家投入一定的人力、财力、物力来联络和搞好公共关系，是坐庄成功的必要手段。简单概括，庄家通常需要打通以下几个方面的公共关系。

（1）与上市公司的关系

庄家坐庄首先要了解流动盘筹码的分布情况，尤其是前100名最大筹码持仓量的情况，为日后操作提供第一手资料，这就需要庄家与上市公司搞好关系，来获取必要的信息。因此，上市公司的经营状况、重大事项的发生，庄家都能在第一时间知晓。在坐庄过程中，如果能够取得上市公司的密切配合，就会为发布消息、制造炒作题材提供方便。这样庄家就与上市公司形成一个特殊的利益共同体，结成一种特殊的同盟，通过利益的互动，最终达到坐庄计划顺利完成的目的。

庄家与上市公司的特殊同盟关系通常有三种情况，即上市公司本身就是庄家，庄家寻求上市公司的合作，上市公司主动寻求与庄家合作。

（2）与媒体的关系

在现代社会中，媒体越来越重要，在股市中尤其能凸显媒体的作用。庄家与媒体建立良好的关系，可以借助媒体传播、发布利好或利空等各类消息和题材。在市场中，庄家需要唱多时，就能通过传媒快速传达利好消息；庄家需要唱空时，传媒立刻传播出利空消息，以此来迷惑散户，扰乱散户的操作。这样就有利于庄家按自己的规划布置市场。股市中有影响力的报刊和电视台，都是庄家和股评家关注的重点。

（3）与股评机构的关系

在中国证券市场发展史上，股评家曾经风光无限，成为众多股民们顶礼膜拜的偶像。股评家因为自己的特殊身份，不可避免地与庄家有着错综复杂的关系——利用和被利用的关系。庄家希望股评机构介绍他们坐庄的股票，使广大投资者知道这只股票。庄家需要出货或是想让股票上涨时，也会要求股评家来"吹捧"，以减轻自己的资金压力，同时，庄家也会给股评机构一些利益。而股评家也可凭借与庄家的良好关系，在资金拆借、会员理财、对外咨询业务上获利。但大多数股评家还是能做到诚实正直、有职业操守的，他们利用自己所学的知识为投资人提供服务。

股市中有两种股评是万万不能相信的，一是神话级的股评家不可信，如果有股评家说自己能够精确地预测某只股票的股价在某日或某时将有拐点，大可一笑置之，因为股价的趋势和大致运行规律虽然可以预测，但绝不可能精确到那个程度；二是那些与个股有利害关系的股评家的股评不可信，这些股评家大多数都有明显的"黑嘴"行为。

（4）与当地政府机构的关系

我国区域差别很大，经济发展不平衡，地方政府对上市公司的支持有很大的差别。例如，一些经济较落后地区的上市公司能更多获得当地政府的支持和保护，这样就有利于庄家的坐庄活动，也就有利于庄家逃避监管和推卸责任。

（5）与专家、学者的关系

庄家如能与一些有影响的经济决策层面的专家、学者取得联系，就能够获得他们的指点与忠告，同时还能从中了解国家政策的意图，及时把握影响上市公司前途的最新政策动态，提前知晓相关利空或利好政策的出台，有效地防范风险，减少不必要的损失。这些经济或金融领域的专家、学者就是庄家最好的公共关系资源。

总之，庄家公关的目标对自己实施坐庄计划有明显的倾向性。庄家的主体不同，实力也有差异，他们的公关对象选择也是有差异的。资金实力较小的庄家，公关的重点一般会放在上市公司；炒大市、炒板块的庄家重点在传媒和专家；上市公司自己坐庄的，公关对象主要放在主承销商上；资金实力雄厚、目标远大的庄家，则可能调动市场上一切公共关系为自己所用。

**2. 庄家的特性**

无论哪一类庄家，它的目的都是最终获利，他们都具有欺骗性、操纵性、相反多变性、贪婪兑现性、假善凶狠性五大特性。

**（1）欺骗性**

股票市场是一个"零和游戏"，在这个市场中，庄家要赚钱，散户群体也要赚钱，双方的目标是一致的。庄家所赚的钱是从散户的口袋中获取的，但散户群体又不可能主动投降，拱手相送。因此庄家必然要采取惯用的欺骗手段从散户手中获取利益，比如在底部做难看的 K 线图形，使股价跌破中长期均线，发布利空消息，以从散户手中骗取低价筹码；在高位做出漂亮的 K 线图形，修复和完善各项指标，发布大量利好消息，以引诱散户介入等。这些都是带有欺骗性的行为，甚至有些还是违法、违纪的行为。随着散户群体的经验和智慧的不断增加，庄家的一些小把戏很容易被散户群体识破。庄家为了不被散户识破，通常会绞尽脑汁，利用各种真真假假的消息来麻痹散户，其最终目的就是把散户的钱套走。

**（2）操纵性**

庄家的最大特点是能操纵股价，使股价按照自己的意图运行。庄家在坐庄之前，一定会做好各项准备，制订好一个详细的坐庄计划。其后股价的走势只是按计划的模式运行而已，什么点位进货，什么点位出货，什么时间洗盘，洗盘的幅度多大，只要操盘手按流程操作就行了。由于我国证券市场没有做空机制，庄家获利必须把股价从低点向高点推，庄家在低位从散户手中抢夺廉价的筹码，再在高位引诱散户买入，接纳其手中的高价筹码。庄家如果不能有规律地操控股价，就会在坐庄时混乱无序。庄家只有集中资金和筹码，借助和利用各种条件来操控股价，才能从中获取巨额利润。

（3）相反多变性

K线图可以表现庄家在市场中的一切行为，这是庄家最不情愿但又毫无办法的事情。在众目睽睽之下，其各种手法很难欺骗市场中所有的散户。于是他们施展各种招数，运用反向操作，股价要上涨，庄家偏要股价先下跌，在底部恐慌性打压股价，使用长时间的"慢刀子割肉法"折磨散户。经常有些大牛股在底部运作很长时间后才爆发上涨行情。

（4）贪婪兑现性

庄家的本质就是追求利润最大化。在坐庄过程中，庄家需要调动巨额资金，花费大量的人力、物力和财力，付出高额的成本。如果有些资金是拆借来的，那么成本更加高昂。付出如此高的代价，其主要目的就是一个"利"字，因此庄家是股市中最贪婪的群体。

庄家坐庄一只股票，首先要把资金转换为筹码，再想办法把股价推高，最后把筹码转换为资金，再好的股票不变现，也只能是账面上的利润。股票市场是投机的市场，不论一只股票的价值如何好，也不管其未来成长性多么优良，只要它背离了投机的价值与原则，市场便会将其否定。因此，庄家在高位时必须完成筹码兑现的环节。散户要抢在庄家兑现之前出逃，以免使自己遭受惨重损失。

（5）假善凶狠性

股市是庄家与散户的一场博弈竞局，其结局不可能出现双赢。有时候，庄家会给散户一点小恩小惠，这就是市场中所谓"养、套、杀"的手法。"养"就是为了"套"和"杀"。散户赚钱，庄家就要输钱；散户亏钱，则庄家就会获利，这是一对尖锐的矛盾。市场中的"恶庄"把庄家的特性发挥得淋漓尽致，在底部吸筹阶段制造恐慌气氛，在高位则采用打压出货，手法非常凶狠。

**（三）庄家的坐庄路线与操盘特点**

庄家是利用市场运行的某些规律，人为控制股价使自己获利。不同的庄家为了达到获利的目的也会使用不同的坐庄路线。

散户跟庄炒股，需要忍受庄家的种种折磨，也要善于利用庄家坐庄的资金是有成本的这一弱点。大多数散户由于心理素质问题和技术能力欠缺，很难斗过庄家，也很难在跟庄炒股中获得好的收益。

散户要想学会跟庄，还需要了解不同庄家的操盘特点，短线庄、中线庄和长线庄在操盘时都有各自不同的特点。

1.短线庄家坐庄路线及操盘特点

短线庄家坐庄是最简单、最原始也是最容易理解的一种路线，即高抛低吸，在低位收集筹码，然后把股价拉到高位后卖出。庄家一旦发现一只有上涨潜力的股票，就会想办法在低价位收集筹码，等收集到足够多的筹码后，庄家就会利用手中的筹码拉抬股价，待股价拉抬到一定位置后，再把手里的筹码抛掉，从中间赚取的差价就是庄家的利润。

这种坐庄路线的主要缺点是做多不做空，只在行情的上升阶段控盘，在行情的下跌过程中不控盘，不能把行情的全过程控制在手里，随着出货的完成，坐庄也即告结束。每次坐庄都是一次性操作，这一次做完后，下一次做什么还得去重新寻找市场机会，找到机会还要和其他庄家竞争，避免被别人抢先坐上去。坐庄资金要求很大，总有一种不稳定感，主要原因在于只能被动地等待市场提供机会，而很难主动地创造机会。

短线庄家不太在意股票的控筹量，最关注股票的涨势。短线庄家大致可分为两种，一种是在股价下跌过程中抢反弹的，这类短线庄家会在广大散户抢反弹之前入场，等散户开始抢反弹的时候则出局；另一种短线庄家是炒题材的，这类庄家在个股发布重大利好消息前拉高吸货，或在重大利好发布后立即拉高吸货，之后迅速拉升股价，并在股价上升过程中快速离场，所以股市上流传着"利好兑现便是空"的说法。

2.中线庄家坐庄路线及操盘特点

中线庄家一般是在被市场看好的、有炒作题材的个股中进行轮番炒作，不会像短线庄家那样，在短短几天的时间里大量吸进筹码。

中线庄家一般是在股价处于底部区域时建仓，经过一段时间，建仓完毕之后不一定马上就拉高股价来获利，而是等待大盘向好时，或是有政策性利好消息时，庄家才开始拉高股价来获利。与短线庄家相比，中线庄家则很善于借势，比如利用个股的板块效应以及政策出台一些相关的利好消息时拉高股价，获利后马上出局。因此，中线庄家坐庄的基本路线是在股价处于底部区域或者是相对低位时建仓，建仓完毕之后，等待大盘向好或者个股利好消息出台，然后借助大盘向好，或者是利好消息快速把股价拉高，获利后便迅速出局。

跟短线庄家不同，中线庄家一般会对某个板块中的个股进行轮番炒作。中线庄家看好的是大盘的中级行情，或者是看好有题材可以炒作的个股。中线庄家建仓时不会短时间内大量买进，往往要在底部潜伏1~2个月来完成建仓，并且中线庄家所持有的筹码数量也不会很大。当大盘趋势走好，或者个股出现利好消息时，庄家则借机拉高股价，再通过行业板块的联动效应，在很短的时间内获取利润，之后迅速出局。中线庄家坐庄操盘要依赖外界的力量，比如大盘走势向好、个股出现利好消息等，而不仅仅是依靠庄家自己的资金力量，所以这类庄家坐庄操盘的风险一般都比较大，控盘行为比较谨慎。

3. 长线庄家坐庄路线及操盘特点

长线庄家在坐庄过程中更加积极，其坐庄思路是主动地创造市场机会，不仅要做多，还要做空。按照这种思路，长线庄家一轮完整的坐庄过程实际上是从打压股价开始的。

第一阶段，庄家利用大盘下跌和个股利空来打压股价，为未来的上涨制造空间；第二阶段是吸货，吸的都是散户们的割肉盘，又叫轧空；最后阶段是拉抬和出货。出货以后寻找时机再开始打压，进行新一轮坐庄，如此循环往复，不断地获利，这是长线庄家的思路。

长线庄家往往不看重个股的题材，而看重上市公司的业绩。长线庄家选择坐庄的个股，基本上都是有业绩支撑的股票。长线庄家的特点是具备很强的资金实力，从入驻到出货这一过程的操作时间比较长，普通散户在 K 线走势形态上能更清楚地分析出庄家是处于收集筹码、洗盘、拉升、出货等坐庄过程中的哪个阶段。市场上出现的那些黑马股，大部分都是从长线庄股中产生的。

长线庄家的持仓量比较大。因为长线庄家持股时间比较长，并且庄家对后市的预期涨幅也比较大，这就要求庄家能够对该股绝对控盘，因此庄家就要不断地收集筹码，以达到绝对控盘的程度。在这种情况下，有时股价从底部算起已经涨了一倍，庄家还在不断地收集筹码。同样，在出货的过程中，长线庄家的操作过程也同样是漫长的，而且到后期，庄家会不计成本地抛售。长线庄家的这一操作特点，应该引起大家的注意。

散户跟庄时，需要注意的是，除了站在自己的角度考虑问题外，也要站在庄家的角度想一想，如果结论认为两者的利益一致，散户就需要反省自己的判断是不是出了什么问题。另外，散户考虑和考察问题的时间要长远一些，不要被一两天的技术特征表象所迷惑。

**（四）庄家的坐庄时机**

时机对于庄家来说很重要，一般来说，好的开始是成功的一半，因此相机而动往往显得至关重要。庄家坐庄一般会选择以下时机进入。

1. 新股上市时

新股上市时，里面没有庄家，也没有套牢盘，且当日抛盘汹涌而股价定位模糊，同时新股流通盘小、股本扩张能力强。于是，庄家往往会介入那些市场前景好、同时市盈率也比较合理的新股，他们可能做长线，也可能做短线。新股的庄家大多数是主承销商，也就是券商庄，他们知道个股的底细。

2. 利空消息发布时

在中级、大行情中，庄家会在个股利空消息发布时入驻。因为，大势向好，个股上涨成为情理之中的事情。由于有些庄家准备不足，牛市初期踏空，便发布个股利空消息，以扰乱散户的心理，影响他们的操作，使其纷纷抛出筹码。庄家趁机大量吸筹，进入目标股，为后市上涨做好准备。

3. 宏观政策调整时

宏观经济、政府的政策方针是决定庄家能否愿意及顺利入驻的关键，它直接或间接地影响着庄家坐庄的信心和操盘策略。当宏观经济已经运行到最低谷或经济开始复苏的初期，市场大多数散户都经历了漫长的熊市套牢，心理上遭到沉重打击，极度悲观，对市场看空，忍痛割爱，纷纷抛出手中的低廉筹码。此时庄家会乘机收集筹码，等待反弹，当散户觉察时，股价已经上涨很高。所以庄家在宏观经济处在不乐观的情况下一般不会轻易介入。

4. 内部消息尚未公布时

庄家进入目标个股前，往往会对目标个股进行深刻地分析与了解，甚至去上市公司做详细的市场调查。在上市公司的业绩或基本面出现了重大改观，但消息还未在二级市场上表现出来之前，庄家便会乘机先行介入。其后随着利好的不断出现，二级市场股价重新定位，股价上涨也就在情理之中。

5. 熊市末期时

当熊市到来的时候，庄家一般很少入场。等到跌无可跌的熊市末期时，庄家就会逢低吸纳，这时的宏观经济面和政策面也有了回暖的迹象。庄家在这一阶段吸纳的筹码一般就是最低价的了。

6. 行情中途调整时

如果大行情已经持续很长时间，比较优质的个股一般会被别的庄家霸占，如果其他庄家想入场，那么就只能等行情上升途中的调整时期进场，然后坐等大势再次走好来抬高股价。

**（五）庄家的坐庄过程与思路**

1. 庄家的坐庄过程

庄家坐庄的基本原理是利用市场运作的某些规律，人为地控制股价而使自己获利。庄家在坐庄过程中必须要控制好整个坐庄活动的各个环节，即坐庄流程的每一个细节，才能从市场上获取利润。市场中最简单、最原始的一种坐庄过程是低吸高抛。然而，在实际市场中，一个完整的坐庄流程应该包括 10 个阶段，按时间顺序分别是建仓、试盘、整理、初升、洗盘、拉升、出货、反弹、砸盘及扫尾。这是一个较完整、标准的坐庄流程，以其思路清晰，操作性极强而被称为庄家坐庄的整体模式，也称为学院模式，具体如图 1–1 所示。

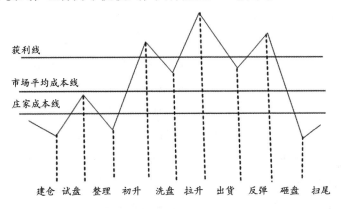

图1-1　坐庄流程图

在这个坐庄流程图中的每一个阶段，庄家都有其侧重点。比如，在准备建仓阶段，庄家的重点会放在上市公司的市场调研和市场环境的预测上。建仓阶段，庄家尽量做到隐蔽，并在市场上发布利空消息，让市场不看好此股，便于庄家吸货；试盘阶段讲究控盘程度；整理阶段讲究底部构筑情况；初升阶段主要是使自己的股价迅速脱离成本区；洗盘阶段股价大起大落、消息失真，让市场中的散户看不懂庄家的真实意图；拉升阶段讲究"快"，使市场散户还未明白时股价已在高位，追赶也已来不及；出货阶段讲究真真假假，发布利好消息，制作漂亮的走势图，引诱散户介入；反弹阶段讲究反弹幅度和筹码抛量；砸盘阶段讲究"凶狠"，不计成本打压股价，为下次行情做准备；扫尾阶段，重点计算整个坐庄过程中的利润收益情况，为日后坐庄活动提供有价值的经验。

庄家的坐庄风格各种各样，并不是每个庄家的坐庄过程都要经过这 10 个阶段。有的庄家交叉进行，坐庄手法很难截然分开，常是吸货、洗盘、拉升等动作一起进行。有的庄家则是省去其中一些环节，采取快速吸筹的方式，只要有卖盘的，庄家就通盘买进，并且强硬拉抬，一边进货，一边拉高，等到目标价位一到，就迅速出货。但是，不论是哪一类庄家都离不开最基本的建仓、拉升、出货三个阶段，这三个阶段也被称为庄家坐庄"三部曲"。庄家最常用的步骤是建仓、试盘、洗盘、拉升、出货这五步。此外，坐庄流程的 10 个阶段顺序也不是绝对的，比如试盘，可以是拉升前的试盘，也可以是下跌前的试盘；砸盘可以是拉升前的诱空式砸盘，也可以是跌势末期的砸盘。

2. 庄家的坐庄思路

庄家要想成功坐庄，需要有基本的坐庄思路。但是庄家坐庄路线在具体的操作中并不一定能实现。庄家在做多的时候，存在筹码派发不出去的风险；相反，庄家做空时，可能有打下价格但接不回来筹码的风险。

比较中长线庄和短线庄两种坐庄的路线，中长线庄既做多又做空，是一种更老道的手法。中长线庄既不怕涨，也不怕跌，就怕错误判断市场的发展趋势。对于中长线庄来说，股价上涨的时候，庄家可以做多赚钱；股价下跌的时候，庄家可以借机打压吸筹，为以后做多创造条件。成功坐庄的关键就是看准市场发展的方向。庄家看准市场方向，不同于散户预测行情走势。庄家可以主动地推动股价，他要考虑股价向哪个方向推动，才会符合市场的发展趋势。庄家只要推对了方向，就可以引起市场散户的追捧，而作为股价推动者的庄家，就可以获利。因此，中长线庄家的基本思路，是把握市场上的做多和做空潜力，成为市场发展的主导，从而推动股价运行，释放市场积蓄的能量。

短线庄高抛低吸的坐庄路线是顺应市场，为市场释放能量提供了突破口。庄家寻找坐庄股票的过程，就是在寻找哪只股票有上涨潜力，拉抬和成功出货则是释放这一市场能量的过程。短线庄的坐庄路线，只想着怎样释放市场的多头能量，而不考虑怎样释放空头能量以及怎样蓄积新的多头能量，所以其坐庄路线不够完整。

总而言之，不管是中长线庄还是短线庄，成功坐庄的关键都是正确释放市场能量。

中长线庄的操作思路适合于股价在合理价值区域内波动的股票，这种股票既可以上涨，也可以下跌。对于这类股票，庄家持仓不会太重，锁定的筹码数量也较少，所以股价受大盘的影响比较大，庄家必须顺势而为，利用人气震荡股价，才能盈利。所以，中长线庄主要是利用市场上的人气，也就是市场大众情绪的起伏来获利，同时，要注意市场情绪的起伏是有一定节奏的。行情的一般规律是人气旺、市场情绪高涨时，买盘强，股价上涨动力大，市场承接力也大；人气弱、市场情绪低落时，买盘弱，股价下跌的动能强，市场承接力小。庄家利用市场中的这种规律，反复地调动和打击市场情绪，在市场情绪的起伏波动中实现高抛低吸，这是中长线坐庄的最基本手法。中长线庄家通过摸顶和探底，探索股价的合理价值区间，是一个价值发现的过程。

庄家坐庄的一般思路和原则，具体到每一只个股上，由于其业绩和市场人气特点不一样也有所不同。比如，同样的业绩，但由于上市公司所处的行业不同，经营者的经营风格不同，与庄家配合的程度不同，都会使庄家炒作的思路和方法上各具特点。每只股票的投资群体都有一定的差异，但不能等同于市场散户的总体分解。每只股票的庄家及其投资行为，都有一些与散户总体不同之处。所以，庄家坐庄的思路与散户的思路是有差别的。

### （六）庄家的资金安排

#### 1. 资金分配

庄家坐庄需要资金，资金是坐庄的基础，如果没有资金，即使有很好的人际关系、市场环境、组织能力也是没用的。不管是自有资金，还是拆借的资金，坐庄一只股票资金准备量少则要上亿元，多则要几十亿元。资金是庄家在市场中获取利润的有效工具。整个坐庄过程都是围绕资金链不断循环的过程，资金是股票市场的核心。

坐庄资金可以划分为三部分，一是建仓资金，庄家在股价处于低价循环圈内收集筹码所花费的资金；二是拉抬资金，庄家在推高股价的过程中所花费的资金；三是预备资金，在坐庄过程中为了应付市场中可能发生的各种意外事件而准备的资金。

资金的分类不同，作用也不同，使用方法也是不相同的。建仓资金一般是庄家的自有资金，投放市场中的时间较长，也是庄家在市场中获利必须花费的资金。这部分资金一般要先期到达、先期进场，让资金变为廉价筹码。建仓资金保障可靠，数量较大，是衡量庄家实力强弱的重要标志。

庄家在建仓后，要等待天时、地利、人和三者相协调时才开始拉升股价。拉抬资金的变化性极大。股价上升时间一般大大少于筑底与盘整的时间。有人统计，上升时间只为盘整时间的 1/8，故拉抬资金使用时间是短暂的，有时为几天或十几天。这种资金可以是庄家的自有资金，也可以是庄家的拆借资金。如果是拆借资金，当拉抬任务完成后，庄家应还本付息归还借贷方。这笔资金相对于建仓资金来说，数额较少，但作用重大。

预备资金就像部队中的预备军一样，在战斗最后的关键时刻能发挥不可估量的作用。预备资金是庄家必须准备的，它是为在坐庄过程中突发危机来临时准备的资金。资金量一般较少，没有特殊情况发生，庄家绝对不敢动用。这笔资金在庄家的整个坐庄过程中可能被用上，也可能用不上，但却必不可少。缺少预备资金，坐庄是一种危险行为，如果没有这笔资金，在整个坐庄过程中庄家在心理上、操作上会受到影响。

资金的使用量，不同的庄家是不同的。在坐庄过程中，如果操盘手水平高，操盘技巧老道，就能充分利用大势、热点、市场人气、技术分析等多种方法，把股价轻巧推高，则使用资金相对少些。

2. 筹码分布

散户要想知道庄家控盘筹码的多少，首先要清楚流通筹码的分布情况。假如流通盘的总筹码为 1，一只股票流通盘总数的 20% 是永远锁定不动的，不管其股价行情的大涨、大跌还是横盘整理，这部分筹码坚决不会跑出来，属于固定不变的，一般可称之为"死亡筹码"。流通盘中剩下的 80% 是流通筹码，这部分筹码中，最活跃的浮筹只占总流通盘的 30%，这部分筹码随行就市，不停地在市场中流动着，一般可称为"活筹码"。这是庄家主要收集的对象，也是庄家最容易收集的筹码。如果庄家能收集到这 30% 最活跃的筹码，加上固定筹码（死亡筹码）的 20%，则庄家能控制市场中筹码总量的 50%，基本上可达到坐庄所需的筹码标准。剩下来的 50% 筹码的活跃程度是介于死亡筹码与活筹码之间，一般称为"不死不活的筹码"。在这些不活跃的 50% 的流通筹码中，有 20% 的筹码相对稳定，只在股价大涨的情况下才卖出，这是市场中真正能获利的筹码；有 15% 的筹码，只有在股价长时间上涨时才卖出；剩余 15% 的筹码，只在股价图形走坏的情况下才卖出。

也就是说，庄家通常只要能吸纳、控制流通盘总筹码的 30%，便可以做盘；如果能提高到 50%，则属于庄家高度控盘，其可以随意在市场上做各种操作，完全控制和操纵股价走势。散户掌握了流通盘筹码分布情况，便能认清、了解、分析、掌握庄家在建仓、拉升、出货过程中所持筹码的比例和方法，同时可以采取有效对策。

3. 账户管理

庄家坐庄分仓不但能逃避法律上的持股比例限制，而且有利于其操作的方便性。一般分仓的做法是一个主账户下挂若干个分账户，资金共享，根据流通盘大小而确定开设账户数目。庄家坐庄使用 100 ~ 300 个账户是较普遍的。随着管理的加强，庄家的行为变得越来越隐蔽，大多数庄家倾向于使用更多的账户，比如 5000 万流通盘的股票可以采用上百个以上的账户坐庄。

# 二、散户与庄家各自的优劣势

散户与庄家的矛盾是当前股市中最主要的矛盾，股市的运行规律正体现了庄家与散户的运作特征。这就要求散户必须大胆地面对现实，在市场中找到庄家，了解庄家的优势和劣势，利用自己的优势在适当的时机去攻击庄家的劣势。

## （一）散户与庄家的区别

散户指那些投入股市资金量较小的个人，庄家则指能影响某一只股票行情的机构大户。庄家除了具有资金和信息方面的优势之外，其思维方式和操作方式与散户也有极大的不同。散户与庄家具体的不同之处有以下几个方面：

①通常庄家用几个亿、十几个亿做一只股票；散户用十万、几十万做几只或十几只股票。

②庄家不仅有资金、信息等众多优势，对技术理论也有非常好的掌握，比如道琼斯理论、趋势理论、江恩法则等早已烂熟于胸；散户一般连 K 线理论都没能很好地掌握，就开始宣扬技术无用论。

③庄家在炒作一只股票前，对该股的基本面、技术面会做长时间的详细调查、分析，制订周密的计划后才敢行动；散户则看着电脑屏幕，几分钟即确定买卖。

④庄家做一只股票要用上 1 年甚至几年，散户做一只股票只用几周甚至几天。

⑤庄家 1 年做一两只股票就大功告成；散户 1 年做几十只股，甚至上百只股还心有不甘。

⑥庄家特别喜欢一些较冷门的个股，以将其由冷炒热赚钱；散户总喜欢一些当前最热门的个股，由热握冷而赔钱。

⑦庄家总是非常重视散户，经常到散户中倾听他们的心声，了解他们的动向，做到知己知彼；散户一般会对庄家的行动和变化不知晓。

⑧庄家喜欢集中资金打歼灭战，做一个，成一个；散户喜欢买多只个股作分散投资，有的赚，有的赔。

**（二）散户的优势**

散户在跟庄过程中虽然一直处于被动状态，但也有自己的优势。

1. 资金量小，操作灵活

散户最大的优势就是资金量小、灵活性强。散户手中握有的少量资金，随时可以入市买入，出局也比较容易，因为散户买入和卖出的量都比较少，市场上总会有人接手。散户不知道庄家持仓量多少，不知道上市公司会有什么利空或利好信息，也不知道庄家会采取什么诡异的操作手法，但却具有灵活机动、易进易出的优势，随时可以决定止赢（或止损）而出局。散户在观察、辨识庄家的操作手法时，一旦识破庄家的企图，可以随时做出买或卖的决定。

2. 操作成本低

股市上贷款炒股的人有，但毕竟是少数，散户炒股的钱是自己的，一般人只拿自己闲余资金的一部分炒股，因此不必负担高昂的利息。散户投资往往都是个人行为，与他人无关，既不需庞大的咨询机构，也没有必要聘请投资顾问，投入的其他费用几乎可以忽略不计。而庄家无论是赔是赚，都得支付一笔可观的咨询费、投资顾问费，甚至借贷款利息等。

3. 持股时间自由支配

散户持股时间可以自由支配，一只股票掌握多长时间都由散户自己做主。而庄家是不可以的。首先，他们的资金是有成本的，拖得太久，成本就会变大；其次，他们的资金是有保值和增值需求的，比如，基金经理如果一定时期内做得不太好，可能就会被换掉；而散户不用每个季度拿自己的市值去排名，对其而言，股票套了，那就先放那里，只要不退市，总有机会回本的。这就是在熊市时，为什么会有很多证券公司倒闭，很多庄家血本无归的根本原因。

**（三）散户的劣势**

散户也有许多劣势，正是这些劣势导致大部分散户成为股市中的牺牲品。有些劣势是没办法改变的，但有一些劣势是完全可以改变或可以克服的，扬长避短，是一切战略战术的核心。散户只有认清这些劣势并采取积极的措施加以改变，才能做到吃定庄家。

散户的劣势一般分为两类，一类是不可改变的客观劣势，另一类就是主观劣势，也可称为心理劣势，这一劣势是可以改变的。

1. 客观劣势

（1）资金少

散户一般是由工薪族、一般民营企业中小业主、退休人员及下岗人员组成。他们手中的余钱不多，始终处于被动的买卖局面，在股市中处于任人宰割的弱者地位。

（2）技术水平低

散户投资股市一般是自主的个人行为，没有聘请专门的投资顾问，也没有咨询机构，大多数人买股的依据只是某位股评名家的看法，或上市公司预告的信息，或自己的主观判断。他们水平有限，技术指标所知甚少，没有能力对技术指标进行研读，买进股票时大多没有经过严密的分析推断。比如有的人仅是一时头脑发热，而有的人则是盲目跟风。买进股票后，面对庄家打压、拉升的反复上下折腾，显得不知所措，心烦意乱，由于技术工具的缺乏以及分析水平有限，他们一般不能静下心来，哪怕是最简单的原则也没有考虑过，导致持股信心丧失，做出错误的操作，以至于割肉亏损出局，或者赚了蝇头小利就出局，而享受不到后来涨升的大幅利润。

（3）信息不灵通

散户通常得不到内幕消息，他们获取信息的渠道极其有限，不知道股票涨跌的原因和时机，只能跟风，或者犹豫不决，错失买卖良机。在股市里，信息就是金钱，如果比别人先获取信息，就能赚取丰厚的利润。而庄家往往与上市公司关系密切，对上市公司的内部信息是"近水楼台先得月"，他们还经常与上市公司、主承销商及咨询机构进行内幕交易。股市是错综复杂、变化无常的，存在着各种谣言，有的甚至是上市公司或庄家刻意制造的，散户由于信息渠道不畅，经验不足，可能会把谣言当成好消息而采取行动，结果往往成为谣言的牺牲品。

（4）时间和精力不够

散户一般都是业余的，他们中大部分人有固定的工作，拿不出更多的时间和精力去关注股市。散户买卖股票不是依靠科学的方法，凭的只是道听途说或自己的主观臆断。有些新入市的散户对证券市场根本就没有充分认识，更不具备分析能力，入市后也没有时间和精力去总结经验，汲取教训，因此屡战屡败，屡败屡战。

2. 主观劣势

参与股市的散户，他们的教育、社会、经济等背景各不相同，但是他们有一个共同的目标，那就是都想趁着股市热潮，在极短的时间内赚一大笔钱。尽管有些人证券知识、理论基础都十分了得，可偏偏炒股也一败涂地，究其原因，是他们的主观劣势造成的。庄家掌握了散户的这些主观劣势，便能在股市中兴风作浪。散户的主观劣势可以用"贪""懒""怕"概括。

（1）贪

在日常生活中，我们观察到许多骗人或者被骗的事例，往往骗人的花招并不高明，被骗的人也并不笨，但类似案件却不断地出现，上当受骗者都有一个共同的特点，那就是"贪"。针对散户的"贪"，庄家们制造出一匹匹"黑马"，让那些试图抓住每一匹黑马和每一波行情的人在筋疲力尽之后缴械投降。散户应当在入市之前就为自己制订一个合情合理的利润目标，然后用平常心看待股市的潮起潮落，"君子居安思危，顺势而为，不贪不躁，天亦无所用其伎矣"。

（2）懒

人希望有不劳而获的劣根性，喜欢让别人给他出主意，并且不愿意承担责任。在股民群体之中，有些人宁可相信他人，尤其是一些股评人士所讲的话，也不愿相信自己。还有些人不愿意下苦功学习，整日打听各种"内幕消息"，以期得到"免费午餐"。而庄家们则利用散户的"懒"推出许多"饲料"，把散户越养越"懒"，最后一刀宰杀之。

（3）怕

人都有恐惧心理。人之所以害怕，大都是因为对前途没有信心，或者曾经有过惨痛的失败经历。庄家深谙散户的这一心理，并利用这个特点来左右散户的投资行为。庄家利用各种舆论工具来左右散户的思想。在低位吸筹码时，制造恐慌气氛，吓出散户手中的筹码；而在高位出货时，又制造乐观气氛，给散户造成可能踏空的心理暗示，从而让散户不顾一切地追高接筹。

总而言之，每一个希望获得成功的散户，都需要具备投资的三个关键要素，即健康的投资心理、较好的技术和出色的资金管理能力。

### （四）庄家的优势

散户应通过认识庄家的优势和劣势，并正视庄家的这些特点，深入了解庄家的操作意图和操作手法，从而以正确的操作理念来控制自己的操作行为。

**1. 资金雄厚**

只有具备了雄厚的资金实力或是强有力的融资能力，才可以坐庄。庄家都拥有上亿元的巨额资金，巨额资金是庄家的主要优势。由于他们持有相当大的资金，可以尽可能多地持有流通筹码，他们能清清楚楚地知道散户的持仓量。作为单个的散户，却没有谁能准确知道庄家的持仓量是多少，因为散户与散户之间无法进行有效的沟通和信息传递。庄家控制了一定量的流通筹码后，进而可以随心所欲地对股票的趋势和价格进行控制。他们通过高抛低吸、逢低建仓、逢高出货等操作策略及科学的投资组合，从而可以有效地规避风险，获取最大的收益。

**2. 优秀的团队**

庄家一般都有高素质的团队通力协作，有专家或专业技术人员为其服务，人才优势比较突出。优秀的操盘手、政策研究员、行业分析师及高级公关人才等，都是庄家重点招揽的对象。在坐庄前的调研阶段，有专门调研人员对市场进行调查研究，这些人不但专业水平高，其综合分析能力也十分强，根据对市场的调查分析，能提出合理的意见和建议给庄家。在具体操盘过程中，庄家有高水平的操盘手进行操作。操盘手的个人文化水平一般都很高，他们精通基础分析和技术分析技巧，具备操纵股价的技巧和经验，能够准确预测大盘的近期走势，并能够根据市场的变化及时调整操作思路，基本可以保证在低位吸货，在高位出货，为庄家创造最大利润。

**3. 信息畅通**

庄家的信息优势体现在以下几个方面。

（1）第一时间获得信息

庄家通常具有丰富的专业信息渠道，目标公司的有关信息通常是坐庄机构或大股东首先获得，这几乎很难通过市场规范加以改变。

（2）有条件制造信息

庄家对目标公司的炒作方式正在不断变化，由过去单纯的在市场上收集、拉高、派发演变为参与公司管理，甚至给上市公司当推销员，设法改变大众对上市公司的市场评价，从而达到成功炒作的目的。

（3）能控制市场信息

通过串通股评人士制造市场炒作气氛，通过对倒放量，控制价格，改变技术形态。这些手段都可以被庄家用来制造多头或空头陷阱，使中小散户出现判断失误，达到收集或派发筹码的目的。

（4）更容易掌握筹码分布状况

庄家能够通过现有的市场技术手段和自己对筹码的控制程度，了解中小散户的持筹情况，从而可以做到知己知彼。

从庄家所拥有的信息优势来看，单枪匹马的中、小散户是很难与之抗衡的。虽然有众多市场咨询机构为散户出谋划策，但有时不但无益于准确的判断，反而成为严重的干扰信息。

4. 可以做到较低成本

庄家融资后，表面上庄家在更高的位置加仓或拉升提高了持仓成本，但实际上由于筹集的资金多，则坐庄成功的概率高，拉升空间大，相对于其初始自有资金而言，获利的可能性增大，获利空间增加，无形之中降低了成本。另外，庄家可以通过反复做波段来降低成本，不断进行高抛低吸，在不丢失筹码的情况下得到差价，从而进一步降低成本。对散户而言，波段操作难度极大，要么做波段被套牢，要么做波段把筹码做没了，最终很少能获得成功。

5. 盘面优势

由于庄家拥有大量的筹码，盘中的一举一动可以清楚掌握。如买一、买二、买三中的托单和卖一、卖二、卖三中的抛单，多少是庄家自己的，多少是散户的，庄家一目了然。股价上升到了什么价位会遇到强大的抛压，下跌到什么价位会出现强大的反弹，只有庄家清楚。散户仅凭公开的技术分析去研判，往往会落入庄家早已设下的陷阱。庄家在操盘中股价未到高点已开始撤退，或未到低点便转身而上，常常打擦边球，使散户措手不及。

庄家还可以通过一些变通的手法钻法律、法规和政策的空子，比如多开户头，以逃避持股达一定比例必须向社会公告的规定。

**（五）庄家的劣势**

庄家有优势也有劣势，尽管庄家在坐庄过程中尽可能地利用自身的优势来弥补劣势，但仍然有兼顾不到或力所不及的地方，而这恰恰为散户提供了可以利用的机会，这也是散户跟庄的切入点。

1. 资金成本压力大

庄家的资金虽然强大，但都是有时间成本的，而且绝大部分资金的利息是高于同期贷款利息的。这些资金在短时间内确实能发挥强大的威力，但是如果时间拖久了，庄家就会不堪重负。市场中常会出现这样的现象，比如长假来临前，会有部分庄家将资金撤出股市，而这就是时间成本造成的结果。庄家的资金大多背负着沉重的利息负担，如果无法及时兑现出局，其压力之大是可以想像的。另外，庄家大多设置了庞大的咨询机构，聘请了若干投资顾问和操盘手，并且要花相当大的代价去和各方搞好关系，并且每一次控盘动作都需要成本，所有这些，注定庄家获得的毛利还要大大地打上折扣。

2. 船大难调头

因为持仓太重，庄家要想成功兑现出局并非一件容易的事。庄家在操纵股价走势过程中要玩弄很多花样，使用许多指标。但如果被散户识破，不肯在远离股票价值的高位接过这最后一棒，而将这个烫手的山芋甩给庄家，庄家是无可奈何的。在这个时候，庄家就会被套在自己亲手制作的套子里，靠对倒来维持股价。

在遇到突发事件时，庄家无法及时有效地规避损失，容易引起其他庄家的参与并分享成果。在每波行情见顶之后，总会有一些庄家因操作失误而重仓被套。如果大盘处于极度弱势，则庄家的处境就更艰难。因为这时若一味地将股价维持在高位，则控盘成本太高；若顺势将股价打至低位，又可能遭到其他庄家的伏击，从而丢掉部分低价筹码。

3. 技术指标易留痕迹

庄家在坐庄的过程中，操盘行为在股票走势图上必然留下痕迹，一旦被散户识破，就给散户提供了赚钱的机会。坐庄一定要拉抬股价，如果庄家不造势，就很难有高位派发的机会。如果上市公司不配合庄家，目标个股中早已有别的庄家潜伏其中，这些都将增加庄家坐庄的难度。庄家投入资金多，如果股价没有足够的上升空间是赚不到钱的，庄家完成目标股的坐庄全过程，需要足够的时间和空间。在这个较长的周期中，就给散户提供了足够的赚钱机会。

# 三、散户跟庄应坚持的原则

散户一旦决定跟庄，就应该从大的方面制定出跟庄策略，变被动为主动，掌握制胜权，从而成为股市中的赢家。由于散户各自情况不同，所选庄股不同，因此跟庄不可能使用完全相同的策略。但是，由于庄家坐庄的过程具有一定的共性，因此散户跟庄的基本策略应该是一样的，而这些基本策略实际上也是散户跟庄时应坚持的原则。

## （一）战胜自己

散户一般视庄家为自己的假想敌，他们整天关心的就是庄家何时拉高，何时震仓以及何时出货。在他们眼里，庄家到底是什么模样，谁也不知道，但确实有个叫"庄家"的人处处跟自己过不去，自己一买就套，一抛就涨。庄家是如此强大，常常是战无不胜，于是散户不得不拉长耳朵到处打探庄家的消息，寻找庄家的踪影，以便随时跟上庄家的脚步。于是庄家也就将计就计，故意透露些消息给散户，散户又传给朋友，知道的人越来越多，跟进的人也越来越多。此时，庄家就顺水推舟，利用手上大量的资金与底部筹码，在消息传开之时顺势拉抬一下股价，众散户一见确认消息无疑，于是大举跟进，就在大家的一片追涨声中，庄家将筹码统统都抛给了散户，全身而退。此时，众散户才如梦初醒，但为时已晚。

散户应该有跟庄依据和跟庄策略。如果散户把精力放在打听庄家的消息上，往往会跟庄不成，反被庄家戏弄。庄家有时就是市场本身，散户四处找寻庄家的行踪，恰恰是散户对自己没有信心的表现，散户连自己都战胜不了，怎么能去战胜市场呢？散户要在股市中占有一席之地，就要细心经营这一席之地，发挥优势，攻击庄家的弱点。要在战术上重视庄家，战略上貌视庄家。既不要整天被庄家牵着鼻子走，又不要在关键时刻对庄家的信号无动于衷。如果整天想着怎样去跟庄，反而跟不上庄，即使跟上了，也可能是搭上了最后一班车，能够全身而退就算万幸了。若整天跟着庄家转，不仅身心疲惫，而且容易忽视公司的基本面变化与大盘变化，更容易被套。所以，身在股市，要排除干扰，勤于思考，做到心中无庄，才能客观地分析自己挑选的股票，而不会因为错误的消息干扰自己的分析。

**（二）换位思考**

散户要想跟庄获利，就要站在庄家的角度想问题。其实跟庄炒作的主要依据就是技术分析结果，特别是要琢磨庄家的一切盘口表现。基本面分析是分析的基础，尤其是上市公司的基本面分析，这可以作为选择目标股的参考，但不是主要的选择标准。散户要尽量按照技术分析的结果行事，然而在某些非常时刻，根据技术走势做出常规的判断后，如果坚决进行反向操作，有时会效果奇佳。

散户要像庄家一样分析成本和赢利。庄家操盘犹如经营企业一样，有投入才有产出，要考虑市场形势，也要计算成本、风险与赢利水平，散户跟庄需要把握这个规律，跟踪分析庄家的建仓成本、交易成本和赢利水平。散户在买入低成本的股票后，要持续守仓，中间穿插一些短线操作，一旦大行情完成，立即抛出，之后至少在半年的时间内不要再关注这只股票。

散户还要分析成交量，因为成交量是市场相对真实的变量，使用成交量分析这一工具，既符合量比价先行的原则，又可识破庄家通过控制技术指标制造骗线。成交量是庄家行情的生命线，散户一定要关注成交量。庄家大建仓，必然平缓出局，而暗中吸纳的庄家往往会倒水。

此外，散户要分析跟庄的时间与周期。成功的庄股行情，必然包含建仓、出货等不同的周期阶段。建仓阶段越明显，控盘迹象越强烈，出货的特征越模糊。相反，如果吸纳特征不明显，那么中间的阶段性特点就越明显。

**（三）做好跟庄计划**

在庄家和散户这场以暗对明、以大对小的"战争"中，庄家占尽主动，散户则多处于盲目被动之中。凡事有利必有弊，庄家的优势在于拥有巨大的资金量，但巨额资金在股市中易进难出，这限制了庄家的操作。虽然，庄家可以运用巨资在股市中兴风作浪，或推高股价，或打压股价，但庄家若想让其巨资退出股市，就没有那么容易了。价值数千万乃至十多亿元的筹码，不是想卖就能卖出去的，即便庄家割肉出局，也很难在短时间内完成，除非庄家愿意承受天文数字般的亏损。

散户跟庄要有计划性，事先做好规划，了解庄家的操盘过程及其弱点。扬长避短是一切战略战术的核心，股市中也不例外，庄家的弱点恰恰是散户的优势。散户手中的资金少，想入市时可以随时买入，手中持有的筹码想出局也非常容易。散户不知道庄家的持仓量是多少，不知道上市公司会出什么利空或利好信息，也不知道庄家会用什么样的策略来操控股价，但散户却具有灵活机动、易进易出的优势，这种优势连庄家也羡慕不已。散户不用去费尽心机地分析庄家持仓量是多少，也不用去打听什么利空或利好信息，更不用去猜测庄家下一步会施展什么手段，只要盯住盘面，运用一些技术分析方法确定盘面的状态，据此制订自己或进或退的几个指标，并严格按照进退指标操作，任你庄家如何兴风作浪，都很难把散户的资金给套进去。

另外，在与庄家角力的过程中，散户一定要遵守制订的操作计划，股价走势向上，并突破了上升指标，就守仓；股价走势若向下并突破了止损线，则出局。形势有利时就买入，形势不妙时就赶快离场。有利润了就抓，赢利了也不贪。麻雀啄食，每次操作赢利虽微，但次数多了，聚沙成塔，总体利润也会很可观。尤其值得大家注意的是，采用这种跟庄策略，庄家制造的风浪将吹不到你、淹不着你，从而灵活地利用庄家掀起的风浪获利。

**（四）避免策略误区**

散户要想有稳健的赢利模式，就要有正确的操作思路，摒弃那些常见的思维误区。下面就是一些散户在跟庄中存在的策略误区。

1. 不设止损点

有的散户曾发现某只股票止损后没过几天股价又涨了回来，在下次操作时遇到股价下跌就抱着侥幸心理不再止损。对散户而言，是不容许出现超过 5% 亏损的。散户在设止损点的同时，也要有自己的赢利模式，不能在股市中只是止损出局了事，最终达到赢利的目的才是最主要的。

2. 不敢追高

许多散户都有"恐高症"，认为股价已经涨上去了，如果再去追涨被套住怎么办。其实，股价的涨跌与价位的高低并没有必然联系，关键在于"势"，在上涨趋势形成后，股价的安全性是很高的，而且短期内获利很大，核心问题在于如何判断上升趋势是否已经形成，这在不同的市场环境中有不同的标准，比如在大牛市中，放量创出新高的股票是好股票。

### 3. 不敢追龙头股

一只股票开始上涨时，散户不知道它是不是龙头股，等大家知道它是龙头股时，已经有一定的涨幅了。这时散户往往不敢再跟进，而是买一个涨幅很小的跟风股，以为可以稳健获利，没想到跟风股是慢涨快跌，弄了半天，结果却一无所获。其实在强势时，涨势越强的股票，跟风越多，上涨越轻松，见顶后也会有一段时间的横盘，散户有足够的时间出局。当然，如果涨幅太大，则不可贸然进场。

### 4. 对庄家的操盘方法认识不足

许多散户对庄家操盘的方法没有一个系统的认识，炒股就像盲人摸象，毫无章法，运气好时能赢两把，运气不好时则一败涂地。

### 5. 不能区分牛市和熊市的操作方法

其实我国的沪深股市，牛短熊长是不变的主旋律，机构喜欢做多，那是因为只有散户做多，他们才有利润可赚。散户要做的就是在牛市时，一旦出手，至少要有七成以上的胜算；在熊市时，则不要轻易割肉，要以捂股为主。

### 6. 喜欢抄底

许多散户都抱着抄底的目的买进股票，尤其是处于历史低位的股票。看到自己买的股票成本比别人的都低，心里简直是乐开了花。却没有想到，一只股票既然已创出了历史新低，那么很可能还会有很多新低出现，甚至用不了几个月股价就被腰斩了。

### 7. 喜欢预测大盘

除了极少数情况下，可以确定次日大盘必涨外，大盘的短线走势其实是不可预测的。这也就是说，散户关注的机构预测后市并没有多大意义。对于靠看大盘来做个股的散户来说，可以把大盘分为可操作段与不可操作段，具体区分的方法有很多，比如说30日均线、MACD，或者是一些更敏感的指标等，通过技术指标判定大盘的走势会更准确。

### 8. 持股种类太多

有的散户持有十几只股票，这主要是因为没有自己选股的方法，炒股靠别人推荐，只要别人说好的股票，就买进持有，生怕漏掉每一次赚钱的机会，结果就有了多只股票，搞得自己手忙脚乱。一般来说，散户持股2～3只是比较合适的。

### 9. 见机会就杀入

有的散户不愿放过每一个机会，看见大盘涨了一点就急忙杀入，根本不清楚自己能有几成胜算，往往容易被套住。如果散户能有几套适用于不同市场环境的赢利模式，那么不管大盘涨、跌还是盘整，都会有稳健的获利办法，就能从容不迫地等待上升趋势形成后再介入，把风险降至最低。

### （五）散户跟庄实战策略

#### 1. 随庄

根据庄家的行动，分析其操作策略，剖析其市场表现。庄家敢于坐庄，并非无目的的行为，而是找到了机会，这基于以下几点。

①基本面把握得好，由于宏观调控基本到位，经济形势向好。

②管理层有意活跃股市，这样有利于股份制改革的进程，也有利于金融市场的健康发展。机构大户对管理层的意图理解透彻，抓住新股发行的机遇，把新股炒得火爆，使新股发行顺利进行，接着再对一些有题材的好股大炒一把，使市场人气逐渐恢复。

坐庄要得到市场的认可，才能使炒作成功。没有基本面配合，没有题材配合，强行坐庄而导致失败的先例比比皆是。对于散户来说，跟庄要看清大势，掂量题材的分量，然后再决定是否跟庄。如果基本面较好，个股题材独特，当成交量明显放大，价格开始上涨时可果断跟庄。散户若能有效地借助庄家炒作个股博取差价，也是股市炒作的技法之一。当然，如果散户做反了，往往会变成为给庄家抬轿，损失也非常惨重。

如何跟踪庄股捕捉买卖时机呢？以下两个方面需引起注意。

（1）根据盘口变化果断进出

庄家坐庄，首先必须在某一相对的低价区域暗中吸纳足够的筹码，若能及时发现庄家的动向，在其刚开始收集筹码时果断跟进，那么持股成本与庄家相差无几，风险就不大，因为庄家必须将股价拉抬到一定高度来引诱散户跟风，才能悄悄派发获利了结。现在已经有可以及时查询庄家动向的计算机设备，一般而言，根据盘口成交量和股价的变化，通过横向和纵向的比较，也可捕捉一些庄家动向，并适时跟进。散户一旦有了赢利就要仔细考虑有利的出货时机，最重要的就是考虑庄家可能出货的价位，比如，一般有实力的庄家通常将股价推高30%，甚至更多才会逐步出货。这时，散户一定要把握好时机，跟着庄家一起出货。

（2）留意庄家被深度套牢的股票

有些时候，由于市场的突变，庄家也有坐庄失败的情况。如果庄家已经大量吸纳某只股票，还未来得及拉高出货，突发性的利空使得大势狂泻而下，争先恐后的抛盘和稀少的买盘造成筹码集中的庄家无法全身而退，如果不惜成本杀跌出货，则会损失太重。因此，庄家往往会持股不动。这种被深度套牢的庄家股是散户可以留意的目标。股市有跌必有升，当大势由跌转稳并出现回升迹象时，庄家便会借机大炒手中被套的股票，低位买进的筹码既可摊平被套股票的价格，又可借助大势，从而卖出手中被套的股票。

**2. 跟强庄**

一些实力雄厚、操盘老道的庄家，其操作的股票短时期内即会呈现出明显的上升趋势，跟进者无论短线、长线均有利可图。这类股票是名副其实的强庄股。

（1）如何寻找强庄股

①龙头股中最易诞生强庄股。在每轮行情中，这类股票通常有大庄家介入，其业绩等内在潜质备受市场青睐，庄家小试牛刀就会引起投资群体的广泛响应。由于这类个股是行情启动的龙头，因此这类股票只要放量上行即可跟进，并且还要及早介入，短线、中长线均有较丰厚的利润。如图1-2所示，2020年的医药股益佰制药（600594）即为强庄股。

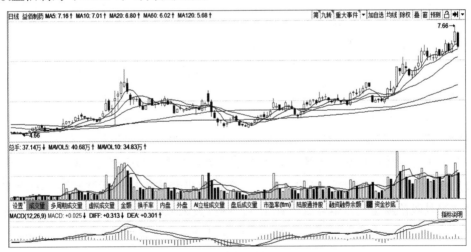

图1-2　益佰制药日K线图

②新股中时常催生强庄股。炒新股一向是庄家的爱好，由于新股上市时间短，换手率较高，容易快速收集筹码。如果价位适中，庄家介入后即能吸引买盘涌进，数日之后股价就有可能大幅涨升，追涨者越来越多，强庄股由此产生。如图1-3所示，2020年3月17日上市的天箭科技（002977）即有此特征。

③强庄介入易催生强庄股。这类股票的特点是走势独立于大盘之外，即大盘暴跌时它飘红，大盘大幅上扬时它横盘整理。其股票走势完全依庄家思路而定，此类股票筹码多半被庄家收集。庄家极有耐心慢慢推高，每天涨一点，即使每天涨幅不大，但一段时间后，股价在不知不觉中已经爬上了一个新台阶。不同的强庄股虽然走势各异，但它们都有一个共同特点，就是庄家的操作大多坚决，一时出不了局就会坚持长期持有。跟进这些强庄股，只要时机把握好，就会跑赢大市。

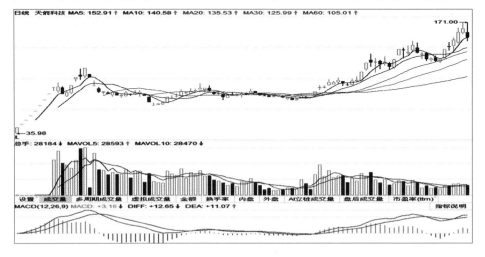

图1-3　天箭科技日K线图

④被套的强庄股。庄家坐庄并不是每一次都能大获全胜，如果在牛市顶峰时对后市行情判断失误，或公司基本面发生不利转向，导致业绩滑坡，或操盘资金短缺等情况出现，均会对庄家造成影响。在大盘经历大牛市以后的漫漫调整过程中，大部分强庄股已风光不再，只剩少数资金实力雄厚的庄家仍在制造热点，营造局部牛市气氛。随着行情的大跌，此类被逐步套牢的庄股无法动弹，只有蛰伏。当其股价跌至一定低点并已处于安全的投资区域时，庄家便开始活跃，在低位悉数补仓，摊低成本。清洗浮筹后，庄家就会不顾大盘的跌势而连拉长阳，此时就会吸引大量资金的介入。散户若能跟上这类强庄股，就可以在大盘下跌之际，既能回避风险，又能小有收获。

（2）强庄股的特点

①有大资金介入。某只股票能吸引大资金介入，它的基本面肯定有某种优势或独特之处。比如一些公司股票会因其公司土地等资产的升值，而被庄家看好，或者盘子虽小，但具备潜在的扩张能力，从而吸引资金入注。庄家手中凭借掌握

的企业业绩、高配送及资产升值等题材，一旦介入不获厚利不会收兵。

②调整充分。股价处于相对底部区域或股价调整较为充分，大资金介入较为安全。新庄家在老庄家尚未完全离场时一般不会介入，判断老庄撤退的信号便是在股价长期阴跌过程中，成交量萎缩，筹码极为分散，股价反弹无力，成为无人问津的冷门股。在底部，股价下跌到一定价位时，已跌无可跌而形成低位横盘。

③有量价异动。量价变化显示盘中有庄家悄悄介入暗中吸纳，并伴有拉高股价的行为。成交量在较长时间内稀少，某一日成交量突然放大并维持一段时间，而股价则在一定区域内有规律地进行矩形整理，并在 K 线图上留有小阴和小阳的痕迹。经过较长时间的底部矩形整理，庄家便进入拉升阶段。拉升前，庄家为了彻底清洗底部筹码，可能会进行残酷的震仓洗盘。当洗盘完毕之后，庄家采用放量手法连拉阳线，并突破前期多方久攻不下的阻力位。散户最佳的介入时机，是在强庄股突破底部后，在回抽过程中获得支撑并再度上扬的时候，因为此时基本上可确定其上升趋势，介入风险较小。

总之，散户要将沪深股市一些有代表性的强庄股找出来，仔细分析，既要研究强庄股的基本面，又要分析强庄股的技术走势，以从这些强庄股的走势中感知不同庄家的操盘风格，从而为日后的跟庄打下基础。

跟庄要跟强庄股，但往往真正的强庄股是很难跟住的，原因在于庄家拉升之前的残酷震仓，多数跟庄者往往被震出局而与强庄股无缘。所以，散户对此应有足够的心理准备。一般情况下，庄家筹码收集完毕时，如遇大盘下跌，便会趁机打压，给人以无力出逃的感觉。于是，跟风盘争相出逃，此时庄家就会将割肉盘悉数收进。如此几番，底部区域就会更加坚实，股市上升空间完全根据庄家的好恶而定。拉升前数天大幅震仓，K 线图上会留下长长的上下影线，之后即快速拉高。掌握了庄家震仓洗盘的手法后，无疑会增强散户跟庄的技巧。

3. 跟不同的庄家

（1）跟短线庄家

短线庄家一般对长期走势信心不足，只敢从事短线操作；收集的筹码少，通常为总流通量的 10% 左右；收集时间短，1～2 天就收集完毕；选股完全以技术面为依据，侧重可放量突破颈线压力，或跌深后的反弹的股票；这种股升幅有限，一般只有 10%～20%；此类庄家出货速度也快，绝不打持久战。

散户跟这种庄比较难，跟庄时应当注意：期望值不要太高，有 5%～10%

的升幅就得离场，万一迟疑，错过时机就不要追入，以免两头落空。性格优柔寡断者最好别跟短庄。

（2）跟中线庄家

中线庄家炒作时一般有以下五个特点。

①有明显的收集期。收集筹码多，动用资金往往以数亿元计，收集时间较长。在K线图上，往往能看到庄家收集的痕迹。主要表现在接近底部时大市继续下跌，而个股不再下跌，但大市盘整时，它却盘升，成交量呈温和放大。

②升幅可观。升幅可达50%以上。这是因为中线庄家吸筹较多，易于拉动股价，而且也因为吸筹较多，将来出货也难，所以必须要有较大升幅才能保证在出货价位有相当的赢利。

③采取波段式操作。因为要有较大升幅，所以每升一段要充分洗盘，让散户手中部分筹码换手，但这样洗盘不会破坏股价的上升趋势线。

④炒作题材良好。中线操作必须有一个良好的炒作题材，以便庄家拉抬时"师出有名"，比如业绩、送配股、并购及资产重组等题材。中线庄家往往借助处于朦胧状态的题材，采取大涨小回的方式拉抬，并运用技术面来操作，比如阻力位、支撑位、移动平均线及RSI指标等。这种操作方式，由于符合技术走势，比较容易获得认同。

⑤出货时间长。由于手中筹码多，派发时间比较长，持筹成本低，拉升幅度大，因此庄家不但在高位派发，中位甚至低位也仍然派发。

跟中线庄家的策略是：期望值要高些，要经得住庄家洗盘，不计小得失，耐得住寂寞，持筹时间要长一些；一旦观察到庄家开始派发，即使跌幅较大，也不要接货，因为庄家的派发很可能往下持续一段时间；如果较晚察觉到庄家的行为，庄家已拉升两个以上波段，最好不要再进入，否则赔钱的风险很大。

（3）跟长线庄家

长线庄家往往选择业绩有很大改观或业绩连续几年大幅增长的股票，在吸纳筹码时耗时较长，也不太计较几十个价位（几角钱）的成本，往往会采取台阶式的收集方式。这类庄家一般"心存高远"，股价在不受特大突发性利空的打击下，会形成较长时间的上升趋势，其一个周期的涨幅会非常惊人。

散户跟长线庄家，不要为小幅升跌而患得患失，也不要过分留意中途的波折。只有当经济周期顶峰到来，股市中几乎所有的股民狂热得丧失理智时，庄家才会抛出手中所持股票，此时自己也已获利颇丰，就可随庄家获利出货了。

## 本章操作提示

在股市中，散户以跟庄为幸，庄家以控庄自喜，股评家以推荐庄股为荣。股市中的庄家，通常指能影响某一只或多只股票行情的大户或机构，庄家以在市场中获取最大利润为目的，以各种不同的方式和手段控制着股价的走势。相对于市场中的散户而言，庄家在市场竞争中占有绝对的优势。散户要想在强大的庄家面前找到自己生存的空间，就要充分了解庄家，因为只有这样，才有可能跟庄获利。

| 第二章 |
| --- |

# 寻迹大牛

## ——散户选择庄股的技法

"练就火眼金睛"的主要目的是识别庄股，然后有选择地跟庄。如果千挑万选出的股票是一只庄家早已经开溜，只剩下套牢无数散户的"死股"，其结果可想而知。那么，如何才能选到庄股呢？其实，庄股是有一些常见特征的。

# 一、庄家如何选股

对于散户来说，跟庄的前提是买入的股票要有有实力的庄家介入，庄家利用资金这只"看不见的手"决定着某只股票是否有行情以及行情的大小。因此散户选股时不能单从个人喜好出发，而首先应看看庄家喜欢什么样的股票，也就是了解庄家的择股条件，这样才能有的放矢。

选股是坐庄的重要一环，庄家在这个环节都是非常慎重，一般来说，庄家的选股依据是从以下几个方面来考虑的。

## （一）从基本面角度看

首先，庄家会综合考虑宏观经济环境、市场人气、上市公司情况等因素。庄家通常会选择在宏观经济运行已达到谷底并有回升迹象时，或是大盘下探到最低点即将反弹时进驻。此时，股市经过较长时期的熊市或大跌，风险已充分释放，继续下跌的空间及可能性都很小。与此同时，庄家还会协调同交易所、上市公司、监管层等各方面的关系，以保证炒作过程的畅通无阻。

其次，庄家会重视分析个股的下列情况：募股、配股资金产生效益的质量与时间；未分配利润及资本公积金、净资产值；有无送股历史；流通股的比例等。庄家偏好选择有利润增长潜力、未分配利润多、资本公积金与净资产值高、无送股历史等特点的股票。

最后，庄家还会考虑基本面是否有改观潜力。那些基本面优异、受到国家产业政策扶持的市场热点股票，由于市场前景看好，价格不菲，容易导致筹码分散，庄家难以吸足货。但那些基本面差，人人避之不及的股票，若能通过潜在题材出现而使基本面得到改观，就会成为庄家青睐的对象。

## （二）从技术面角度看

1. 看流通盘的大小是否合适

盘小，易于达到控盘目的。被选中股票的流通盘必须是有利于炒作的，即流通盘的大小要与操作者本身资金量相匹配，若庄家控制了某只股票的流通筹码的50%以上，股价自然可由庄家说了算，因此小盘股易被庄家所追逐。近年上市的新股流通盘日趋变大，老股中流通盘在2000万～3000万的个股逐渐成为珍稀品种，被各路庄家反复炒作，这个庄家前脚刚走，别的庄家后脚已挤进来了。如果庄家能够控制某只股票50%以上的流通筹码，庄家便能够左右股价，所以资金规模小的庄家也只能选择中小盘股。比如工商银行（601398）这样的超大盘股，流通市值在上万亿元以上，除大机构有实力问鼎外，一般庄家只能敬而远之；像中国石油（601857）、中国神华（601088）这些大盘股，也是一般机构无法撼动的。当然，资金雄厚的庄家也并非只选大盘股炒作，大机构选择炒大盘股通常是为了控制大盘指数，激发市场人气。

2. 看筹码分布是否合适

筹码分布是指筹码在不同价位、不同散户手中的分布情况。从筹码分布中可以看出上方套牢区主要集中在什么部位，在哪一类散户手中。

3. 看当前个股走势

要注意观察个股是已经初步探底完成，还是正处于下跌途中，逆个股走势而为往往很难有所成。

### （三）从题材上看

题材和概念的运用是我国证券市场的一大特色。我们每天都可以在各种媒体上看到或听到各种各样的题材和概念，比如稀缺性资源、成长性绩优、垄断性行业、股权的置换以及重组等不一而足，这些一般都是庄家出货的借口。由于在庄家的操作步骤中出货是最为关键的一点，因此题材的选用十分重要。

### （四）从操作角度看

从操作角度来说，庄家要求资金使用效率高，失误少。许多庄家选股时偏好那些股性活跃、包袱较轻的个股，以求稳定。特别是在股价处于高位或低位时，庄家会坚决地逆反操作。庄家往往喜欢在股价较低时"闹革命"，而不喜欢在高股价时推波助澜。股价价位在至少有50%以上的上升空间才会进入原来的密集成交区时，庄家才能做到进退自如。选股的实质就是信息评判和研发能力的较量，庄家除了对基本面、技术面、题材面、操作面进行周密细致地研究外，往往还注重其他一些因素。如从产业政策、母公司或主管部门以及公司的管理水平、产品结构和市场潜力等方面进行调查，从国内外的相同、相近或关联行业、潜在竞争者角度分析，以确保找到最佳目标。

### （五）庄家喜欢哪类新股

庄家普遍有喜新厌旧的习惯，尤其是最近几年，几乎达到了逢新必炒的地步。庄家对新股并不是来者不拒，而是有比较严格的条件。若不符合庄家的"择新条件"，也是难以得到庄家的青睐的。一般来说，庄家喜爱的新股具有以下特征：

①行业是否独特。新股大多属概念式炒作，属于朝阳行业的个股便成了庄家的首选。特别是一批行业独特、市场占有率高的成长股会迅速成为市场新宠。

②关注发行中签率和上市换手率。若中签率低，表明市场看好的人众多。

③如果庄家收集筹码困难，那么此股无论有多好的题材，也难有上好的表现，因此庄家喜欢选择筹码易于收集的股票。

④关注量价关系。一般来说，有庄介入的个股上市当日都会保持低调，常常会出现高开低走的局面，甚至上市几天内连创新低。

⑤流通盘适中。如果市场资金不是很充裕，通常流通盘大于3亿股的个股常难有大的作为。

在上述选股原则中，其实还有两点是庄家非常重视的，一是所选目标股应该是近些年来没有被暴炒过的个股，一般的个股经大涨回落之后，至少要经过一两年的调整，渡过一段沉寂期，有的调整时间会更长；二是所选目标股是否有其他庄家潜伏在内，如果贸然进入，庄家之间的搏杀将十分惨烈，坐庄成功的难度增大，有可能造成两败俱伤的局面。

# 二、如何追踪庄股

### （一）个股走势独特

一般股票走势都是随大盘同向波动的，但庄股往往在这方面表现得与众不同。在建仓阶段，庄股往往逆市拉抬便于快速拿到筹码；在震盘阶段，利用先期收集到的筹码，不理会大盘走势，对倒打压股价，造成技术上破位，引发市场恐慌，进一步增加持筹集中度；在拉升阶段，由于在外浮筹稀少，逆市上涨不费吹灰之力，期间利用对敲等违规虚抬股价手法，操纵股价易如反掌，而且逆市异军突起，反而容易引起市场关注，培植跟风操作群体，为将来顺利出货铺好路；到了出货阶段，趁大势企稳回暖之机，抓住大众不再谨慎的心理，借势大幅震荡出货，待出货到一定程度，就上演高台跳水、反复打压清仓的伎俩，直至股价从哪里来再回到哪里去。

**（二）成交量异常**

非庄股的走势及成交量一般较为温和，而庄股的成交量忽大忽小，表现较为异常。这是因为，庄家无论建仓还是出货，都需要有成交量配合。有的庄家会采取底部放量拉高建仓的方式，而庄股派发时则会造成放量突破的假象，借以吸引跟风盘介入，从而达到出货的目的。另外，庄家也经常采用对敲、对倒的方式转移筹码或吸引散户注意。无论哪一种情况，都会导致成交量的急剧放大。同时，由于庄股的筹码主要集中在少数人手中，其日成交量会呈现极度萎缩的状况，从而在很大程度上降低了股票的流动性。

**（三）股价异常**

受庄家操纵的股票价格极易出现暴涨暴跌的现象，因为在市场环境较为宽松的条件下，坐庄的基本过程就是拼命将股价推高，或者同上市公司联系，通过送股等手段造成股价偏低的假象；在获得足够的空间后开始出货，并且利用散户抢反弹或者除权的机会连续不断地抛出，以达到牟取暴利的目的，其结果就是造成股价长期下跌。这种局面同目前上市公司股利分配政策不完善也有一定关系，庄家客观上不可能依靠现金分红来获取回报或降低风险，在二级市场赚取差价是其唯一的选择。

**（四）做盘迹象明显**

庄股常会出现大阴线、大阳线或上下长影线，但股价波动不大。从盘面看，交易行为表现异常，股价莫名其妙地低开或高开，尾盘拉高收盘价或偶尔出现较大的买单或抛单，人为做盘迹象非常明显。盘中走势时而出现强劲的单边上扬行情，或突然又大幅下跌，起伏剧烈，这种现象在行情末期尤其明显，说明庄家控盘程度已经非常高，且容易在尾市以砸盘的方式出货。

### （五）题材概念明显

有人认为概念的营造要比上市公司的业绩改观来得更容易，而且具有更大的想象空间，因此，市场上形成一种概念炒作热。庄股的炒作一般离不开题材概念的炒作，其中小盘股尤为明显。当然，其中不乏因政策受益的公司，但这些概念往往被庄家借机利用，从中渔利。

### （六）业绩波动异常

大多数庄股的市场表现同公司基本面有密切关系，在股价拉高过程中，公司业绩会有明显提高，似乎股价的上涨是公司业绩增长的反映，有较强的迷惑性。对于由非正常因素引起的公司业绩，不管是异常提高还是异常恶化都是不正常的现象，对股东的利益都会造成损害。同时，很多庄股在股价下跌到一定阶段后，业绩随即出现大幅下滑，这种上市公司的相关数据就很值得散户们仔细分析。

### （七）对消息面的反应异常

在公正、公开及公平的信息披露制度下，市场股价会有效反映消息面的情况，利好消息有利于股价上涨，反之下跌。而庄股则不然，庄家往往与上市公司联手，上市公司事前有什么消息，庄家都了然于胸，甚至蓄意制造利空或利好消息，借此达到庄家不可告人的目的。例如，庄家为了能够尽快完成建仓，会散布不利消息，运用含糊其辞的公告动摇散户的持股信心。待到股价涨幅惊人后，以前一直不予承认的利好传闻最终出现，此时股价却出现滞涨，甚至是暴跌，这是庄家利用利好出货所致。

## 三、如何判断庄家的实力

### （一）计算庄家的持仓成本

庄家坐庄就像是做生意一样，也有投资成本，用庄家坐庄的最后收益减去成本后的余额才是其最后的利润。散户在选择庄股前应该先替庄家算算账，核算一下庄家在目前的价位是否有获利空间。如果，在目前价位庄家获利较少，甚至股价低于庄家的坐庄成本，那么散户此时买入，获利前景则较为可观；如果现在的价位庄家能够有丰厚的利润，那么散户此时入场一般不会有太大的收益，因为庄家不会再处心积虑地拉抬股价，而是在考虑出货的时机了。所以，计算庄家的成本有助于散户判断庄家下一步的行动方向。

然而，其中大部分类型的成本我们是无法计算的，一般能够估算的只是庄家的持仓成本。计算庄家的持仓成本大概有以下几种方式。

1. 通用方法

选择吸货期内的最低价、最高价及最平常的中间周的收市价的总和，然后再除以 3，这种方法简单实用。

$$庄家持仓成本= \frac{最低价 + 最高价 + 最平常的中间周的收市价}{3}$$

一般吸货持仓时间延长，则利息、人工、公关、机会成本都会增加，这时成本要上浮 15% 左右；如果庄家持仓时间达到两三年，则计算成本还要上浮 20% ～ 35% 为宜。

2. 计算换手率

用换手率来计算庄家的持仓成本是最直接、最有效的方法。对于老股，在出现明显的大底部区域放量时，可作为庄家持仓的成本区，具体计算方法是：计算每日的换手率，直到统计至换手率达到 100% 为止，以此时的市场平均价为庄家持仓成本区。对于新股，很多庄家选择在上市首日就大举介入，一般可将上市首日的均价或上市第一周的均价作为庄家的成本区。

换手率的计算公式如下：

$$换手率= \frac{成交量}{流通盘} \times 100\%$$

3. 测算平均价

庄家若通过长期低位横盘来收集筹码，则底部区间最高价和最低价的平均值就是庄家筹码的大致成本价格。此外，圆形底、潜伏底等也可以用此方法测算持仓成本。庄家通过拉高来吸筹的，成本价格会更高一些。

一般而言，中线庄家建仓时间为 40 ～ 60 个交易日，即 8 ～ 10 周，取其平均值为 7 周，从周 K 线图上，7 周的均价线可认为是庄家的成本区，这种算法有一定的误差，但偏差不会超过 10%。作为庄家，其操盘的个股升幅最少应在

50%，多数为 100%。一般而言，一只股票从一波行情的最低点到最高点的升幅若为 100%，则庄家的正常利润是 40%。我们把庄家的成本算出以后，即可知道庄家的最低目标价位，不管道路是多么曲折，股价迟早都会到达这个价位，因为庄家若非迫不得已，绝不会亏损离场。

**4. 测算最低价**

在最低价位之上成交密集区的平均价就是庄家持仓的大致成本，通常其幅度高于最低价的 15%～30%。

**5. 测算股价**

以最低价为基准，低价股在最低价以上 0.5～1.5 元，中价股在最低价以上 1.5～3.0 元，高价股在最低价以上 3.0～6.0 元，为庄家的大致成本范围。

**6. 测算新股成本**

①新股上市后，股价的运行一直保持较为强势的特征，如果在连续几个交易日股价总体向上，换手频繁，并且一周之内换手达到了 100% 以上，这种情况下，股票的平均价格就接近庄家的成本。

②上市当日换手率超过 60% 的新股，庄家的成本价在上市首日开盘价与收盘价的平均值附近。这是因为，新股上市当日，一级市场申购成功者大量抛售套现，此时正是收集筹码的最佳时机，看好该股的庄家通常会进场大肆吸货。因此，上市首日换手率一旦超过 60%，当天的平均价必然是庄家进货的成本价。尤其是在弱势时，一些中大盘股或行业属性不被散户看好的股票，上市后低开低走，庄家正好趁机大量吸货。一旦庄家完成收集过程，日后的拉抬幅度往往是首日收盘价与开盘价之平均值的 2～3 倍，甚至 4～5 倍。散户只要在此区域进货，持股 3 个月乃至半年以上，常有惊人的获利。

③上市首日换手率不足 50% 的新股，庄家成本一般在 60 日均线与 120 日均线之间。大多数庄家收集筹码不可能集中于 1 日，上市首日若未能收集够筹码，庄家则需要一定的时间吸货。对大多数刚上市的新股，庄家如果立即拉高吸货，往往成本较高，所以需要慢慢吸筹。大多数庄家收集筹码需要 2～4 个月甚至更长时间，收集完毕，在大势适度活跃时择机拉抬，发动一波行情。因此，60 日均线与 120 日均线之间的价位往往是庄家的成本区域，散户在这个区域择机介入，获利的把握较大。

**7. 测算老股成本**

①冷门老股的庄家成本在底部区域、箱形震荡的最高价与最低价的均值处。

一些股票因利空调整得十分充分，股价已深跌，无人关注，此时有心的庄家正好赶来捡便宜，然后施展操作手法吸筹。但要想骗出散户手中的廉价筹码并非易事，唯一的办法是反复拉抬、打压。这时股价 K 线图及成交量的特点是：K 线小阴、小阳或连续阴线并伴随成交量萎缩，之后突然来一两根大阳线，同时伴随成交量的放大。然后，又是成交量萎缩和连续阴线或小阴、小阳，如此反复几次，股价上下呈箱形震荡，成交量间隔性放大。庄家的成本就在箱顶与箱底的中位附近。散户在箱底或箱体中位进货埋伏，将来庄家筹码收集完毕必定发力上攻，涨幅会非常可观。

②慢牛股庄家成本通常在 10 日均线与 30 日均线之间的黄金通道内。有些朝阳行业潜力股，庄家因看好该股基本面，在里面长期驻守，耐心运作，只要该股基本面不发生重大变化，庄家就不会出局。其走势特点是：股价依托 10 日均线或 30 日均线震荡上行，缓慢盘升，庄家手法不紧不慢，不温不火，股价偏离均线过远则回调，继续整理几天，一碰到 30 日支撑线就上行，成交量既不放得过大，也不萎缩得太小，始终保持一个比较适中的水平。这种慢牛股的庄家成本区域就在 10 日均线与 30 日均线之间。散户在此区域进货，赚钱的概率极大。

**（二）计算庄家的持仓量**

计算庄家的持仓量，可以帮助散户判断庄家目前的坐庄阶段和坐庄实力。如果，一只庄股处于建仓阶段，散户就应该适时跟进；如果在出货阶段，散户应当敬而远之。无论是短线、中线还是长线庄家，其控盘程度都应在 30% 以上，只有控盘达到 30% 以上的股票，庄家才能做到顺利操盘。如果控盘达不到 30%，原则上是不可能坐庄的。如果控盘在 30% ~ 40%，股票股性活跃，浮筹较多，上涨空间则较小，拉升难度较大；如果控盘量在 40% ~ 60%，就达到了相对控盘，这种股票的活跃程度会更好，空间更大，这个程度就达到了相对控盘，这种庄家大多数是中线庄家；若超过 60% 的控盘量，则活跃程度较差，但空间巨大，也就是所谓的绝对控盘，"黑马"股大多产生在这种控盘区。一般来讲控盘度越高越好，因为个股的涨幅与持仓量大体成正比关系，也就是说，一只股票的涨幅一定程度上是由介入资金量的大小决定的，庄家动用的资金量越大，日后的涨幅就会越可观。

散户要想准确判断庄家的坐庄流程，制定跟庄策略和计划，就要对庄家的持仓总量进行准确判断。

周K线图对于判断庄家持仓参考意义最大，参看个股的周K线图，周均线参数可设定为5、10、20，当周K线图的均线系统呈多头排列时，就证明该股有庄家介入。只有在庄家有大量资金介入时，个股的成交量才会在低位持续放大，这是庄家建仓的特征。正因为筹码的供不应求，使股价逐步上升，才使周K线的均线系统呈多头排列，我们也就从中初步认定找到了庄家。

判断庄家持仓总量时有一种简单的方法，即一波行情从底部到顶部上涨的过程中，如果成交量是1亿股，那么庄家一般会占其中的30%。在操作的时候还可以再简单一点，从庄家介入的那天开始到大规模拉升之前，计算一下这段过程中总共成交量是多少股，如果成交量是5亿股，那么庄家的持仓量大约是1.5亿股。也有例外，有的庄家是在一段过程中收集筹码，在另外一段过程中不作为，到下一段又重新开始收集筹码，若是这种情况，则可以分段计算。

在实践中，可以用以下几种方法具体估算庄家仓位的轻重。

1. 分析吸货期

对吸货期很明显的个股，仓位轻重的简单算法是将吸货期内每天的成交量乘以吸货期即可大致估算出庄家的持仓量。

庄家持仓量＝吸货期 × 每天成交量（忽略散户的买入量）

吸货期越长，庄家持仓量越大；每天成交量越大，庄家吸货越多。因此，散户若看到上市后长期横盘整理的个股，通常是"黑马"在默默吃草。有些新股不经过充分的吸筹期，其行情难以持续。

2. 分析大盘整理期个股表现

有些个股吸货期不明显，或是老庄卷土重来，或是庄家边拉边吸，或是在下跌过程中不断吸货，均难以明确划分吸货期。这些个股的庄家持仓量可通过其在整理期的表现来判断。

3. 计算换手率

庄家仓位轻重用换手率来计算是一种最直接、最有效的方法。低位成交活跃、换手率高，而股价涨幅不大的个股，通常是庄家在吸货。此间换手率越大，庄家吸筹就越充分，"量"与"价"似乎为一对互不示弱的"小兄弟"，只要"量"先走一步，"价"必会紧紧跟上"量"的步伐，散户可重点关注"价"暂时落后于"量"的个股。

计算庄家自建仓到开始拉升这段时间的换手率，参考周K线图的K线均线系统由空头转为多头排列，可证明有庄家介入，周MACD指标金叉可以认为是庄家开始建仓的标志，这是计算换手率的起点。

股价在上涨时，庄家所占的成交量比率大约是30%，而在股价下跌时，庄家所占成交量的比率大约是20%。股价上涨时放量，下跌时缩量，假设放量：缩量 =3：1，可以得出一个推论：假设前提是上涨时换手率为300%，则下跌时的换手率应是100%，这段时间总换手率为400%，依此可以得出庄家在这段时间内的持仓量 =300%×30%-100%×20%=70%，即庄家在换手率达到400%时，其持仓量能达到70%，也就是每换手100%时，其持仓量为70%/400%×100%=17.5%。从 MACD 指标出现金叉那一周开始，到所计算的那一周为止，把所有各周的成交量加起来再除以流通盘，可以得出这段时间的换手率，然后再用这个换手率乘以17.5%，得出的数字即为庄家的控盘度。一个中线庄家的换手率应该在300%～450%，只有足够的换手率，庄家才能吸足筹码。

当总换手率达到200%时，庄家就会加快吸筹，拉高建仓，因为此时筹码已不多了，这是短线介入的良机。而当总换手率达到300%时，庄家基本已吸足筹码了，接下来庄家应是急速拉升或强行洗盘，散户应从盘口去把握庄家的意图和动向，切忌盲目冒进，使得投资从短线变为中线。在平时的看盘中，散户可跟踪分析那些在低位换手率超过300%的个股，然后综合其日 K 线、成交量及结合一些技术指标来把握介入的最佳时机。

4. 分析上升过程中的放量

通常，随着股价上涨，成交量会同步放大。而某些庄家控盘的个股随着股价上涨，成交量反而缩小，股价往往能一涨再涨，对这些个股散户可重势不重价，庄家持有大量筹码的个股，在其上涨的过程中，只要不放量，就可一路持有。

分析股价上涨过程中的放量，能够较为准确地计算庄家持仓量，但是计算过程也较为复杂，一般可采用"求和平均法"，其具体使用方法如下。

①对即时成交的内外盘统计、测算。其计算公式如下。

$$当日庄家买入量 = \frac{\left(外盘 \times \frac{1}{2} + 内盘 \times \frac{1}{10}\right)}{2}$$

然后将若干天累加，换手率达到100%以上才可以。所取时间一般以60～120个交易日为宜，因为一个波段，庄家的建仓周期通常在55天左右。该公式需要散户每日对目标个股不厌其烦地统计分析，经过长时间实时统计，准确率极高，误差率通常小于10%。

②有的个股底部周期明显，则将底部周期内每天的成交量乘以底部运行时间，即可大致估算出庄家的持仓量。

$$庄家持仓量=底部周期×主动性买入量$$

底部周期越长，庄家持仓量越大；主动性买入量越大，庄家吸筹越多。因此，若散户观察到个股在底部长期横盘整理，通常是有资金在暗中吸筹，庄家为了降低进货成本，采取低吸高抛并且不断清洗短线散户，但仍有一小部分长线资金介入。因此，这段时期庄家吸到的货，只达到总成交量的25%～35%。所以，若忽略散户的主动性买入量，则庄家一段时期的买入量计算公式如下：

$$阶段庄家买入量= 阶段总成交量 × \frac{1}{3} \left( 或 \frac{1}{4} \right)$$

此时，为谨慎起见可以取较低量。

③如果个股在低位出现成交活跃、换手率较高，而股价涨幅不大，这样的情况通常就是庄家在吸筹。此间换手率越大，庄家吸筹越充分，散户可重点关注"价"暂时落后于"量"的个股。实战的经验是换手率以50%为基数，每经过倍数阶段，股价走势就进入一个新的阶段，也预示着庄家持仓量发生了变化。利用换手率计算庄家持仓量的公式如下：

$$庄家持仓量= \frac{个股流通盘 ×（个股某段时期换手率-同期大盘换手率）}{3}$$

此公式的实战意义是庄家资金以超越大盘换手率的买入量（即平均买入量）买入，通常为先知先觉资金的介入，一般适用于长期下跌的冷门股。因此，庄家一旦对冷门股持续吸纳，散户就能相对容易地测算出庄家手中的持仓量。

④为了确保计算的准确性，将以上3个公式结果进行求和平均，最后得出的就是庄家持仓量。

### （三）计算庄家的利润率

庄家坐庄的主要目的是获利，庄家在坐庄过程中所付出的费用必定有一个最低成本。庄家在炒股的过程中，必然有一个最低利润和行业平均利润率。很多散户比较关心庄家的利润到底是多大；一只股票拉升到多少才有利润空间等问题。根据我国现在股市的实际情况，庄家一般以股价翻倍的位置作为卖出目标的基础。庄家在坐庄的过程中，不管使用何种手段，都是从低价买入到高价卖出，这是股价运行的真理。庄家要获利，也必须把股价从低价位推到高价位。这个空间有多大要视庄家的实力、大盘的情况而定。

如果一只股票有上涨 100% 的空间，庄家的利润率应该维持在 30%～40%。这里的 100% 是指股价从一波行情的最低价到最高价的幅度，30%～40% 为净利润，如包括 10% 的资金成本，毛利润应在 50%～60%，这是一般庄家的正常收益。比如，某只股票的最低价为 12 元，庄家吸筹一般要消耗 20% 左右的利润空间，即股价在 14.4 元附近为庄家的吸货成本价。拆借资金年利息一般在 10% 左右。中线庄家坐庄时间一般要经历一年以上的时间，利息成本消耗 10%。坐庄过程中要经历的吸筹、洗盘、震仓、拉升、出货等过程都需要耗去各种成本，一般为 10%～20%，并且庄家不可能完全在高位派发手中的筹码。比如，股价从 15 元上涨到 25 元，高位派发空间需要 20%～30%，即股价在 20～25 元都是庄家的派发空间，这样又耗去涨幅的 20%～30%。综合各项，成本累计高达 60%～70%，这就是庄家坐庄的"行业平均成本"，即如果目标个股上升 100% 的幅度，庄家实际只能获利 30%～40%。30%～40% 的利润是庄家坐庄行业的平均利润，如果低于这个利润，很多庄家会退出这个高风险的行业。

庄家在拉高股价的过程中，其成本不一定会增加，前提是操盘手的水平较高，庄家的公关和消息发布比较到位，在拉升的过程中有相关的利好消息配合，这样即使拉高的高度达到了 100%，庄家的持仓量也可能是减少而不是增加。拉高过程中尽管没有增加持仓量，但还是会增加一些成本。如果不考虑涨跌停板的限制，某只股票在拉升过程中，庄家第一天买进 100 万股，价格是 10 元，第二天卖出 100 万股，价格是 11 元，看起来是赚了 100 万元，但实际上有些情况下是需要庄家高买低卖的。千万不要误以为庄家总是在低位买了高位卖，很多庄家当天从 10 元拉到 11 元，然后从 11 元跌到 10 元，在 10 元涨到 11 元的过程中，很多股票都是在 11.5～12 元购买的，然后在跌回来的时候可能要出货，当天不能增加持仓量，而抛出的时候很多都是在 9.5～10.5 元卖出的，实际上是庄家在倒差价，只有这样才能使市场散户继续跟进。所以，有些时候股票在底部放量，其真实原因就是庄家在卖，散户在接。

### （四）根据股票的流向洞悉庄家的意图

聪明而细心的散户总能从细微的变化中揣度出庄家的意图，并根据股票的流向来掌握庄家的动向。

1. 分析平均每笔成交量

将每天的成交股数除以成交的笔数，就可以得出这一天每笔的平均成交量。从每笔成交量的多寡，可以发现庄家的一些动向。

在大势不好的长期空头市场，成交量日渐萎缩，不论是大势的总平均量还是个股的平均量，均较往昔减少很多。相反，在大势向上的多头市场中，平均每笔的成交量也随股价递增。判断平均每笔成交量与股价的关系有下列几条原则可供参考：

①如果平均每笔成交量突然减少并有利空影响，而股价却上升时，表示持股者虽然惜售，但因无较大的庄家参与，行情的涨幅有限，不宜盲目跟进。如果平均每笔成交量突然减少，股价也在下跌，但没有突发利空的影响，此时若跌幅不是很深，则表示庄家惜售，股价下跌有限，可逢低买进做多。

②平均每笔成交量增加，当前的股价也配合上升，则意味着庄家在继续做多，行情将继续上涨，跟进做多较为适宜。反之，平均每笔成交量增加，但股价却没有配合上升，则表示庄家暗中大笔卖出，行情可能进入整理或回落，不要轻易跟进。

③不论是否有利多或利空消息的影响，只要个股的平均成交量超过或低于正常平均成交量，则该股的走势多会于近期产生向上或向下的变化。至于影响平均成交量变动的因素，若为转账所致，只要这些转账并非为大股东持股的抵押，则可以将其视为股价波动的征兆。

④要特别予以关注在高价区或低价区产生的平均每笔成交量明显增加或减少的情况，向上或向下变盘的准确性很高。高价区下跌的可能性较大，不宜跟进；低价区上涨的可能性较大，可做多跟进。

2. 分析大笔成交量

庄家的资金量大，一旦进场，成交的笔数都会很大，少则100手，多则上千手。因此，分析出现的大笔成交也是中小散户发现庄股的有效方法。不过，在观察成交明细表时，散户应注意以下几点：

①连续性的大手笔成交才是庄家所为，常反映为股价的稳步上升和大手笔成交的连续出现。

②成交笔数的大小和该股的价位有关。如35元左右的高价股，100手可算为大手笔；如8元左右的低价股，100手可能只算一般。

③在一段时间内大手笔成交出现的密度非常高，如在1分钟之内出现好几次大手笔成交，必是庄家行为。说明庄家急于拉升和出货，如1天之内仅有几笔大

手笔，说明庄家并不急于有所动作。

④大手笔成交与流通股本的大小有非常明显的相关性，即流通股本大的股票成交手笔也较大，流通股本较少的股票成交手笔也相应较小。

⑤股票在连续下跌途中，成交笔数往往较大，一般是散户行为，庄家还未入场，此时置身事外的散户可以持币观望。

⑥如果个股有非常好的底部形态，并且成交笔数在逐步增大，股价在小幅上涨，此时往往是较好的进场机会。尤其是在卖一的位置上有大笔卖单，但却被数笔较大买单在极短的时间内吃掉，散户应在大笔卖单快被吃完时进场抢筹，当股价已经经过较长时间的连续上升，在买一的位置上有大笔托单，一旦有数笔主动性大抛单出现，则可能是庄家急于出货，散户应抢在庄家前面迅速卖出股票。

3. 分析交易周转率

"换手率"也称"周转率"，指在一定时间内市场中股票转手买卖的频率，它是反映股票流动性强弱的指标之一。其计算公式如下：

$$周转率（换手率）= \frac{某一段时期内的成交量}{可流通总股数} \times 100\%$$

周转率越高，表明此种股票的买卖频繁，备受散户关注。当周转率高，价位上升时，显示买方需求大，可能有庄家收集，要往上做价；当周转率高，价位却下降时，显示市场抛压大，庄家可能在派发；当周转率低，价位上升时，显示市场抛压较轻；当周转率低，价位下降时，显示仍有抛压，或表示可能没有庄家参与。

4. 分析委托买、卖笔数及成交笔数

这种方法是利用电脑辅助交易时所统计出的单位时间内的委托成交单数及成交值表作为判断的依据，从中具体比较"委托买进笔数""委托卖出笔数"和"成交笔数"三者之间的互动、大小关系，加上当日股价变动趋势来综合研判市场庄家的动向。

分析委托买、卖笔数及成交笔数具体方法如下：

①如果"委托卖出笔数"大于"成交笔数"，又大于"委托买进笔数"时，说明一笔买进的数量造成了多笔卖出的数量。那么，如果当日股价上升，即为庄家在大量买进；而如果当日股价下跌，则表示庄家在酌情买进；如果当日的股价大跌，那就表明庄家在吸筹时被套牢了。

②如果"成交笔数"大于委托买进笔数，也大于"委托卖出笔数"时，表示

多空分歧甚大，正在酝酿新的一轮行情。不过，如果这三个数字极为接近，就表示要买和要卖的此时都达到了目的，对市场有的看好，有的不看好。

③如果"委托买进笔数"大于"成交笔数"，又大于"委托卖出笔数"时，说明一笔卖出的数量造成多笔买进的成交数量。那么，如果当日的股价是上涨的，表明市场庄家正在酌量出货；如果当日的股价是下跌的，那就表明市场庄家已经大量出货。此时，散户宜抓紧时间出局。

散户经过综合分析，是可以根据股票的流向来把握庄家动向的。散户除了可以防止受到市场庄家操纵外，还可以针对庄家行为，制定出相应策略，从而在庄家之前先介入，只等着庄家拉抬，坐收利润。

# 四、庄股在不同阶段的特征

散户要想准确地识股，就需要了解庄股在庄家操作中各阶段的特征，以增加自己的识股方法和识股的视野，从而通过多个角度来判断庄股。下面介绍庄股在各个阶段的特征。

## （一）建仓阶段的特征

庄股在建仓阶段通常会有以下四个特征：

①庄股处在建仓阶段，在一个相对价位上，某一时段该只股票的换手率会急剧放大，达到或超过100%，股价波幅在20%左右。反映在成交量柱线图上为一个由许多量柱构成的"量堆"，这表明有大资金参与该只股票。

②在个股上升途中，突然连续几天放量震荡，换手率接近100%，股价波幅达15%左右。反映在成交量柱线图上为一个鹤立鸡群的"量柱"，这是庄家对倒的结果，也就是说庄家通过几个操盘手利用证券交易系统进行快速地委托买卖，分别有不同的操盘手挂单和接单。

③当大量个股纷纷下跌时，如果有某只股承接大量抛盘，股价不跌反涨或跌幅较小，就是庄家在护盘。

④某只股票出现了利空消息，或暂缓流通的股份开始流通时，该股的股价没

有因此而下跌，同时成交量明显放大，就说明有庄家在利用利空消息进行建仓。

### （二）洗盘阶段的特征

庄股在洗盘阶段通常会有以下四个特征：

①当某只股票在价格下跌时成交量无法有效放大，上升时成交量有所放大。在K线图上表现为阴阳交替的小幅整理态势，这表明庄家已有了较多的筹码。

②某只股票的股价连续走低，在K线图上表现为连续走低的小阴线，但下方支撑也较为明显，整体跌幅不大，股价会在中期均线附近得到支撑，一般是庄家在进行打压。

③当有关某只股票的利好消息发布后，股价依然没有动静，仍处在震荡整理过程中，使得拥有该股筹码的持有者也持怀疑态度，甚至一抛了之，这就是庄家在利用散户心理进行洗盘。

④某只股票的股价一直紧贴10日均线运行，偶尔有跌破回升的震荡走势，但是不会引起大幅下跌，而处在均线下方缩量盘整，并有随时返回均线之上的倾向，这就是庄家在利用均线制造上升走势来洗盘。

### （三）拉升阶段的特征

庄股在拉升阶段通常会有以下两个特征：

①当某只股票的成交量逐渐放大，股价涨多跌少，单日走势为单边上升行情，这就是庄家在放量对倒拉升，吸引散户介入。

②当某只股票经过长时间整理，最终向上突破整理区域，小量微幅上涨，表明洗盘工作已完成，即将展开新的升势。

### （四）出货阶段的特征

庄股在出货阶段通常会有以下五个特征：

①某只股票的价格单日涨幅惊人，盘中震荡加剧，浮动筹码越来越多，成交量连续创出历史天量，说明庄家控盘已力不从心，快要出货了。

②某只股票的价格处在拉升后的高位，利好消息不断出现，但股价却不涨反跌，说明庄家此时正急于出货。

③某只股票在均线走平，股价盘跌且连续跌穿5日和10日均线，并以阴跌形式向下发展，这是庄家在利用散户抢反弹的心理在出货。

④股价在庄家的快速拉抬之后缓慢下跌，或在均线附近长时间停留，成交量逐步放大，这是庄家在利用均线系统进行派发。

⑤股票上升持续时间短暂，成交量基本上由对倒盘构成，但下跌时成交量却逐渐放大，伴随有大笔的抛单，说明庄家正在出货。

# 五、捕捉黑马股

随着上市公司越来越多，股市规模越来越大，散户可选择的股票范围也越来越大，以前齐涨齐跌的格局已被打破。在现今的股市中经常可看到有的股票价格翻了几番，有的股票价格却一跌再跌。随着市场上个股之间的走势分化情况日趋严重，散户选股的能力显得越来越重要。

作为散户，最期望的莫过于捕捉到既有投资价值又有增值潜力的"黑马股"，期望能骑上"黑马"快马扬鞭，赚个盆满钵盈。但实际中，许多散户要么与"黑马股"失之交臂；要么骑上"黑马"，却又被"黑马"给颠了下来；要么是骑上一匹假"黑马"，被摔得头破血流。那么，"黑马股"到底有哪些特征呢？散户如何才能有效地捕捉到"黑马股"呢？根据最近几年的观察，结合市场发展的趋势，我们认为散户在选"黑马股"时应把握好以下几个要点。

1. 小盘

小盘股一直以来就是黑马股的摇篮。这是因为小盘股成长性好，具有逐步成长的潜质；小盘股具备股本扩张的潜力，是中长线投资的最佳选择；小盘股容易通过内在和外在的手段，包括资产重组、向其注入资金等，大幅度提高业绩；小盘股容易被庄家控盘；小盘股受利空消息的影响最小，往往会出现逆向走势。

2. 低价

股票价格低，这本身就是一个优势，低价格往往意味着低风险。某些股之所以价格低，说明关于该股的种种不利因素已被大众所了解。而股票市场上有一个特点就是，大家已经知道的事情往往对市场影响不大，正如大家已经知道的利好消息公布出来后无法再令股价上升。同时，低价的特性使得炒作成本下降，容易引起庄家的关注，容易控制筹码。由于比例的效应，低价股上涨时获利的比率更大，获利空间与想象空间均更广阔，再加上群众基础好等原因，常常会使低价股成为大黑马。当然，并非低价就一定好，有些上市公司积弱多年，毫无翻身机会，甚至亏损累累，这种公司的股票最好还是不碰为妙。实际上，我们所关注的低价股应是价值被低估的个股，一旦时机成熟，这类股票便会展现实力，价值重新被发现。对散户而言，如果发现有价值被低估的个股，就应大胆吸纳。

如图2-1所示的2020年的"黑马股"——劲胜智能（300083），启动之前价格长期维持在2.7元左右，市值不到40亿元，2019年面临着商誉减值的风险，股价一路下跌，随着高科技产业消费电子的快速发展，随后走出了困境反转的走势。公司股价较低，后市还有一定的上涨空间。果然，经过了6个多月的时间，在2020年7月，该股上涨到了8.56元，连创新高，涨幅达到了209%。

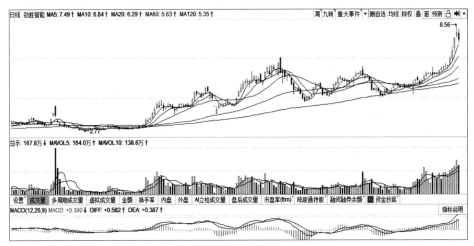

图2-1　劲胜智能日K线图

### 3. 有资产重组题材

在股市中，资产并购和重组具有永恒的魅力，尤其是市场不是很活跃的时候。重组股的最大魅力就是资产并购和重组所带来的无限的想象空间，这也是市场散户对这些公司基本面大幅改善后的一种业绩成长的预期。资产重组是迅速、大幅度改善绩差公司基本面和业绩的有效途径。重组并购板块为庄家资金的运作提供了广阔的空间，最大的黑马往往都是从并购重组股中诞生的，历史上翻上几倍的牛股大部分都是重组股。比如今年拥有重大资产重组概念的强生控股（600662）连续拉7个涨停板，之后再创新高9.52元，15个交易日最高涨幅达164%，如图2-2所示。

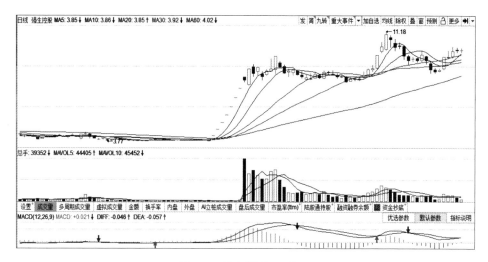

图2-2　强生控股日K线图

4. 行业属于成长型

"高成长型"一直是选取黑马股的要点，这里的成长型即指符合高新技术产业导向的行业，如通信电子、生物医药、新材料、环保产业等。散户应该注意从高成长型的朝阳产业中选取黑马股。

5. 市场表现活跃

每只股票都有波动的某种特性，即常说的股性。股票的股性好，通常是指它活跃，大势升时它升得多，大势跌时波动大，时涨时跌；股性不好的股票，往往股价呆滞，它们只会随大市出现小幅波动，炒作这种股票常常赚不到多少钱。

几乎所有的热门指标股，都有活跃的市场表现，这些股票易大起大落，散户高度认同这些股票，往往只要一有风吹草动就大胆跟风，造成股价疯涨。大众认同程度越高，其市场属性越好，而这些股票往往易有庄家介入，在其中推波助澜，甚至对有些股票，庄家每隔一段时间便要折腾一番，似乎是吃定了这只股票。而庄家对于长期以来介入较多的股票很熟悉，常常选择同一只股票多次介入，这是形成个股独特股性的重要原因之一。一般来说，选择股票时先要考虑的就是市场属性，落后大势的弱势股不要去选择，而首选目标股应是热门的指标股。某些冷门股经过长期的盘整，有可能突然爆发，也是可以考虑的。

总而言之，个股的特征若符合以上一两项，有可能成为"小黑马"，若符合以上三四项，就可能成为"大黑马"。

# 六、散户选股实战要领

散户要想在实战中挑好股，除了用心，还要掌握一些实战的要领，也就是要掌握好庄股的特点。

1. 小盘股优先

小盘股是相对于大盘股而言的，小盘股指发行在外的流通股份数较少的上市公司的股票，通常指不超过 5000 万流通值的股票。

2. 题材股优先

题材股指那些有炒作题材的股票，这些题材股可供庄家借题发挥，并由此引起市场大众跟风。为了炒作的顺利，庄家大多与上市公司充分合作，争取公司适时推出题材予以配合，题材越独特、越新颖，越能引起市场的追捧。找到富有特色的题材，等于成功了一半。我们在寻找庄股时，也应该根据个股的情况进行题材的挖掘，有题材与无题材的股票，优先选择题材股。可炒作的题材不外乎收购或者控股题材；合资、合作或股权转让题材；分红、送配股题材；经营业绩有大的改观；国家产业政策扶持，政府实行政策倾斜的题材等。

3. 炒作次数少的股票优先

股票被庄家炒作过的次数较少，或是近几年没有被热炒过。因为，经常被炒作的股票，股价会严重偏离实际价值，在上一次的庄家撤离后，随后出现的价值回归路线极为漫长。所以，不少庄家喜欢新股，这是因为新股上市以来未被充分炒作过，上档无套牢盘，拉升较为轻松。

4. 热门股与龙头股优先

热点板块个股反映了庄家资金的分布情况，有良好的板块效应的个股易得到人们的认同，形成良好的市场跟风效应，因此选股要把握市场热点。每一轮行情都有一个主流热点，都有一个主攻板块。在一轮中级行情中，紧紧把握该轮行情的主流热点，紧跟市场龙头股，往往能取得较高收益。主流热点往往具有以下优点：

①热点股的行情启动时间较早，庄股一般在市场最沉闷的时候揭竿而起，成

为多头反击的急先锋。

②庄家介入最深，一般会形成良好的板块炒作效应。某个板块或个股的爆发力度，取决于庄家介入的深度。从走势上看，主流板块云集了各路庄家，庄家普遍介入较深，有备而来，庄家的深度介入，为展开大行情提供了坚实的基础。

③行情持续性最长。作为一轮中级行情的领头羊，主流热点、市场龙头股的持续性往往较其他股好，只要其振臂一挥，其他庄家就会纷纷响应，接力棒不断由这个庄股传到另一个庄股，从而对行情起到前仆后继的作用。

④市场辐射最广，号召力最强。散户在把握市场热点时，应注意热点板块会时时变换。而某一板块的龙头出现调整时，往往就意味着该板块将陷入调整，此时宜及时从该板块中撤离。

5. 捕捉黑马股底部

凡是涨幅惊人的黑马股，必定有一个长时间构筑的坚实底部，这是庄家大量吸货形成的。寻找这些底部形态是实战中捕捉黑马股的有效手段。以下是几种常见的黑马股的底部形态。

（1）圆形底

此形态是最可靠的底部形态。股价从高位不断回落，在低位逐渐稳定下来，成交量在最初时缓慢下降到一个水平，随后伴随股价缓慢上涨，成交量又逐渐增加。在圆形底形态之中，成交量也是一个圆底状。整个形态显示的是供求力量从供大于求转为供小于求的变化。初时，卖方的压力不断减轻，于是成交量持续下降，在底部买卖力量达到均衡，因此仅有极少的成交量；然后，需求开始增加，股价随之上升；最后，股价开始大幅上扬，出现突破性的上升趋势。圆形底的形成一般需要很长的一段时间，经历时间越长的圆形底就越可靠。当形态最后向上突破的时候应果断买入，因为随后将有一波大的上升浪。图 2-3 是珠江实业（600684）的日 K 线图，这就是典型的圆形底。

（2）双重底

当股价下跌到某一低位之后出现反弹，但回升的幅度不大，时间也不长，股价再一次下跌，当跌到上次低点附近的时候获得支撑而再一次回升，这次回升成交量通常要大于前一次反弹时的成交量。股价在这段时间的运行轨迹就像 W 字，这就是双重底。股价持续下跌令抛售者越来越少，而庄家这时开始小量吸纳，于是股价小幅回升。但当上升到某一水平时，较早买入的短线盘获利回吐，原来在上方的套牢盘也趁回升时出货，加上庄家有意令股价回跌，因此股价再次下挫。

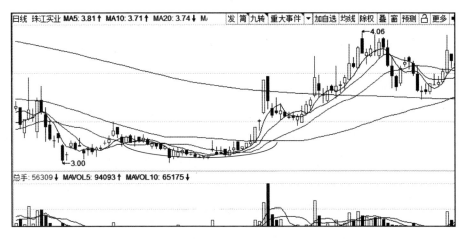

图2-3 圆形底

但庄家在低位再次吸货，股价往往无法跌到上次的低位便已回升，并在主动性买盘推动下最终越过上次反弹的高点，此时散户可以大胆地买入。如图2-4所示，吉宏股份（002803）在2020年3月到4月间形成的双重底。

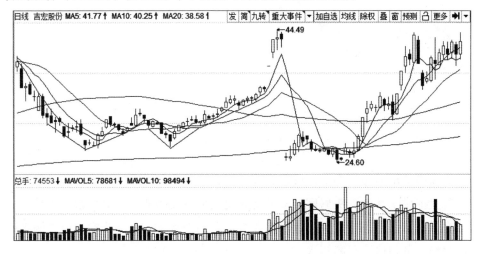

图2-4 双重底

（3）头肩底

头肩底是十分常见的底部形态，其形态与双重底相似，只是股价下探的次数多一些，显示庄家吸筹量更大、更有耐心。股价探底的次数越多，底部越坚实可靠，为日后上涨积累的能量也越大。

股价从高位回落到某一水平获得支撑并反弹，反弹幅度不大。之后股价缓缓回落，但成交量进一步缩小，这时的情形有点像双重底，所不同的是，这一次股价跌破了上次的低位，形成了技术上看淡的气氛。这种破位很可能是庄家有意打压的结果，但无论如何，股价却出乎意料地并未大幅下挫，而是在刚破位不远的地方停止下跌，而且成交量萎缩到极低的程度。这种情形很像我们前面说过的庄家突破支撑之后吸货的手法。股价破位后并未大幅下跌，说明市场中抛售力量已经穷尽。股价创新低之后再次反弹，这次反弹成交量有所放大，而随后的回调已无法再创新低。最后，市场信心有所恢复，股价在成交量配合下突破反弹高点向上发展。如图 2-5 所示。

图2-5 头肩底

　　头肩底的形成是买卖双方反复交战最终分出胜负的结果，而成交量的转变为散户看盘提供了帮助。头肩底的头部是成交量最萎缩的地方，显示抛压穷尽，右肩成交量在整个形态中最大，显示出买方信心的恢复和增强。当右肩最终构筑完成的时候，散户应当果断买入。

　　（4）潜伏底

　　股价在相对低位一个极狭窄的范围内横向波动，每日股价的波幅极小，且成交量也十分稀疏，K 线图上形成一条横线般的形状，这种形态称为潜伏底，如图 2-6 所示。

　　潜伏底大多出现在市场清淡之时以及冷门股上。持有股票的人找不到急于卖出的理由，有意买进的也找不到急于追入的原因，于是股价就在一个狭窄的区域

里波动，既没有上升的趋势，也没有下跌的现象，表现令人感到沉闷，就像是
处于冬眠时期的蛇虫，潜伏不动。

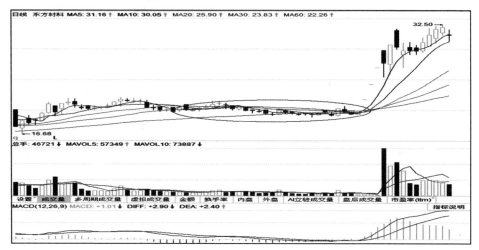

图2-6　潜伏底

　　经过一段长时间的潜伏静止后，某日突然出现不寻常的大量成交，价位和成
交量同时摆脱了沉寂不动的局面，股价大幅向上攀升，成交量同时放大。原因
可能是受到某些突如其来的消息，如公司盈利大增、分红前景好等利好消息的刺
激。在潜伏底形成期间，一部分先知先觉的投资者在不断地做收集性买入，当形
态突破后，股价会有一定的上升空间。所以，当向上突破时，投资者可以马上跟
进。跟进这些股票风险很低，利润也十分可观。

　　（5）岛形底

　　股价在下跌一段时间后，某一日忽然出现缺口性下跌，接着股价在低水平徘
徊一段时间后，股价又出现缺口性上升。股价在低水平争持的区域从K线图上
看就像是一个岛屿的形状，成交量在形成岛形期间有所放大。岛形底经常出现在
中期或长期性趋势途中，出现这一形态时是一个买入信号。如图 2-7 所示。

　　（6）V形底

　　V形走势是一个反转形态，显示过去的趋势已逆转过来。由于市场中卖方
的力量很大，令股价急速回落，当这股卖出力量消失之后，买方的力量完全
控制整个市场，使得股价出现戏剧性地回升，几乎以与下跌时同样的速度收
复所有失地，因此在K线图上，股价的运行形成一个像 V 字形的轨迹，如图
2-8 所示。

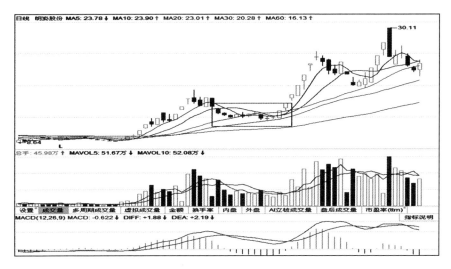

图2-7 岛形底

图2-8 V形底

**本章操作提示**

　　跟庄的前提是买入有实力的庄家介入的股票。对于散户来说，只有先识别了庄股，然后才能有选择地跟庄。庄家利用资金来控制着股票的行情，因此，散户选股时不能单从个人喜好出发，而应首先了解庄家的择股条件，才能有的放矢。

# 第三章

## 顺藤摸瓜
### ——判断庄家建仓的技法

　　庄家要坐庄某只股票的前提条件，是能够收集目标股一定数量的筹码，即完成建仓工作。收集筹码建仓才真正意味着庄家坐庄的开始，不管前期做没做准备工作，只要不进场吸筹，就谈不上坐庄。庄家只有吸足了控盘所需的筹码，才便于日后其他环节的操作。庄家建仓阶段的主要任务是在低位大量买进股票，而吸筹是否充分、持仓量的多少，这些对其日后的做盘有着极为重要的作用。庄家建仓的过程就是一个筹码换手的过程。在这个过程中，庄家为买方，散户为卖方。只有在低位充分完成了筹码换手，吸筹阶段才算结束，发动上攻行情的条件才趋于成熟。庄家的吸筹区域就是其持有股票的成本区域。

# 一、庄家建仓的时间与空间

## （一）建仓的时间

庄家建仓时间的长短与其自身的实力、当时的宏观经济、上市公司、大盘市况、技术形态等因素有着密切的关系。庄家在股价循环圈内建仓时间越长，收集筹码越多，未来股价上升的潜力就越大。所以，建仓时间长短是庄家坐庄的一个重要因素。建仓时间对不同的庄家有不同的要求，一般情况下，短线庄家建仓时间为1周左右，中线庄家的建仓时间为2～3个月，长线庄家建仓时间在半年甚至1年以上。新股的建仓时间一般在上市初几个交易日内即可完成。

## （二）建仓的空间

建仓空间是决定庄家获利空间的重要因素，也是庄家筹码来源多寡的一个决定要素。如果建仓空间过小，市场没有抛盘，庄家就拿不到筹码；如果建仓空间过大，就会缩小庄家的获利空间。所以，庄家在建仓时，很注意建仓空间的大小。一般情况下，庄家建仓空间是最低价之上的30%左右。在大牛市中，庄家采用拉高建仓，这个空间可以达到50%以上。定位合理的新股在上市后几个交易日内，股价走势坚挺，换手积极，这一段时间内的成交就是庄家的积极建仓行为，其建仓空间一般在15%左右。

# 二、建仓的阶段

庄家开始建仓时，股价一般离最近的一个成交密集区下沿已经很远，且幅度在30%以上。庄家建仓时的吸筹主要包括见底前平台、做底、见底后平台、推高吃货、股价上第二平台五个阶段。不同的庄家吸筹时，在某些阶段会有变化，但是总的原理是相同的。

1. 见底前平台

在大盘下跌时，庄家开始接手割肉盘，但如果是单纯的横盘就没有人卖了，所以还要继续震荡，而且没有大阳线，不会引起短线散户的警惕。

2. 做底

当大盘见底时，人气往往是最低迷的，这时如果股价跌破见底前平台，会引来更多的割肉盘。

3. 见底后平台

见底后，稍微进行拉升，一般要超过见底前平台，使割肉者都踏空，不愿买回，这样庄家就有足够的时间继续建仓。由于股价还处于低位，持股者信心仍不足，仍有不少割肉者。但是，随着平台的延长，持股者心态趋稳，加上有买盘关注，所以时间越长，庄家吸到的筹码就越少，当庄家觉得继续盘下去不划算时，就开始推高股价。

4. 推高吸货

这种推高的走势，涨幅并不小，但振幅较大，庄家往往避过短线散户的视线，在涨幅榜上很难找到它。底部横盘的时间越长，庄家在这个阶段吸到的筹码就越多。

5. 股价上第二平台

经过一段时间的推高，股价有了一定的涨幅，技术指标也到了高位，股民已不再看好此股。此时正是洗出获利筹码的时机。这个平台不管怎样盘整，看好的人都不多，所以这段时间任由庄家控制，待到庄家觉得持仓量足够了且时机成熟时，就开始进入拉升阶段。根据筹码分布情况及庄家的实力，后面有可能有第三、第四、第五平台。

## 三、庄家建仓时的信号特征

尽管庄家竭力隐藏其吸货行为，但其调动巨额资金坐庄一只个股，不可避免地对这只个股的走势会产生影响。其建仓吸筹必须实实在在吸进筹码，派货套现也必须实实在在打出卖单，抛出筹码。因此，庄家巨额资金进出一只个股，要想不在盘面留下痕迹是十分困难的。只要散户细心观察和总结，从 K 线图和成交量上一定能找出蛛丝马迹。判断是否有庄家建仓，不同的人有不同的判断标准。但是，有一些基本的判断方法是相同的，比如盘口特征、技术特征、K 线特征、挂单变化、成交量等。

### （一）庄家建仓时的盘口特征

无论是庄家还是散户，买卖股票的动作都会表现在分时走势图中，所以盘面是股票散户交流的窗口，也是观察庄家一举一动的窗口。盘口的信息语言，就是分时走势图上显示的卖一、卖二、卖三、卖四、卖五以及买一、买二、买三、买四、买五。一只股票，有庄家入驻还是没有庄家入驻，入驻的庄家是大庄家还是小庄家，庄家是善庄还是恶庄，都会通过盘口信息语言表现出来。可以说，散户只要能够读懂盘口的信息语言，就可以在股市中生存。盘中的每一笔成交都在暗示散户庄家资金的真实意图。

通常在庄家建仓时，盘口都会出现以下特征：

①庄家在卖一处挂出大单（500 手以上），而在买一处则挂上相对较小的买单。有的庄家也会在卖二、卖三、卖四、卖五处都挂上大单，显示盘中的抛压盘很重，以此来恐吓散户抛出手中的筹码，达到庄家建仓的目的。

比如某只股票在卖一 5.21 元处挂上 6000 手的卖单，而在买一 5.19 元处挂上300 手的买单。一旦盘中出现 5.20 的卖单，就会马上被庄家吃掉。庄家以这种手法不断地向上撤单，比如突然撤掉卖一 5.21 处的卖单，卖一处的价格就变成5.22 元了。盘面上出现这种情况，是庄家吃货建仓的明显特征，不过判断的前提是股价并非处于被炒作拉高后的高位。

②股价在低位时，盘口出现对倒单。在建仓的过程中，庄家大多会采用对倒单来打压股价，以便在低位吸进更多的筹码。这时，K 线图上会表现出小阴线和小阳线交错出现的情况，并且股价会沿着 10 日均线不断上扬。同时，盘面上会出现大的成交量，并且股价会出现连续下跌的小阴线。从盘口看，股价下跌时，每笔成交量明显大于上涨或横盘时的每笔成交量。另外，在低位时，庄家会不断地运用夹板式的手法控盘，即上下都挂上大的买卖单，中间相差几分钱，同时盘面不断出现小买单吸货。庄家这样做的目的就是让股民觉得该股抛压沉重，上涨乏力，从而抛出手中的股票。

散户如果看到盘口出现以上迹象，就可以判断有庄家在建仓。实际操作过程中，如果遇到出现这种情况的股票，应该密切跟踪，一旦股价企稳向上突破时，便可以进场操作。

③股价经过一段时间的下跌后，盘口出现大的买卖单。某只股票经历了一段下跌后，股价开始企稳。这时盘口上在卖单处会出现很大的卖单，而下面的买单却很小，并且不久后，盘口上会出现大买单，直接把上面的大卖单吃掉。出现这种盘口迹象，是庄家建仓吸货的特征。

④收盘前瞬间下砸股价。如果某只股票在收盘前股价瞬间下跌，是庄家建仓时常用的一种手法。庄家在尾市收盘前几分钟，突然抛出一笔或几笔大卖单，并且卖单同成交价相比降低了很大的价位，这样做可以使股价在瞬间被砸到低位。庄家在收盘前瞬间下砸股价，其目的是让散户来不及作出反应，迅速把股价打压下去，使日K线形成光脚大阴线、十字星或阴线等较难看的图形，使持股者产生恐惧感。持股者看到盘面上出现这种情况后，会认为股价次日很可能出现大跌。次日开盘后，庄家会先打压股价，使其呈现出下跌的走势，这个时候，持股者就会纷纷抛出自己的筹码，庄家则会把持股者抛出的筹码一一吃进。这种手法如果在周末利用的话，恐吓效果会更好。在周末，庄家可以利用媒体宣传的形式，摧毁持股者的持股信心，这样便可以更轻松地达到建仓的目的。

⑤股价在下跌过程中出现大买单。某只股票在下跌过程中，如果盘口上的买一、买二、买三处出现大单，一般这是庄家建仓护盘的特征。但需要注意，出现这种情况，股价不一定能马上企稳，因为在股价下跌的过程中，光靠庄家护盘是护不住的。庄家出面护盘后，一般股价还会有一段下跌空间。如果遇到这种盘口情况，散户应该密切留意，一旦市场转强的话，这种股票会有很不错的表现。

以上分析的几种盘口特征，都是庄家建仓阶段经常出现的，也是判断分析庄家建仓行为最基本的盘口信息语言。作为散户来说，要想在跟庄的过程中获得不错的收益，必须长期跟踪个股，紧盯盘口，并在实践中不断探索，这样才能及时掌握庄家的动向。总体来说，读懂盘口信息，是散户成功跟庄的基本功，也是股民在股市中投资的一个基本功。

散户在跟庄时要实时盯盘，盯盘时最多不超过3只股票，否则会分散精力。盯盘是为了读懂庄家操盘时的盘口语言和庄家的动作，判断大资金在盘中是实进虚出，还是虚进实出，进而从中分析出庄家的下一步行动。

**（二）庄家建仓时的技术特征**

对于庄家入驻建仓的庄股，散户只能通过细心观察来作出判断。散户一旦发现有庄家介入的迹象后，就要耐心捂股，跟其死缠烂打，从而享受跟庄"坐轿"的乐趣。散户可以从以下一些技术特征上来判断庄家是否入驻建仓：

①如果股价经过长期下跌之后止跌回升，上升时成交量放大，回档时成交量萎缩，日K线图上阳线多于阴线，阳线对应的成交量明显放大，用一条斜线把成交量峰值相连，明显呈上升状，这表明庄家处于收集筹码的阶段。每日成交明细表中可以看到抛单数量较小，大买单较多，这表明散户在抛售，庄家在收集筹码。如图3-1所示，杭州解百（600814）在2020年3月开始建仓，从图中可以明显看到成交量的峰值可以连成一条斜线。

图3-1　杭州解百日K线图

②如果某只股票的股价在一个长方形箱体里上下震荡，股价上扬时成交量放大，股价下跌时成交量萎缩。出现这种走势形态，表明庄家在耐心洗盘，以吓退跟风者。经过数日洗盘后，股价就会进一步放量上攻。

③庄家入驻一只股票后，往往会有利空出现，股价经常大幅低开，引发中小散户抛售，但股价重心并不下跌，反而上扬，成交量也逐渐放大。股价该跌时反而大幅上扬，这是庄家大举介入的征兆，出现这种走势形态，可以确认有庄家介入。

④如果股价形成圆形底，成交量越来越小。庄家见到下跌缺乏动力，就会悄

悄收集筹码，成交量开始逐步放大，股价因庄家介入，底部会有所抬高。成交量仍呈现斜线放大的特征，每日成交明细表上清楚地留下了庄家吸筹的痕迹。

### （三）庄家建仓时的 K 线特征

如果一只股票没有庄家入驻，它的 K 线图形态就毫无规律，即使股价有相对底部出现，那也只是暂时的。在底部区域，股价也许会有反弹，但很快又会继续下跌。一旦某只股票有庄家进入，那么在庄家建仓的过程中，就会在日 K 线图上留下踪迹。因为，K 线走势图能够把每天股价的走势情况完全记录下来，并经过一段时间的运行之后，其图上就会形成一种特殊的形态或区域。不同的 K 线形态具有不同的含义，散户可以通过分析它的形态变化，来分析判断出盘中的一些规律和庄家的动向。

如果一只股票有庄家在建仓，那么其 K 线经常会在低位收出小十字星，或者是小阴线、小阳线实体。这是因为，一方面，庄家需要将股价压低后慢慢地吸筹，但又不想在收盘时收高股价，否则会提高后面收集筹码的成本，就在临近收盘时，庄家会把股价打压到开盘价或接近开盘价的价位，这样就会形成十字星 K 线；另一方面，庄家想使建仓行为更隐蔽些，以便在盘中悄悄吸纳便宜的筹码，因而对股价的打压不敢太过于放肆，吸货也不敢太过于疯狂，所以这个时期股价的振幅大都比较小，因此会在收盘时收出十字星 K 线。到了建仓阶段后期，K 线图中就会出现实体较长的阳线，或者是上影线较长的 K 线，这表示庄家准备放开手脚，要开始大的行动了。

### （四）庄家建仓时的挂单变化

下面介绍从挂单的变化来判断股票是否有庄家建仓，散户在看盘时可以作为参考。盘中挂单可以分为静态挂单和动态挂单两种。日常交易中看到的盘面上的买卖单，是一种静态的买卖单。由于交易一直在进行，因此盘面上的挂单会不断地发生变化，特别是会突然出现某些大单，或者有些大单突然消失。这种动态的变化，散户往往更需要关注。

例如，某只股票的现价为买盘 5.34 元，卖盘 5.35 元，卖盘中每一个价位挂出来的卖单都在万股以上，买盘中挂出来的买单都在万股以内，这种挂单现象给人的感觉是市场抛压沉重，特别是在大盘形势不好的情况下，这种感觉更加明显，但这种挂单现象也有可能是庄家故意压盘。伴随大盘的下跌，该股的股价也继续下跌，一直下跌到5.30元才止住。这时，上档的抛盘价位是5.30～5.34元，其中并没有超过万股以上的压盘。但是要注意，原来5.35元以上挂有的大抛盘已经看不到了。

随着大盘出现盘中回升，按照常理，该股股价也应该跟着回升，但正当5.30元的压盘被打掉之际，却在该价位上又挂出了几万余股卖单。这些卖单也许是市场中的散单，也有可能是庄家希望股价慢一些回升，故意在卖盘上挂出大单，以便庄家有时间做一些其他的事情。经过一段时间，这笔大单也全部成交了。随着买单的不断进场，股价也开始逐渐回升。不久，卖盘价位回升到原来的5.35元。这时，一个奇怪的现象出现了，即上档卖盘的五个价位，居然没有一个价位的挂单超过万股！如果散户没有注意到这个细节，就会被庄家蒙骗。

当然，也有可能随着大盘的回升，市场上的抛单纷纷撤掉，但这取决于两种情况，即一种是大盘飙升，另一种是大抛单离低位比较近。如果当时大盘回升的力度不大，那么可以排除第一种情况。股价的前一个低点在5.30元，在当天交易的范围内，5.35元以上的价格已经远离该点，因此这种撤单的现象只能解释为非市场性的撤单，也就是说前面的挂单应该是庄家所为，股价回升前，庄家已经趁机将上面的大卖单撤下来了。这种利用股价下跌，散户看不到挂在上面的大单的时机秘密撤单的手法，是庄家比较常用的一种操作手法，很容易达到欺骗市场散户、掩盖庄家操盘的目的。

从压单到撤单来分析，散户可以得出这样的结论，如果该只股票的庄家不愿意采用对倒的操作手法，估计其实力不强，所以他不愿意在此价位将筹码让给市场中的散户。同时，庄家有可能再增加仓位，或者是让散户增加一些仓位。

### （五）庄家建仓时的成交量特征

庄家技术手段比较高明，可以虚构价位，也可以利用对倒盘制造假成交量，但其无法彻底改变吸筹时成交量表现出来的特点，庄家吸进筹码，意味着某个价位上有成交，成交的多少，必然会在成交量这一指标上反映出来。

庄家建仓造成量变化一般有以下三种情况：

①在原本成交量极度萎缩的情况下，从某一天起，成交量出现温和放大，之后连续很多天一直维持在这个水平，每天成交量极为接近，而不是像先前那样

时大时小。这种变化不是偶然的，这是庄家有计划地吸货造成的。此时，若日 K 线组合出现连拉小阳的形态，可靠性更强。把这些成交量累加起来，便能大概估计出庄家吸货的量以及是否吸够了。一般这样的吸筹过程要持续两个星期以上，否则无法吸够低价筹码。然而，这一批筹码往往是庄家最宝贵的仓底货，不会轻易抛出。

②成交量极度萎缩后间歇性突然放大，伴随着日 K 线图上间断出现的大阳线，这是庄家为了避免散户的注意，故意先拔高，后打压，然后再拔高，在底部反复消磨散户的信心，迫使散户抛出筹码。经过一段时间后，成交量才会明显地稳步放大。

③成交量长期萎缩后突然温和而有规律地递增，伴随着日 K 线图上股价的小幅上升。这也是庄家吸货时造成的成交量的微妙变化。这表明在吸货后期浮筹减少，庄家不得不加价才能拿到筹码的事实，此时若出现底部盘升通道或圆形底、潜伏底、W 底等形态，较为可信。这种情况反映出庄家急于进货的心情。散户发现后不要轻易放掉这个机会，因为这时离股价大幅攀升的日子已经不远了。

# 四、庄家常用的建仓方式

庄家建仓收集筹码时，为了不让散户和市场察觉，手法会比较隐蔽。但是，只要散户认真分析庄家建仓时的一些迹象，还是可以发现庄家建仓的一些方式和规律的。

## （一）拉高式建仓

拉高式建仓就是在股价上涨过程中进行建仓，在盘面上是可以看到股价走出一波上涨行情的。大多数冷门股或长期下跌的股票可能会出现拉高建仓的方式。因为庄家建仓时，股价呈现出略微上升的态势，整个股价上升的过程就是庄家建仓的过程。庄家迅速从股价低位推高股价，有时以涨停板的逼空式建仓方法，成交量急剧放大，股价向上冲破上档所有阻力位，成交量这时放出天量，完成建仓。这种建仓方式往往暗示着该只股票蕴藏着重大的利好题材，并且该股后势还将有巨大的升幅。

用这种方式建仓的庄家，实力一般都比较雄厚，对股价底部判断精准，操作手法也非常凶悍。否则，其就会身陷泥淖无法自拔。具体的拉高建仓主要有以下两种形式。

**1. 一步到位式**

庄家在建仓时采用逼空式的方法，股价在短时期内连续拉高，甚至多个交易日拉出涨停板，将股价迅速推到目标位，然后在相对高位做平台或旗形、三角形形态整理，造成假出货现象。而庄家在悄悄接纳市场中抛出的筹码，以达到自己建仓的目的。这种股票往往是市场中的"黑马"。如图3-2所示，供销大集（000564）在2020年4月出现多次涨停，庄家拉高建仓的意图十分明显。

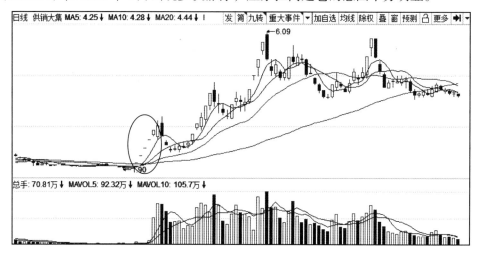

图3-2　一步到位式拉高建仓

**2. 连续拉升式**

股价底部已经形成，股市中的散户惜售，庄家无法在底部收集到足够廉价的筹码。为了赶时间、抢筹码，庄家使用连续拉高的建仓方式，使短期均价线呈现陡峭状，日K线连续上涨，KDJ钝化，引发抛筹，庄家则趁机吸货。如图3-3所示，三安光电（600703）在2019年9月庄家连续拉高建仓。

采用拉高方式建仓，庄家入驻前和后，个股在成交量上有很明显的变化。庄家入驻之前，股价出现缓慢下跌的走势，在这个阶段，成交量低迷；当庄家开始入驻建仓，成交量就会逐步放大。当庄家把股价推高到一定高度后，成交量会持续地温和放大。随着股价不断被拉高，成交量也随之不断地放大；当股价上涨到一定幅度之后，会出现放量上冲回落的走势。出现这种情况的原因，是庄家故意快速地把股价拉起，之后又让其快速回落，其目的就是震走那些短线获利筹码。

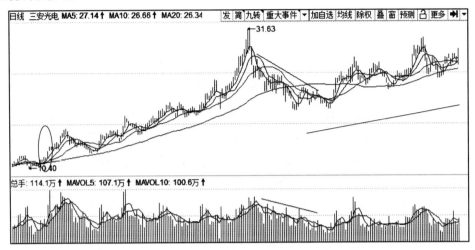

图3-3 连续拉升式建仓

如果庄家采用拉高方式建仓，散户一般很难判断出是技术性反弹还是庄家在建仓。散户要想区分拉高式建仓和技术性反弹，有一个比较实用的办法。

一般在拉高式建仓的过程中，庄家把股价拉高到一定幅度后，为了把里面的短线获利筹码赶出去，会让股价在这个价位横盘整理。K线走势图上，就会发现股价进入一段时期的横盘整理形态。

技术性反弹则是当反弹到位后，股价很快就会继续下跌。所以，一旦股价回落幅度达到这次上涨幅度的一半后还继续下跌，就可以判断这次上涨只是技术性反弹而已。

## （二）打压式建仓

打压式建仓是指股价还在下跌的时候，庄家就开始介入个股进行操作，整个下跌过程就是其建仓过程。在庄家建仓过程中，运用早期吃进的一部分筹码，不计成本地大幅度向下砸盘，以便打压股价。随着股价的持续下跌，庄家可以逐步增加吸筹量，并且到下跌的最后阶段，其一见到筹码就会吃进，直到基本达到目标仓位。

采用打压方式建仓的庄家，资金实力都是非常强大的。庄家在建仓的过程中，不断地对股价进行打压，因此其收集筹码的整个过程中，股价一直呈现出下跌的状态。采用打压方式建仓的庄家，在选择建仓时机方面也是很有讲究的。其一般都是选择大盘处于弱势下跌的时候，并且选择一些具有利空消息发布的个股，然后在建仓的过程中，利用大盘弱势和利空消息在不断打压股价的同时建仓。

打压方式建仓可以分为直线式快速打压建仓和缓慢震荡打压建仓两种。在直线式打压建仓的过程中，当庄家收集到一部分筹码之后，会快速地把股价大幅度打压下去，有的甚至是打压到跌停板或者是跌停板附近，然后又快速地将股价大幅度拉起，庄家的目的是制造恐慌性抛盘。在缓慢震荡打压建仓的过程中，股价在下跌的过程中会不断地出现反弹，但反弹的力度都比较弱，反弹幅度也是非常有限的。在这个过程中，股价的重心一直处于下移的状态。如图3-4所示，庄家入驻南宁百货（600712）时采用的就是缓慢震荡式打压建仓的方式。

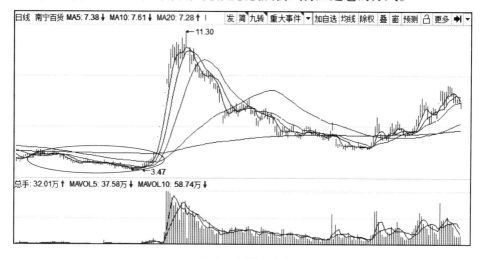

图3-4　打压式建仓

采用打压方式建仓，K线走势图上最明显的特征就是股价处于下跌趋势，但又与其他股票下跌不太一样。从时间的角度来看，采用打压方式建仓的庄家不会长时间打压股价，因此，庄家开始建仓之后，K线走势图上的跌势持续时间一般不会太长。

打压建仓都会在成交量上看出迹象。在建仓过程中，庄家不但要吃进筹码，而且还要用一部分资金来打压股价，这样在成交量方面还是能够看得出来。在直线式打压过程中，成交量会出现价跌量增的现象。在震荡式打压的过程中，成交量会呈现出不规则的放大，也就是说成交量时大时小。

　　由于庄家采用打压方式建仓是在股价下跌的过程中不断吸筹建仓的，散户把握起来比较困难，如果过早进场操作的话，很有可能买在股价比较高的位置。散户在遇到打压建仓方式的个股时，不但要分析判断是否有庄家进场建仓，还要把握好进场的时机。一般来说，当庄家建仓接近尾声的时候，股价的下跌速度会明显放缓，并且 K 线走势图上会出现止跌信号，比如底部十字星之类的信号。有的会在股价下跌一段幅度后，在底部收出一根长长的大阳线，并且在接下来的几天里股价都处于比较强势的状态，这些都是庄家建仓接近尾声的特征。散户可以在出现这些特征之后进场参与操作，但前提必须是确定有庄家进场建仓。

### （三）反弹式建仓

　　反弹式建仓是庄家为了节省建仓时间经常采用的一种建仓方法。当股价下跌到一个低点后，散户见股价已低，惜筹现象严重，庄家无法再次打压股价吸筹。为了节省吸筹的时间，庄家采用股价反弹的方式建仓，即庄家拉高股价，利用市场散户的"反弹出货"或"高抛低吸"的特点，借此大量吸纳市场内抛出的筹码，以便在较短的时间内收集到大量的筹码，完成建仓工作。

　　其实庄家在股价下跌的过程中就已经收集到了一定数量的筹码，当股价下跌到没有继续下跌的空间时，庄家就会利用手里的筹码，让股价在底部反复地盘整，然后在股价的反弹过程中不断地吸筹建仓。采用反弹方式建仓，每一次的反弹高点都比前一次的打压点高，如图 3-5 所示，大连热电（600719）走势图就是一个典型的例子。

　　采用反弹方式建仓，从 K 线走势图上可以看到，股价都是经过一波下跌行情并且已经基本没有继续下跌的动力。当股价没有下跌空间时，在 K 线走势图上收出一根或者是几根大阴线，但很快就会收出一根大阳线，将前面的一根或者是几根阴线实体全部覆盖住，或者是连续收出小阳线实体，也有可能是收出止跌的十字星形态。

　　在庄家反弹建仓的过程中，K 线走势图上会呈现出以小阳线为主的 K 线形态，股价也在慢慢地回升，但庄家会再次打压股价，让其继续回落。在反弹式建仓的过程中，每次股价反弹的高点都要高于前一次股价反弹的高点，并且每次回落下跌的低点，也会高于前一次股价回落下跌的低点，股价的重心呈现出不断向上移动的走势形态。

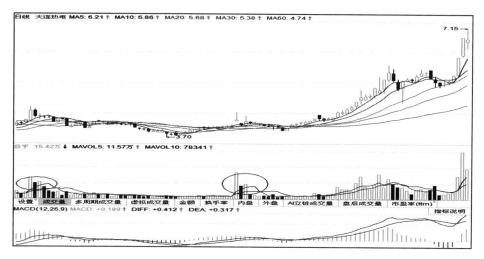

图3-5　反弹式建仓

在股价向上反弹时，成交量就会呈现出放大的现象。在庄家打压股价让其回落的过程，成交量会呈现缩量的现象。

对于反弹方式建仓的个股，做短线的散户可以在整个过程中不断地参与短线操作，采取高抛低吸的策略获取差价利润。但是在操作的过程中，一定要把握好每一次的反弹高点和回落时的低点，并且要准确地判断出庄家建仓完毕的时间。做中长线的散户，可以在庄家每次向下打压股价时，跟随庄家慢慢地吸进筹码，然后等待庄家的拉升。

### （四）拉锯式建仓

拉锯式建仓就是庄家在很短的时间内把股价拉上去，在散户还没来得及反应时，又把股价重重地砸下来，大多数散户经不住庄家这种反复的折腾，只好离场而去，把筹码送给庄家。庄家采用拉锯方式建仓，股票的价格会大起大落。有时庄家会不计成本地快速吸进筹码，或者是快速打压股价，使得股价呈现出快涨快跌的走势，从而让散户有种坐过山车的感觉。由于采用这种方式建仓的庄家实力都很强大，选择的目标个股大部分都是股价处于底部区域，或者是处于相对低位的个股。庄家开始建仓之后，就会造成股价大幅度的上下波动，并且在盘面上可以看到股价会反复地走出这种震荡的走势形态。如图 3-6 所示的金海高科（603311），庄家把股价快速拉高之后，又快速地打压，借此打击散户持股的信心。

　　庄家采用拉锯方式建仓的过程中，股价在 K 线走势图上会呈现出剧烈震荡的局面，经常会出现大阳线和大阴线的走势形态。

　　采用拉锯方式建仓，成交量整体上呈现出放大的现象，当股价向上震荡时，成交量是逐步放大的。当股价震荡上涨到一定程度时，股价一般都会出现冲高回落的走势，此时成交量就会放出巨量。随着股价的回落，成交量会逐步委缩。当股价回落企稳后，会出现突然放量的形态，此时说明股价即将告别这次震荡下跌的走势，很快就会迎来震荡反弹的行情。

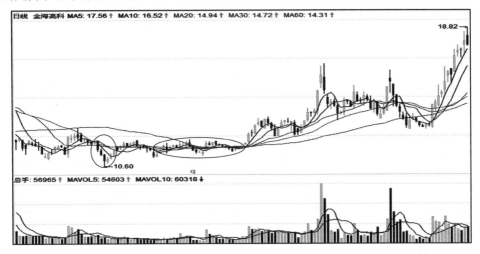

图3-6　拉锯式建仓

　　以拉锯方式建仓的股票，其价格的波动幅度是比较大的。做短线的散户可在庄家建仓的过程中参与操作，在股价的波动中赚取差价。不过在操作过程中，要把握好每一次股价震荡的高点和低点。每次股价震荡出现高点和低点时，K 线走势上都会出现一些明显的特征。做中长线的散户，可以在庄家建仓时跟随庄家进行战略性的建仓布局，即在每次股价震荡回落时买进。

### （五）潜伏底式建仓

　　庄家如果采用潜伏底方式建仓，那么个股表面上还是会给散户留下走势低迷的印象，这是因为庄家在建仓过程中大多只管吃货，并不主动拉抬股价。但是，只要等到拉高的时机到了，庄家则会以迅雷不及掩耳之势，在短短几个交易日内就将股价大幅度拉高。

　　潜伏底式建仓是近几年来庄家建仓时的常用的手法，这种方法有个显著的特征就是庄家战略性建仓后，先打压股价，之后基本不主动操作，使个股仿佛处于无庄的状态。股价在底部区域经过长时间的低迷盘整，大部分人早已确认该股没有庄家操控，于是纷纷抛出手中的筹码。待时机成熟后，庄家只需再最后收集一部分筹码，便能轻松控盘。

采用潜伏底方式建仓，庄家是在股价处于底部时隐蔽建仓的，所以盘面上可以看到股价是经历了一波下跌行情，并且此时股价是在底部区域震荡运行的。在这个阶段，股价的走势始终是处于比较低迷的状态，给人一种不死不活的感觉。对于绝大多数采用潜伏底方式建仓的庄家来说，在其锁定足够多的低位筹码以后，就会隐蔽下来，寻找顺势拉高的机会。顺势拉高的机会只有在个股周期规律作用下，或者大盘产生中级行情，大量跟风盘蜂拥而至时才会出现。庄家可以从盘面的每日变化中捕捉顺势拉升股价的机会。而对于中小散户来讲，要发现这样的买点是件很困难的事情。符合潜伏底式建仓特征的个股，如果顺势急跌后即反转向上，股价稳步推高，且成交量逐渐放大，可以看作是潜伏建仓型黑马即将飙升的一个前兆。如图 3-7 所示的百联股份（600827），庄家从 2020 年 2～5 月一直潜伏在其底部建仓。

图3-7　潜伏底式建仓

庄家采用潜伏底方式建仓的个股，在 K 线走势图上股价运行表现得非常低迷，上下波动的幅度也非常小。如果有不少短线散户进去抄底的话，那么 K 线走势就会呈现出突然拉高上涨的现象，但是这种走势最多不会超过 3 天，股价又会继续呈现出低迷的走势形态。股价收盘后，大部分都是收出带上下影线的小阳线或者是阴线，也有的个股会在这个阶段出现大量的十字星阴线或阳线。当庄家建仓完毕之后，股价就会逐步脱离底部低迷的走势区域。此时，K线走势图上就会出现连续阳线甚至是大阳线的走势现象。如果此时庄家急于把股价拉离建仓成本区域的话，那么股价就会呈现出快速上涨的态势，并且K线走势图上会出现走势坚挺的大阳线，甚至出现向上跳空的阳线。

采用潜伏底方式建仓，虽然庄家是在隐蔽地建仓，但是在成交量上也会留下一些迹象。资金实力比较强大的庄家，会在建仓过程中不断地收集筹码，只要有人卖出他就会吃进，所以成交量上就会出现放量的现象。有些庄家在建仓的过程中不急不躁地慢慢地吸进筹码，这样一来，在成交量上就会呈现比较低迷的状态，抑或是时大时小的不规则的成交量，但是股价依旧处于低位。

庄家采用潜伏底方式建仓时，由于其是在底部区域慢慢地建仓，因此建仓过程的时间相对比较长。在这种情况下，散户遇到这种走势图形的股票，最好不要立即进场，应该观察几天该股的走势。散户如果仔细观察的话，应该不难发现，在庄家的建仓过程中，股价总体上是维持在底部运行的。盘中偶尔也会出现拉高的现象，但没过两天，股价就会又被打回原地了。从图3-7中的K线走势中，可以明显地看到偶尔有一两根中阳线或是大阳线出现。庄家之所以把股价打回原地，是因为还没有收集到足够的目标筹码，拉出一两根阳线的目的是让散户们有点获利，然后引诱他们抛出手中的筹码。

### （六）横盘震荡式建仓

当股价从高位下行至相对低位的时候，股票具有一定的投资价值，这时庄家会进场吸货。庄家建仓是有目的、有计划的行为，其介入某只股票后，会在某一个价格高点挂上大量卖单，给股价上行带来很大的压力。同时，庄家也会在某一个价格低点挂上大量买单，使股价在一个箱体内做小幅震荡整理，K线图上的走势几乎呈一条横线运行。一些散户由于经不住股价长时间横盘震荡整理的考验，不得不抛出手中的筹码，而庄家则会趁机吸入，逐步完成建仓工作。横盘震荡方式建仓，庄家一般都是在股价下跌之后，在底部潜伏下来，慢慢地吸进筹码，不会让股价有太大幅度的上涨，同时也不会让股价过度下跌。因此，在庄家建仓阶段，股价会在一个比较小的区间内来回震荡。如图3-8所示的平潭发展（000592），其股价在2020年2～6月都在2.4元左右震荡。

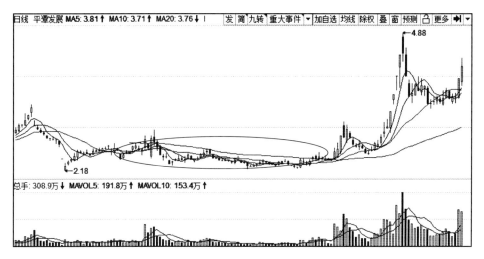

图3-8　横盘震荡式建仓

庄家采用横盘震荡的方式建仓时，一般来说，横盘震荡的时间越长，则后期股价上涨的空间越大。如果庄家处于横盘震荡的建仓阶段，散户就要密切关注，因为这是极好的买入机会。

采用横盘震荡方式建仓，在K线走势图上，可以发现个股在横盘震荡之前，股价是在下跌通道中运行的。在下跌过程中，盘面上收出的主要是阴线。当庄家开始建仓后，K线图上就会呈现出小幅震荡的走势形态。在整个建仓过程中，K线图上表现出阴阳交替的走势形态，以小阴线或小阳线收盘。当庄家收集到一定数量的筹码之后，有时也会突然在某一天把股价迅速拉高，此时，K线图上就会出现大阳线。但是庄家这种拉高一般都不会超过3天，股价被拉高后也会很快回落到大平台上继续进行横盘整理。

横盘震荡式建仓的成交量要分两个阶段分析。第一个阶段是庄家建仓之前，当股价刚开始从顶部下跌时，成交量呈现出放大的现象，但随着股价的不断下跌，成交量反而会呈现出缩小的现象，并且当股价经过大幅下跌之后，成交量就会呈现出一段地量的走势。第二阶段就是庄家开始建仓后，庄家为了收集筹码在成交量上就会留下一些迹象，在整个底部横盘的过程中，成交量也呈现出低迷的状态，并且偶尔出现一两天的放量现象。

庄家采用横盘震荡方式建仓，有两个散户比较容易识别的特征：一是股价经历了一波长期大幅的下跌过程后，已经到了跌无可跌的状态；二是庄家开始建仓之后，股价会在底部区域形成长时间的横盘走势，这个时间至少两个月。中短线的散户都不应该在股价处于下跌通道时参与操作，而是要等到庄家建仓到了尾声的时候，才可以趁股价回落时进场。

### （七）单边下跌式建仓

单边下跌式建仓和前面的打压式建仓有点类似。但是，以这种方式来建仓的庄家基本上是在目标股不断下跌的过程完成建仓的。建仓过程中，股价几乎没有像样的反弹出现，甚至也没有平台震荡整理的走势。

庄家建仓时股价呈下跌态势，而整个下跌过程就是其建仓过程，股价止跌时表明庄家建仓工作完成。建仓初期，庄家利用手中少量的筹码，在市场上不断地打压股价，有时甚至造成大跌的走势，以便在低位吸筹，并随着股价的持续下跌，逐步加大收集筹码，到最后一概通吃。有时候，这种单边下跌的建仓方式是庄家采用打压的方式进行。庄家运用早期手中少量的筹码，大幅向下砸盘，打压股价，甚至以连续跌停的方式出现，有时伴随着上市公司的利空。单边下跌的建仓方式能够使庄家可以用较低的成本收集较多的筹码，但是，若股价太低，庄家行为被市场发现，就极容易引起其他散户跟进吸筹，从而影响庄家建仓。在单边下跌的建仓方式中，庄家会借助大势的调整或利空消息使散户割肉。

在单边下跌建仓过程中，股价在 K 线走势上表现出来的走势是单边式的一路下跌，如果庄家打压的手法不够凶狠的话，K 线图上会呈现不断下跌的小阴线；如果庄家性子急，想要快速打压，就会在 K 线图上出现大阴线。当建仓接近尾声时，K 线图会收出带下影线的探底 K 线形态，或者在股价下跌后的低位出现一根长长的大阳线。

成交量总体上处于放量的状态。如果庄家是个慢性子，而不过多地打压股价，成交量也就会比较温和，不会出现过大的放量，也不会出现明显的缩量；如果庄家是个急性子，那成交量就会不断地出现放量。如图 3-9 所示的大华股份（002236），在 2020 年 3 ～ 5 月的走势就是典型的单边下跌式建仓。

采用单边下跌方式建仓的个股，对于散户来说是比较难以操作的。庄家建仓是在整个下跌的过程中进行的，并且在整个建仓过程中，股价都不会出现一个像样的反弹。短线投机者根本不可能在这个过程中做差价。当庄家采用这种方式建仓时，散户如果想在庄家建仓阶段参与操作的话，就必须准确地判断出庄家建仓的进展情况，最好在其建仓接近尾声时入场参与操作。做短线的散户，可等到庄家进入拉升阶段再入场。

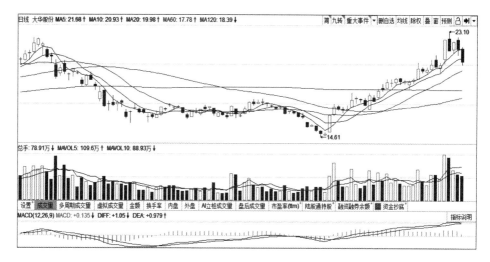

图3-9  单边下跌式建仓

### （八）单边上涨式建仓

这是与单边下跌式建仓方式刚好相反的一种建仓方式。采用单边上涨式建仓，庄家的建仓过程同时也是股价不断上涨的过程，庄家在上升过程中完成建仓工作。在这个过程中，庄家在刚开始时因为股价相对较低，会及时吸收大量的筹码。随着股价不断上涨，庄家的吸货速度放慢。如果目标股很好，或个股隐藏着重大利好消息，或者大盘突然由下跌反转上升，庄家在这三种情况下将会采用逼空式单边上涨的建仓方式。在这种情况下，股价往往表现出涨停板放大量的特征。如图3-10所示，天孚通信（300394）在2020年1～2月的走势就是典型的单边上涨式建仓。

K线走势特征在单边上涨式建仓过程中可以分成两个阶段，第一个阶段是庄家建仓之前，第二个阶段是庄家开始建仓之后。在庄家建仓之前，个股K线走势呈现出下跌的形态，或者是底部横盘的形态。如果庄家建仓之前股价是处于下跌趋势的，那么K线图上可以看到股价的跌势会逐渐放缓；如果股价是处于底部震荡徘徊态势的话，那么在K线走势图上就会呈现出阴阳交错的K线形态。庄家开始建仓后，K线走势图上就可以看到股价慢慢地被拉起，盘面上的阳线实体也逐渐增加，偶尔也会出现大阳线的走势，并且随着庄家不断地收集筹码，股价也不断地向上盘升。K线走势图上就会看到股价是一路上扬，依托5日均线向上运行，收出的阳线实体要远远多于阴线实体。

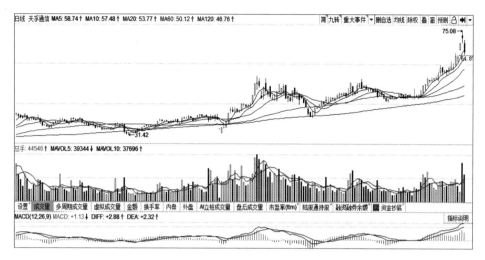

图3-10　单边上涨式建仓

　　单边上涨式建仓的成交量特征也可以分成建仓前后两个阶段来进行分析。在庄家建仓之前，成交量也呈现出缩量的形态，或者是出现时大时小的不规则形态；在庄家开始建仓之后，成交量同前期相比就会有明显的放大。

　　在单边上涨式建仓时，股价脱离底部的上涨过程中，散户首先要判断此时是有庄家在建仓，还是只是下跌过程中的一次技术反弹。如果是技术性反弹的话，成交量不会持续地放大，并且盘中不会有持续上涨的动力。在庄家建仓的过程中，股价也会有不小的上涨空间。如果做短线的散户把握好了，就能在这个阶段获得不少利润。当庄家完成建仓之后，会让股价进行一段时间的休整。做短线的散户应该密切关注股价接下来的动态，一旦发现股价再次启动，就应该及时跟进。做中长线的散户，可以跟随庄家在建仓过程中逐步建仓，在庄家进入休整阶段，趁股价回落时，分批再次吸进筹码，然后等待股价拉升。

### （九）V形式建仓

　　V形式建仓就是先下后上的建仓方式，是指股价还在下跌的趋势中时，庄家就开始对该股进行建仓，不断地收集坐庄筹码。这里所说的庄家在股价下跌过程中就对其进行建仓，并不是说股价刚开始下跌，庄家就入驻建仓，而是当股价已经下跌了一波行情之后，庄家在股价继续下跌的过程中不断地收集筹码，并且随着股价的不断下跌，逐步增加收集的筹码数量。当股价见底时，庄家已经收集到了一部分筹码。股价见底后，庄家遇到抛出的筹码就买入。如果筹码不够，庄家会在股价见底后的回升过程中继续收集，直到收集到足够坐庄和控盘的目标仓位。

采用这种方式建仓的庄家，选择的目标个股必须是经过一段时间下跌以后的股票。因此，在盘面上可以看到股价一直处于下跌的趋势之中，股价走势表现得非常低迷。如图3-11所示，天顺风能（002531）的趋势就属于V形式建仓。

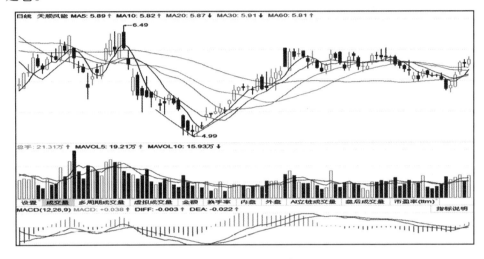

图3-11　V形式建仓

采用V形式建仓，在K线图走势中，股价会呈现出一路阴跌的现象。在股价下跌过程中，经常会出现向下跳空的大阴线走势，或者是连续出现小阴线的阴跌形态，很难见到大阳线出现，并且K线图上主要是以阴阳交错的小阳线和小阴线收盘。

庄家采用V形式建仓进场后，会用少量的资金逐渐收集筹码。因此，在这个下跌的阶段，盘面会呈现出缩量下跌的走势。当股价下跌接近尾声后，有的庄家为了能够在低位收集到更多的低价筹码，会采用对倒的手法大幅度地打压股价，这时盘面上就会突然出现成交量放大的现象。

一般的散户很难在股价下跌的过程中判断是否有庄家对该股建仓，因为在股价下跌过程中，庄家的建仓行为一般都是很隐蔽的，整个下跌过程中不会出现任何反弹走势。所以，在跟庄的过程中，无论是做短线还是做中长线，看见股价已经下跌了一波行情之后，不要觉得一定会有庄家入驻而急于买进操作，有些股票价格虽然很低，但不一定就能引起庄家的青睐。当股价见底开始回升时，如果散户只看回升这一阶段盘面上呈现出来的迹象，也不足以判断出来一定有庄家入驻该股，因为当股价深幅下跌后，本身有技术性反弹的要求。没有庄家入驻的股票，当股价下跌到关键技术位时，也会呈现出这些迹象。散户在实际操作过程中遇到这种走势形态的个股，一定要结合整个下跌过程和回升过程该股表现出来的各种迹象，去综合判断是否有庄家入驻。

### （十）倒 V 形式建仓

倒 V 形式建仓也就是先上后下式建仓。当个股的股价较低，市场见底，庄家趁机介入，收集大量的廉价筹码，股价走势呈微幅上涨。由于此时庄家吸纳的筹码未达到坐庄的目标，并且市场散户看好目标股，也不愿抛出手中的筹码。于是，庄家便打压股价，制造下跌的趋势，使市场散户担心股价再次下跌而抛出手中的筹码。此时庄家则大力收集散户筹码，直到自己仓位满了为止。

股价经过一波下跌行情之后，庄家才会采用倒 V 形式建仓，其中最明显的一个特征就是股价在底部迎来一波反弹行情，但股价反弹的幅度很有限，一般不会超过 20%。反弹之后，股价就继续回落下跌，有的甚至会回落到刚开始反弹的低点位置。一般大家把这种现象称为"二次探底"。如图 3-12 所示，庄家在2020 年年初，对风华高科（000636）就是采用倒 V 形式建仓的。

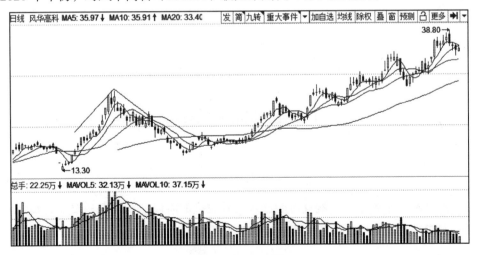

图3-12　倒V形式建仓

采用先上后下的方式建仓，从 K 线走势图上可以看到，当股价从底部开始上涨时，一般都是小幅度地攀升，很少会出现急速上涨的走势。当庄家收集到一定数量的筹码后，为了能够再吃进低价的筹码，庄家就会利用已经收集到的筹码，通过抛售或对倒打压股价。在这种情况下，K 线走势上就会看到股价掉头向下。当股价回落临近结束的时候，K 线走势图上会收出止跌信号的 K 线，比如十字星形态，或者收出一根带长长下影线的 K 线等。

采用先下后上的方式建仓，散户如果仔细观察盘面，就可以在成交量上发现一些庄家建仓的迹象。当股价经历长期下跌之后，成交不会很活跃，有的甚至会出现地量现象。当庄家采用倒 V 形式开始对该股建仓时，不但股价会呈现出上涨的走势，而且成交量也会出现温和放量的现象，并且在股价上涨阶段是逐步放量的。当股价上涨到一定程度时，庄家开始打压股价，再次收集筹码，成交量则表现出先放量后缩量的现象。

散户在跟庄的过程中，要结合种种盘面特征，综合分析庄家是否已经开始对目标个股入驻建仓。庄家采用倒 V 形方式来建仓的个股，对于做短线的散户来说，在庄家建仓阶段没有什么获利空间，最好不要进场操作，摸透了庄家的操作手法和风格后，在其马上要启动拉升股价时，再进场参与短线操作。

做中长线的散户，可以逐步跟随庄家进场布局。在庄家刚开始建仓的阶段，散户不要因为想在低位拿到低价筹码而急于买进，因为这样操作风险是相当大的，一旦庄家发现该股不适合坐庄操作，那么他就会放弃建仓，股价随后将会继续下跌。中长线散户应该待庄家再次打压股价收集筹码的时候逐步进场。

# 五、建仓完成的表现

庄家建仓完毕之后，就有可能进入拉升股价的阶段，所以散户要及时地判断出庄家建仓是否完毕。一般来说，庄家建仓完毕具有以下特征。

## （一）盘口信息

盘口信息是研判庄家控盘程度的重要窗口。庄家建仓完成与否，都可以通过盘口信息来作出准确的判断。

1. 拉升时的大卖单

一只股票在不涨不跌时，挂出大卖单比较正常。一旦股价拉升时，立即出现较大的卖盘，有时甚至是先挂出卖盘，而后才出现上涨。出现这种信息，如果卖盘不能被吃掉，一般说明庄家吸筹不足，或者不想发动行情；如果卖盘被逐渐吃掉，且上攻的速度不是很快，多半说明庄家已经完成了建仓，对该股相对控盘了，他既想上攻，又不想再吃进更多的筹码，因此拉升股价的速度会慢一些，希望散户帮助吃掉一些筹码。

2. 下跌时的承接盘

若庄家建仓的筹码不足，其在洗盘时就不希望损失更多的筹码，因而下跌时，低位会有一定的承接盘，这是庄家自己在卖给自己。有时，甚至庄家会先挂出承接盘，再启动下跌的动作。如果庄家已经控制了较多的筹码，那么股价下跌时，卖盘基本上是真实的，在低位也不会主动挂出大的承接盘。如果庄家不承接低价位的筹码，其目的就是减少仓位，以便为下一波拉升作准备。

## （二）K线图

1. 日K线走势独立于大盘

在市场中，个股一般都是跟着大盘呈正向走势，即大盘涨，个股也涨；大盘跌，个股也跌；大盘呈平衡震荡，个股也为上下震荡的平衡式。然而在市场中，某些个股走势我行我素、独来独往，不理会大盘而走出独立的行情。这种情况下，表明个股的筹码基本上已经被庄家控制，并且已经完成了建仓工作。

2. 股价放小量且拉出大阳线

庄家进入目标股收集筹码，在经过一定的时间与空间的收集工作后，如果庄家某日用较小的资金就能使股价上升到涨停板，这表明市场中绝大多数筹码已经流入庄家手中，庄家具备了绝对的控盘能力，能够在市场中随心所欲地画走势图。这也说明庄家筹码的收集工作已经进入尾声，或者已经结束了。

3. K线走势起伏且成交量萎缩

庄家在收集筹码的末期，为了洗掉市场中的获利盘，便会使用少量筹码来做走势图。从日K线上分析，股价起伏不定，在一个箱体内做震荡走势，上涨到箱顶止涨，下跌到箱底止跌。在分时走势图上，震荡幅度更大，走势似波浪式的翻腾，委买、委卖之间的价格差距非常大，给人一种莫名其妙的感觉，成交量有时也不规则。市场中的筹码极少。

### （三）分时走势

庄家介入程度不高的股票，从分时走势图来看，股价上涨时会显得十分沉重，市场抛压较大。庄家相对控盘的股票，分时走势是比较流畅自然的，成交也比较活跃。庄家完全控盘的股票，在分时走势图中，股价的涨跌很不自然，平时买卖盘较小，成交稀疏，只有在上涨或下跌时，才会有意挂出单子，明显给人以股价被控制的感觉。

### （四）消息面

利空消息是测试庄家强弱、建仓是否完毕的试金石。在市场中，当突发性利空袭来，往往会使庄家措手不及。由于庄家手中筹码极多，进退极不方便，只能采取护盘措施。于是，从利空消息袭来当日盘面可以看到，开盘后抛盘很多而接盘更多，不久抛盘减少，股价企稳。由于害怕散户捡到廉价的筹码，庄家只能在不利的市场环境中用资金托住盘面，维持股价不下跌，而这种情况正表明庄家的建仓工作已经完成。

━━━━━━━━━━ 本章操作提示 ━━━━━━━━━━

庄家坐庄的开始是收集筹码建仓，只有吸足了控盘所需的筹码，才便于日后其他环节的操作。庄家建仓阶段的主要任务是在低位大量买进股票。只有在低位完成了筹码充分换手，吸筹阶段才会结束，发动上攻行情的条件才趋于成熟。在庄家建仓的过程中，庄家为买方，散户为卖方。

# 第四章

# 火眼金睛

## ——看穿庄家试盘动作的技法

庄家吸筹建仓完毕之后，并不会马上进入拉升状态，即使此时提升的心情十分急切，也要对盘口进行最后一次全面的试验，称作试盘。

一般庄家持有的基本筹码占总流通盘的 30% ～ 50%，而剩余的在市场中。在较长的吸货阶段，庄家并不能肯定在此期间没有其他庄家介入，通常集中的"非盘"（也就是不受庄家控制的流通筹码）如果在 10% ～ 15% 以上，就会给庄家造成不小的麻烦，所以必须试盘。

散户需要注意，试盘这一过程并不一定就只发生在庄家建仓之后，在底部或顶部吸筹或出货等各个阶段都可能会出现，在庄家的洗盘、拉升、出货等阶段，通常都伴随着试盘。在进行下一步行动前，庄家经常要试盘，看看市场跟风是否踊跃，持股者是何心态。庄家在开市时通过主动下买单或卖单压低或拉高股价，以观测市场反映，测试一下盘中卖压程度及追高意愿，再决定是拉升还是继续洗盘，或者护盘、出货。通过试盘，庄家认为时机成熟后，才会进入下一个步骤的操作。

试盘在坐庄流程中不是必需的阶段，有的庄家无试盘阶段。有的股票运作并不一定需要试盘，因为试盘的主要目的就是更好地掌握主动，利用技巧造市，尽可能有效地降低庄家运作成本和风险。如果庄家掌握流通盘的绝大多数筹码，就不用大费周折地去试盘了。

# 一、试盘阶段的时间与空间

## （一）试盘的时间

一般来说，庄家的试盘时间比较短，来得猛、去得快。短线庄家在几分钟、十几分钟内就可完成一次试盘动作；中线庄家会在几天的时间完成试盘工作；长线庄家的试盘则可能要几周的时间完成。对不同的股价形态的底部，试盘有所不同。

## （二）试盘的空间

试盘空间是指庄家在试盘期间使股价在一定范围内波动，也称试盘幅度。这个幅度必须适当，如果过高或者过低，都会很难达到庄家试盘的目的。通常情况下，长期底部横盘的个股试盘空间为正负 5% ~ 15%，一般状态的个股试盘空间为正负 15% ~ 30%。散户在试盘阶段的操作难度非常大，一般以快进快出、速战速决的方法操作，并且目标利润不能过高。

# 二、庄家试盘的目的

庄家进行试盘，是为了避免坐庄过程让别的庄家或市场等因素打乱坐庄计划。概括说来，庄家试盘主要有以下四个主要目的。

## （一）测试有没有其他庄家

庄家坐庄时，如果同一只股票中另有庄家的存在，这将会完全打乱自己的操作计划，甚至有可能形成鸡肋股票。因此，庄家有必要通过试盘了解这只股票是否已经有其他庄家潜伏在里面，以免引起相互制约和拼杀。如果其他庄家已经潜伏在里面，则该股的筹码吐纳将体现出非散户持有的特点。在有其他庄家进入的情况下，新进来的庄家必须采取较为稳妥的办法，解决如何与其他庄家相处的问题，如采取相应的抢庄、联庄、助庄、跟庄等策略。

### （二）测试支撑位和阻力位

庄家通过试盘可以找出该股股价近期的支撑位和阻力位，以便确定以后补筹的价格区间。在试盘阶段，庄家既要试探性地往上拉升股价，也要试探性地往下打压股价。当庄家试探性地将股价拉高后，如果在某一价位突然开始出现大量抛盘，表示这一价位是吸筹的上沿；当庄家一点一点向下打压股价时，如果在低处的某一价位，突然有很多承接盘出现，则由此可以确定吸筹的下沿。

### （三）测试市场反应

1. 观察散户的卖压程度和持股心态

大多数情况下，庄家在操作上一般采取开盘时就抛出几万股筹码，对股票价格进行有意识的打压，然后观察以后几笔成交量和股票价格下跌幅度。如果成交量和下跌幅度都比较大，可以判断大多数中小散户不愿意持股，害怕被套牢而抛售股票。

此时，庄家一般采取两种方法：一是趁此机会通过洗盘收集筹码；二是采取护盘措施，也就是减少抛售，或者是买入更多的股票，或者让散户换手，使股票价格相对稳定。如果成交量和下跌幅度很小，说明散户对这只股票看好，不会轻易抛售手中的股票，庄家则可以趁此机会大幅拉升股价。

2. 观察散户追高的意愿

庄家一般采取在开盘的时候就买入几万股筹码的策略，有意识地拉抬股价，然后观察以后几笔成交量和股票价格上升幅度。如果成交量和上升幅度都比较大，说明大多数中小散户对这只股票看好，具有浓厚的追高意愿，人气旺盛，庄家可以放心地拉抬股价；如果出现相反的情况，庄家就继续洗盘，一直到中小散户认同这只股票，出现拉抬股票价格时量价齐增为止。

3. 观察散户心理

庄家通过试盘可以观察中小散户是否有追涨不杀跌或者杀跌不追涨的心理。庄家再根据散户的心理制定自己的操作策略，这种方法主要是通过抛售或者买入股票观察散户的心态。如果出现大笔买单之后散户纷纷仿效，争相买入，股票价格出现量价并增的情况，而且全日股票价格始终在上一交易日的价格之上运行，表明散户宁愿追涨而不愿意轻易抛售手中的股票，这时庄家完全可以趁机大力拉抬股价；如果出现大笔卖单之后散户纷纷仿效，争相卖出，股票出现价跌量增的情况，而且股票价格始终在前一交易日收盘价之下运行，表明散户想尽快抛售手中股票，套现出局，这时庄家必须趁机洗盘，通过调整积蓄力量，还要想办法制造一些"利好消息"，之后才能够放心拉抬股价。

### （四）确定筹码的分布

庄家通过试盘可以了解该股筹码的分布情况和筹码的锁定程度。在试盘阶段，庄家会在风平浪静时，出其不意地将该股股价突然大幅拉升，然后再让其自然回落，以此来测试盘中筹码的抛售情况。表现在 K 线图表上，就是在风平浪静中突然出现一根长长的上影线，这叫向上试盘，目的是测试盘中抛压大小。如果在拉升时有大量的抛盘涌出，说明在该价位以下，庄家可以展开打压清洗浮筹的动作；如果拉升时抛盘稀少，说明该股在该价位以下筹码锁定得比较充分，此时庄家建仓任务如果还没有全部完成的话，那么就必须考虑以更高的成本价格拉高，才能完成建仓任务。

庄家在试盘过程中，必须了解除自己手中之外的那部分筹码，是集中于大户之手，还是分散在小散户手中。若集中在大户之手，庄家则继续与之周旋较劲，竭力破坏其持股计划，以免将来拉抬时有不测。在试盘价格范围内，庄家可以根据上档筹码抛压的轻重和下档买盘的支撑力度，明确其中可能有多少筹码会吐出，有多少筹码能够被自己吸纳，以便决定后续建仓的具体方法和措施。

## 三、庄家试盘的策略

庄家根据试盘的不同情况，会相应采取以下策略。

①试盘当日，庄家为了测试该日的卖压程度，利用开盘时抛出一笔筹码，将股价压下来，如果随后出现下跌超过庄家预期幅度且成交量放大，说明今日卖压

重，散户不因价跌而惜售。如果庄家看好后市，在已吸纳了一些筹码基础上或继续收集或洗盘，或被动护盘，不适合拉抬；如果庄家不看好后市，可能先拉高，然后抛手中持股，到尾盘反手做空。

②为测试散户持股意愿，庄家在开盘时先低价抛出一笔筹码，随后股价缓慢下滑，回档幅度也不深，且下跌量缩。这说明，散户惜售，不愿杀跌。如果庄家看淡后市，当日可拉高后再出货；如果看好后市，可以顺势拉抬，不必再往下洗盘了，这是因为此时浮码已较少，自己抛出去的筹码都不一定能以原价买得回来。

③为了测试散户的追高意愿，庄家会采取小幅高开盘后放量拉高的手法，随后观察有无跟风者买入。如果散户看好后市，踊跃购买，表现为价涨量增，说明市场人气旺盛。面对这种旺盛的人气和强烈的追涨意愿，庄家往往会决定拉抬，再往上做一波行情。如果跟风买入量很少，盘面表现为价升量缩，股价上升无力，则说明人气不足，庄家此时强行拉台则很费劲，而且会担心资金方面有困难。因此，若不看好后市，可能反手做空。而刚吸完筹码的庄家，可能只守不攻，或联络上市公司和传媒放出利好消息，或等待大市升温时搭顺风车。

④庄家通过盘中价量关系分析，如果发现散户不杀跌而追涨，盘中价涨量增，价跌量缩，且全日维持在前日收盘价之上，明显属强势盘，鉴于此，庄家在后市中往往发起强力攻击，以急拉做收尾盘轧死短空。如果庄家了解到散户急于出货，追高意愿弱，盘面表现为价涨量缩、价跌量增的背离走势，且价位始终在前一天收市价以下波动，盘势极弱，此时，若是已有相当涨幅，后市不看好，庄家或是制造利好掩护出货，或是先跑为快；若筹码未吸够而看好后市，庄家会打压进货；若后市看好，庄家已吸够筹码，也只能采取守势，等待时机。

# 四、庄家试盘的方式

庄家的试盘方式一般是利用几笔大的买单来推高股价，测试市场的反应。庄家将大买单放在买二或买三上，推动股价上扬，测试有没有人在买一上抢货。紧接着庄家在拉升到一定的价位时，忽然撤掉下面托盘的买单，股价突然回落。之后，庄家再在卖一上挂一个大卖单，这时股价轻易下挫，这说明无其他庄家吃货。在推升过程中，盘中若有较大的抛压，这时庄家大多先将买盘托至阻力价位之前，然后忽然撤掉托盘买单，使股价下挫。如此往复，高点不断降低，该股的持有者会以为反弹即将结束，于是会卖出股票，从而使集中的抛单被拆散了。

### （一）低开阳线

低开阳线是指股价以大幅低开的形式开盘，低开幅度一般在 3% 以上，开盘后股价一路走高，最终收盘时收出一根实体阳线。采用这种方式试盘，庄家既可以在大幅度低开的过程中收集到廉价筹码，又不会引来大量的短线跟风盘，也不会在试盘过程中流失筹码，并且还可以测试出筹码的稳定性和盘面的支撑力度。如图 4-1 所示，庄家在 2020 年 2 月 4 日对武汉控股（600168）就是采用了低开阳线的方式试盘的。

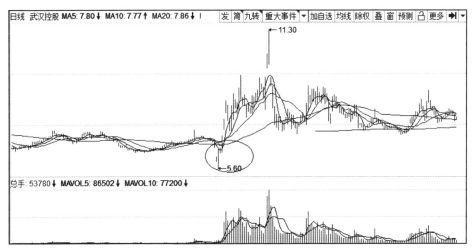

图4-1　低开阳线试盘

庄家在采用试探上档压力盘的方式来试盘时，如果引来很多短线跟风盘，就会出现较多的短线获利盘，这会提高庄家以后的拉升成本。庄家为了在试盘过程中避免引起其他机构或者是庄家的注意，造成在打压股价的过程中流失筹码，就会采取低开阳线的方式试盘。

采用这种方式试盘，一般都出现在下跌式建仓的个股当中。因为庄家是在股价不断下跌的过程中建仓的，所以当庄家建仓即将结束时，就很关心股价还有没有再继续下跌的动力。庄家采用这种低开的方式试盘，就能测试出股价的下跌动力是否还存在。散户在跟庄的过程遇到用这种方式试盘的个股时，应该密切关注低开试盘后的股价走势动态。如果试盘后股价开始走强，说明庄家开始进入拉升股价的阶段了，此时散户就可以进场参与操作了。

### （二）高开低走阴线

高开低走阴线就是开盘的时候股价大幅跳空高开，在开盘后股价并没有再向上攻击，而是出现分时图盘中震荡单边下滑。收盘时其实当天的股价相对昨天的收盘价并没有下跌多少，并且K线上显示是一根高开低走的大阴线。有部分个股相对昨天的收盘价还是上涨的。如图4-2所示，复星医药（600196）2020年3月18日走势显示出庄家采用的就是典型的高开低走阴线试盘方法。

图4-2　高开低走阴线试盘

一般散户买进股票后，很少有人会在不赚钱的情况下就快速地割肉出局，大多是经历了一段时间的煎熬之后，才会下定决心割肉出局。庄家在试盘的过程中抓住散户的这种心态，会让股价大幅度高开后低走，并且在收盘的时候收出一根大阴线。庄家通过这样的试盘方式，就能够测试出那些处于犹豫和徘徊边缘的散户们的心态。前面讲过的试探上档压力盘的方式，虽然也能测试出上档筹码的稳定情况，但那样做会让一些散户出现观望心态，不利于庄家把持股信心不坚定的跟风盘彻底清除出局。

如果股价在大幅度高开低走之后出现大量抛盘的话，说明盘中的浮动筹码比较多，散户持股心态不是很稳定，庄家就会继续向下试盘寻找支撑点。如果股价大幅度高开低走之后，盘面上的卖盘很稀少，说明盘中散户的持股心态很稳定，浮动筹码也比较稀少，庄家接下来就很有可能进入拉升阶段。因此，散户在跟庄过程中遇到这种走势时，应该特别留意盘面的动向，一旦股价开始走强，就要立刻进场操作。

### （三）金针探底

为了防止那些有良好技术功底的散户识破庄家的试盘意图后进场抢筹码，庄家会采取金针探底的方式来进行试盘，让股价在瞬间快速下探，然后快速地将股价拉起来。这样就会在 K 线图中形成带有长长下影线的 K 线形态，这种走势形态称为金针探底。

庄家采用这种方式试盘，可以起到两种作用：一是由于股价被庄家刻意打压后会快速下探，在股价下探的过程中，庄家就可以测试股价下档的支撑力度以及持股者的持股信心。如果下档支撑力度很强的话，那么股价很难快速地跌下去。同样，如果持股者的持股信心很坚定的话，那么盘面上就不会出现很多卖盘。二是通过这种方式试盘，可以测试出场外资金对该股的关注度。如果该股引起了场外资金高度关注的话，那么在股价快速下跌的过程中，就会有很多散户进场抢筹码，此时的成交量也会有明显的放大。

庄家采用这种方式试盘通常有两种模式：一种是股价以前一天的收盘价格开出，也可以稍微高开或者是稍微低开，但开盘后股价走势相对平稳。随后，盘中就会出现一笔或者是多笔大的卖单，将股价一下子打压下去几个点。很快，股价又被拉起来。收盘后，K 线走势图上就留下了一根带长下影线的阳线或阴线，形态类似一根针，所以这种试盘方式称为金针探底式试盘。另一种模式就是在开盘时股价大幅度跳空低开，并且以非常快的速度呈现直线式的下跌，随后股价又被快速地拉起来，或者是震荡回升。下午收盘时，股价会收在前一天的收盘价之上，因此会在 K 线走势中收出一根带长下影线的阳线。采用这种方式试盘，庄家是想测试下档的支撑情况和盘中的持筹稳定程度，同时又不想让那些识破其试盘意图的散户在股价下探的低位捡到便宜筹码。

如图 4-3 所示，庄家对湘油泵（603319）就是采用的这种试盘方式。在试盘过程中，突然在某天让股价快速下探，但随后又把股价拉起来。从盘面来看该股下档的支撑很强，场外资金的关注度也很高。

散户如果遇到以这种方式试盘的个股，千万不要盲目地在股价快速下探的过程中进场操作，因为庄家经过这样的试盘，如果测试出下档的支撑力度不是很强，或者是盘中的恐慌性筹码比较多的话，那么庄家会继续向下试盘。散户此时买进的话，就可能被庄家拖住。除非对盘面情况把握得相当准确，才可以在这个时候进场买入。如果在探底的过程中抛盘不大，下档买盘又很积极，同时在股价下探的过程中成交量明显萎缩，并且第二天股价又以阳线报收，这个时候才是最佳的买入时机。

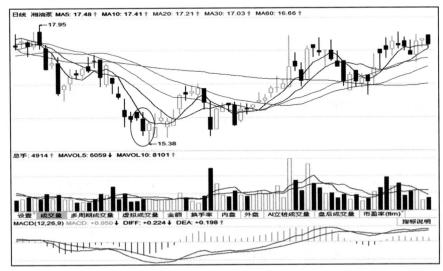

图4-3　金针探底试盘

### （四）双针探底

双针探底就是在日K线图上出现连续或者是间隔的两个金针探底。在双针探底的阶段，成交量会出现有所放大的现象。

双针探底式试盘的个股中，有的时候会出现两根下探针线最低价格相同的情况，这是庄家在试探前一次低位的承接盘是不是依旧很强烈。如果股价再次回落到这个价位时，能够引来很多买盘，并且盘中的抛盘并不是那么多，就说明股价在这个位置的支撑力度相当强。如果股价回落到这个位置时，买盘并不是那么积极，并且盘中的抛盘情况很严重，就表明股价在这个位置得不到有效的支撑，庄家会继续向下试盘寻底。在双针探底的试盘过程中，如果出现两根针线的最低价格都是一样的情况，就证明散户在这个价位持有筹码的稳定性很强，场外资金入场的承接力度也很强。如图4-4所示，鹏鼎控股（002938）在2020年3月24日和30日走出双针探底的试盘图形。

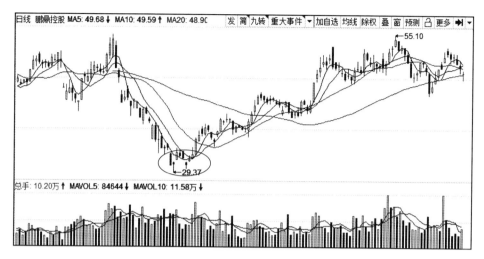

图4-4　双针探底试盘

在跟庄的过程中，散户遇到金针探底的个股时，首先要准确判断出该股是不是处于庄家试盘阶段。如果确定是庄家在试盘，也不要轻易地进场操作，因为庄家试盘时，只有当试探出下档的承接盘力度很强，抛盘比较小的时候，才会采取拉升股价的动作。所以，散户应该看到股价开始走强，并进入上涨趋势后再进场操作。

**（五）多针探底**

多针探底是指庄家在建仓之后，通过多次金针探底的方式，来反复试探股价在低位的承接能力以及盘中的浮动筹码情况。一般来说，庄家通过这种方式试盘，试探出来的底部都是相当牢固的。

当庄家反复地让股价下探到一个区域内，每次都能出现积极的买盘来支撑股价，并且在这个区域盘中的抛盘相对少的话，那么股价在这个区域就明显得到了有效支撑。在庄家试盘这个阶段，股价在日K线走势图上会出现多次金针探底的形态，也就是说会多次出现带长下影线的K线走势形态。如图4-5所示，恒铭达（002947）在2020年的3月23日、30日及4月28日呈现多针探底的走势。

散户在跟庄过程中遇到用这种方式试盘的个股时，一定不要盲目冲动，因为多针探底是庄家反复探底采用的手法，通过这种反复的下探，可以有效地测试出股价在某个价位区域的承接力度。只有当庄家测试出股价在这个区域的支撑力度相对强之后，才会选择进入拉升阶段。所以，散户不要认为股价会很快走出一波上涨行情，应该等待庄家探明底部之后，出现向上走强的信号时再进场操作。

图4-5 多针探底试盘

# 五、试盘阶段的盘面特征

庄家在试盘过程中，散户还是能在盘面上找出一定的规律和特征的，从而不受庄家的蒙蔽，做出正确判断，从而采取相应的跟庄策略。

## （一）成交量特征

庄家在试盘的过程中，要想刻意让股价出现异常走势，就必须采用特殊的手段，使股价走势出现异动。而这就需要其刻意地打压或拉抬股价才能实现。在这个过程中，成交量呈现出放大的现象，并且经常会出现大手笔的成交。庄家试盘时，K线走势上经常出现带长上影线和下影线的K线形态，成交量上也会反映出一些特征。出现带长上影线的K线走势，说明庄家在测试上档压力位的阻力情况，如果这个时候成交量放出巨量，就说明上档压力比较沉重。

散户在跟庄的过程中，也要仔细观察这些成交量是怎么产生的。如果这些成交量大部分是庄家对倒产生的，而非盘内的抛压产生的话，就说明庄家的试盘手法比较凶悍。同时还说明，在试盘的过程中，虽然成交量明显放大，但放大的成交量并不是抛压盘导致的，也就是说上档的压力并不是很沉重，盘中的抛压盘也比较轻。庄家用这种大量的对倒盘来试盘，既可以测试出上档的压力情况，又可以让成交量出现放量的现象，这样可以避免很多的短线跟风盘。当庄家测试下档的承接力度和恐慌情况时，在成交量上也会呈现出一些特征。如果在股价下探的过程中出现缩量，但如果在股价快速回升的过程中出现放量现象，就说明在股价下探的过程中，盘中的筹码很稳定，恐慌性的抛盘很少。在回升的时候出现放量，说明下档的承接力度相对强，经过这一番测试，庄家很可能就会立即进入拉升阶段。反之，庄家就会继续向下测试，以寻求股价的支撑点位。

在庄家试盘的过程中，散户应该采取多看少动的策略，因为庄家在试盘的时候，不会让散户有获利的机会。因此，在这个阶段，散户（特别是短线散户）应该把精力放在盯盘上，摸清庄家试盘测试出来的结果之后，再冷静地分析判断庄家下一步的操盘策略。庄家试盘完毕，并且开始准备拉升的时候，再寻找机会进场操作。如果散户是个短线高手，能够准确地判断出下档的支撑力度相对大的情况，也可以在庄家下探试盘的时候进场操作，赚取其中的差价。做中长线投资的散户可以在庄家不断向下试盘的过程中，趁机收集一些廉价的筹码，因为庄家经过建仓之后，在试盘的过程中，不会让股价有较大幅度的下跌。

**（二）K 线特征**

庄家在试盘过程中，会在 K 线走势图上表现出一定的特征，散户在跟庄过程中要准确地把握庄家的意图，就要仔细地研究 K 线图的走势，以便在其试盘过程中制定正确的操作策略。

庄家在试盘时会采用各种手段，使股价做出一些不同寻常的走势，从而试探盘中的持股情况和场外资金的关注度，而 K 线走势图就会把这些股价走势动态地反映出来。无论庄家在建仓过程中采用什么样的建仓方式，在试盘时，日 K 线表现出来的特征基本上都是类似的。

庄家在试盘的时候，股价在分时走势图上会表现出上蹿下跳的现象，股价上下波动的幅度相对也比较大，经常会出现异常的走势，比如突然出现大幅的拉升以及大幅下跌的走势形态。当股价运行到重要的压力位置时，股价会出现快速拉升，上攻压力线的阻力位置后，又快速回落。最终收盘的时候，一般都会收出一根带长上影线的 K 线。同样，当股价运行到重要的支撑位置时，股价会突然出现快速下跌，击穿这个重要的支撑位，随后股价又会很快被拉起。收盘的时候，就会收出一根带长下影线的K线。这些都是庄家在试探压力位置的阻力情况以及下档支撑位置的承接情况。

在庄家试盘的过程中，经常会在日K线走势图上留下上影线和下影线的走势形态，有的时候会出现长长的下影线，也就是所谓的金针探底，这是庄家试盘时留下来的K线特征。有时，庄家试盘时，也会在K线走势图上收出一根大幅低开的大阳线，或者是大幅高开低走的大阴线。

散户要根据盘面上表现出来的特征，判断庄家试盘的手法和效果以及庄家接下来将会采取什么样的动作。根据这些分析和判断结果，散户才能决定自己的操作策略。所以，跟庄不是一件容易的事情，要想成功地跟庄，必须有耐心和恒心，随时观察盘面上的一举一动，然后作出准确的分析和判断，只有这样，才能在股市中立于不败之地。

### （三）分时走势特征

1. 股价莫名其妙地拉高或下跌

在大盘或大部分个股走势比较平静的时候，在个股分时走势图中，股价会莫名其妙地突然大幅拉高或大幅下跌，这种异常现象的出现，说明有庄家对该只股票感兴趣，或者是在试盘。此时，散户应该对该股的异常现象引起注意，并且在以后一段时间密切关注后续走势，以便在时机最好的时候跟上庄家。因为，出现这种走势的股票，很有可能会演变成黑马股。

2. 股价全天维持上下震荡

庄家试盘时，在全天的分时走势中，股价总是表现出时上时下来回徘徊震荡的状态，成交量也是时大时小。在分时走势图中，股价有时呈现直线式的快速上涨，但不久又回落下来，有时则呈现直线式快速下跌，随后又逐步回升。

当股价被快速拉起后，庄家会突然在卖盘上挂出一个大的卖单，其目的是不让股价继续上升，起到封住股价上涨空间的作用。同样，在股价快速下跌到目标价位时，庄家也会在买盘上突然挂出一个大的买单，封住股价下跌的空间，促使股价逐步回升。庄家反复采用这种手法来控制盘面，使得股价全天都维持在震荡之中，并表现出上有压力、下有支撑的态势。

通过这种手法来试盘，庄家可以测试出场内场外资金的追涨杀跌情况。

3. 开盘瞬间大幅高开

庄家试盘时，通过集合竞价以涨停板的形式开盘，或以很大升幅高盘开出。开盘后，庄家并不拉升股价，而是瞬间让其自由回落。庄家这样做的目的是测试上方抛盘压力是否沉重。同时，庄家在试盘时不想收出阳线，以免引起场外短线散户的跟风，因此，当股价大幅高开回落后，就会在日 K 线图上形成一根阴线。庄家这样做不但达到了试盘的目的，同时还能起到震仓的效果。如果大幅高开或涨停后，场内卖盘很小的话，说明上方的抛盘压力很小。如果场外出现较多的买盘，则说明场外资金进入比较积极，该股已经引起了场外散户的注意。反之，开盘以高盘或涨停板开出后，如果引发场内大批卖盘的话，说明上方的抛盘压力比较重，场内散户的持股信心不足，股价跳高后，很多持股者会选择获利了结。

临近收盘前，庄家再做出凶悍的打压动作，其目的在于测试盘中的恐慌盘情况以及下档的支撑情况。在这一天的试盘过程中，庄家使用了瞬间高开来测试上方的抛盘情况，尾盘则通过大幅打压来测试下档的支撑情况以及盘中的恐慌盘情况。

试盘过程中，当股价急跌时，庄家是不可能不出来封杀下跌空间的，所以投资者没必要因为恐慌而抛出自己手中的筹码。散户遇到这种走势的股票时，股价一旦企稳，就可以进场操作。但是，进场操作的前提条件是必须能准确判断出导致该股这种走势是庄家试盘引起的，否则就不能去碰它。这种试盘手法，不但可以很有效地测试出上方的抛盘情况，还可以测试出盘中的恐慌情况。遇到类似于这种走势特征的股票，只要能准确地判断出该股票是处于庄家试盘阶段，就可以大胆地在庄家向下试盘时进入。如果散户持有该股票，就应该耐心等待庄家拉升，从中渔利。

4. 开盘瞬间大幅低开

同开盘时瞬间大幅高开正好相反，庄家试盘有时是以很大跌幅低盘开出，甚至是以跌停的方式开盘。开盘瞬间，由于散户还没来得及反应，股价就快速下跌，使之产生极度恐慌情绪。

庄家用这种手法试盘，其目的是在开盘瞬间把筹码低价卖给自己或与自己相关联的人。另外，通过这种恐慌性的打压，可以测试出持股者的信心。如果持股者的持股信心不坚定，盘中就会出现较多的恐慌性抛盘，并且伴随着成交量的放大。反之，盘中的卖盘将会很少，成交量也会呈现出萎缩的态势。同时，庄家还可以测试出下档的支撑情况，如果下档的支撑力度很强的话，就会有积极的买盘进入，把股价的下跌空间封死。

5. 收盘前瞬间拉高

在收盘前半小时或 1 小时，突然出现一些大买单，瞬间把股价拉至很高的位置，或者直接拉到涨停的位置，这也是庄家试盘的一种手法。庄家这样做的原因是其资金实力有限，为了节约资金成本，同时又能使股价收盘收在较高位，或突破具有强阻力的关键价位，只好采取在尾市"突然袭击"的手法，瞬间拉高股价。通过这种试盘方式，可以测试出第二天散户跟风情况和盘中筹码的锁定情况，如果第二天开盘后没有太多短线获利盘吐出，说明盘中的筹码基本已被庄家锁定了。

收盘前瞬间拉高股价这种试盘方式的好处在于试盘所用的成本很低。假设某只股票的开盘价是 23 元，庄家想让其股价收在 23.5 元，如果庄家在上午就把股价拉升至 23.5 元，那么为了把价位维持在 23.5 元的高位至收盘，庄家就要在23.5 元的价位接下大量的卖盘，这样需要的资金必然会很大；在尾市采用偷袭的手法拉高价位来试盘，大多数人反应不过来，等反应过来时，股市已经收盘了，想卖出筹码的人也无法卖出。利用收盘前的机会拉高股价，庄家就可以用很少的资金来达到试盘的目的。

6. 收盘前瞬间下砸

庄家试盘时，在收盘前半小时或几分钟，会突然挂出一手或几手大卖单，以很低的价位抛出，把股价砸至很低的位置。庄家采取这种瞬间下砸股价的目的，是使当日的日 K 线形成光脚大阴线、十字星或者是阴线等较难看的图形，使持股者产生恐惧感，从而达到次日测试盘中恐慌筹码的目的。

次日开盘后，盘中出现比较多的恐慌性抛盘的话，就说明盘中持股者的信心不够坚定。在这种情况下，庄家不会马上进入拉升阶段，而是先采取震荡的方式，把那些持股信心不坚定的散户清洗出去，这样有利于庄家后期的拉升。如果次日开盘后，盘中没有出现大批的恐慌性抛盘，就说明盘中持股者的信心比较坚定，在接下来的操作中，庄家可能会立即进入拉升阶段。

**（四）形态特征**

庄家的招式往往虚虚实实，有时欲涨先跌，有时以退为进，走势扑朔迷离，让散户难辨真伪。股市中经常出现假突破形态，即庄家吸足筹码后先大幅冲高再回落，短线跟进者立刻被套，但只要散户一割肉该股就会很快止跌回升，迅速展开主升段，这个假突破可称为庄家总攻前的实战演习。

　　若某只股票经过长期盘整，突然收一根放量长阳，技术上呈突破走势，按经典理论此时是最好的介入时机，散户便开始纷纷抢买。然而，该股却出现（通常是第二天）冲高回落，重返平台盘整，这样就使散户买了个最高价。

　　总之，庄家这样做的意图之一是吓跑短线散户。若某只股票被市场一致看好，引发大量的短线散户涌入，不符合庄家的长线运作计划，让散户不敢贸然跟进的最好方法是先诱敌深入，接着再迎头痛击，使其损兵折将之后不敢再轻举妄动。另外庄家进行拉升前试盘，以此测试抛盘和跟风盘的大小，再决定拉升高度。散户对这种演习，最好等待回档时再买入，如若不幸在假突破时买了最高价，此时亦不必惊慌，既然庄家在演习，就显示其实力强大，且刚刚涨一天即回落，庄家显然难有获利空间，后市卷土重来的可能性非常大。

# 六、试盘阶段散户操作策略

　　庄家试盘所用的时间往往是比较短暂的，所以个股波动的空间也是比较小的。散户在庄家试盘过程中的操作策略，应该根据其操作风格和采用的试盘方式而定。对于那些试盘幅度比较大的个股，试盘过程中的股价涨跌幅度也就相对比较大，散户遇到这样的个股，可以进场做一些差价操作，高抛低吸。同时，需要注意的是，做差价的动作要快进快出，预期的收益目标也不要过高。遇到那些试盘幅度不大的个股，短线散户尽量不要去参与试盘过程中的操作，除非你的技术和经验特别过硬。因为试盘幅度不大的股票，它的涨跌幅度是很有限的，如果把握不好时机，几乎没什么利润可言。

　　在庄家试盘阶段，散户应该认真观察股价运行的动态，仔细分析，千万不要忽视了其试盘时的盘面信息。庄家之所以要试盘，就是要通过试盘来测试一下盘面的情况，并根据盘面反馈回来的信息，确定下一阶段的操作策略。如果散户能够根据盘面上的信息对盘内外的形势作出准确的分析，就可以判断出庄家接下来的操作策略。紧跟庄家的操作策略走，投资将会事半功倍。

本章操作提示

　　庄家吸筹建仓完毕，通常会进入试盘阶段，而有的庄家操作无试盘阶段。通过试盘，可以了解市场的跟风盘状况以及持股者的心态，依此决定是拉升还是继续洗盘。

# 第五章

# 对症下药

## ——灵活应对庄家洗盘的技法

庄家为达到炒作的目的，就必须在炒作途中让那些低价买进，意志不坚定的散户抛出手中所持股票，以减轻上档压力，同时让持股者的平均价位升高，以利于施行其坐庄的手段，从而达到牟取暴利的目的。洗盘动作可以出现在庄家坐庄的任何一个阶段，基本目的无非是为了清理市场多余的浮动筹码，抬高市场整体持仓成本。提高散户的平均持股成本，并把他们赶下轿去，以减轻进一步拉升股价的压力。同时，在实际的高抛低吸中，庄家也可赚取一些差价，以弥补其在拉升阶段所付出的较高成本。很多散户在买进某只股票以后，由于信心不足而被庄家洗盘，事后懊悔不已，只能眼睁睁地看着股价一直涨上去。因此，散户对庄家的洗盘技巧务必熟知。

# 一、洗盘的时间与空间

### （一）洗盘的时间

庄家在洗盘时很讲究时间节奏，若时间太短，则不能清洗干净；若时间太长，可能招来市场新的庄家抢争地盘。洗盘时间的长短与其市场氛围、庄家实力、操盘风格等各要素有着密切的关系。底部吸货过程中的洗盘和 K 线形态洗盘的时间，短的 1 个月左右，长的则要 3 个月至半年。拉升过程中的洗盘时间一般为 1 周左右，快速洗盘只需要 2～3 天，以形态手法洗盘的时间则在 3 周左右。

### （二）洗盘的空间

洗盘空间是指庄家洗盘时股价的震荡幅度。在底部吸货阶段的洗盘，回调幅度可以到达前期最低价附近，即等同于吸货空间。股价脱离底部后的洗盘，股价回调的幅度通常是前期拉升的 1/3 价位或 1/2 价位。如果股价经过整理后快速拉升，洗盘幅度通常在 10% 左右。

# 二、洗盘的目的

庄家洗盘的主要目的是要拉高散户的平均持股成本，把短线跟风的散户挤出去，以此来减轻自己拉抬股价的压力。此外，庄家在实际的高抛低吸过程中也可以赚取差价，降低拉抬股价的成本。

总的来说，庄家洗盘的主要目的有以下几种。

### （一）增强散户信心

洗盘的主要目的是坚定散户的持股信心，让被洗出场者后悔，让持股不动者尝到甜头，在以后庄家出货时，散户就可能认为这动作还是洗盘，于是持股不动，使庄家出货有更宽敞的通道。

### （二）降低成本

庄家如采取从上往下的洗盘手法，还可获得高抛低吸的好处，能够进一步摊低庄家持股成本，同时也可抽出资金用于下一步拉抬。另外，庄家这样做还可以迷惑散户，使其弄不清庄家的持仓成本以及庄家今后的出货位置。一些"高抛低吸"的短线散户往往"高吸低抛"，如果他们反手追涨，则会推高股价，减轻庄家拉升的负担，本想坐轿，谁知却成了抬轿的。再者，洗盘和出货在形式上有类似之处，使不精明的散户搞不清洗盘与出货的区别，错把出货当回调，当成补仓时机，致使自己不出场，从而让庄家成功出逃。因此，洗盘有烟幕弹的功能，可以掩护庄家顺利出货。

### （三）锁定筹码

庄家获得一定的筹码后，就可以了解自己账户内所控制个股的流通量比例。股市买卖是自主的，在庄家收集筹码的过程中，总有一些散户自觉或不自觉地买入庄家收集的筹码，在庄家完成收集阶段后，计算其掌握的流通筹码，如果只控制流通量的30%左右，则说明约有50%的流通量控制在市场手中，这50%的浮动筹码对庄家未来的拉高造成重大威胁。庄家要想拉高股价，必须考虑对约50%的浮动筹码的锁定问题。庄家锁定这50%的浮动筹码的方法有两种：一是在不增加成本的情况下继续增持筹码；二是在不增持筹码的情况下，通过震荡让市场自行锁定筹码。此时洗盘就成为能否成功拉升股价的关键。通过洗盘，庄家可以进一步控制筹码，让那些获利盘离场，让看好者进场，又由于后者入场成本高，不会轻易抛掉，这就减轻了今后拉抬时获利盘回吐的压力。而且，经过几天的拉抬洗盘之后，大多数散户持股成本都抬高，因而不会轻易割肉，而庄家成本与股价比已相当低，这就使得其有时即使采取跳水式派发手法，也不至于亏本。而散户此时则是在卖与不卖之间迟迟下不了决心，从而为庄家赢得了派发时间。

# 三、洗盘常用的手法

洗盘是为了震出信心不足的散户筹码，庄家洗盘总是刻意制造恐怖气氛，并采取凶悍砸盘、令股票放量下挫等方式。庄家的洗盘手法千变万化，花样不断翻新，散户如果能很好地把握这些信息，就不会被浮云迷惑了双眼。庄家根据市场背景的不同和运作项目基本面的差异以及各种客观条件的变化，往往采取下面几种洗盘的手法。

## （一）打压洗盘法

打压洗盘法是指庄家大幅拉高后，利用市场积累较多获利盘，散户有很强的获利回吐欲望的时候，猛然反手打压，使股价大幅回落，把胆小获利者吓出场。打压洗盘方法的好处在于"快"和"狠"，时间较短，洗盘的效果也合庄家的意图。打压洗盘法可分为以下两种情况。

（1）压盘逼空

此手法是典型的短线洗盘手法。庄家在某个价位以大量的卖盘挂出，但并不主动成交，等到市场情绪出现恐慌，散户为了抢先成交而以较低的价格挂单卖出，庄家预先在低位挂单接货，暗中买盘成交。一旦目标达到，股价就会当日冲高。在分时图和K线图上，此法的技术特征不明显。

（2）打压震仓

庄家临时多翻空，用大量卖盘向下倒货，在图形上形成跌势行情，破坏技术图形，使市场错误认为庄家出货，持股者丧失信心，于是争先抛出手中股票，庄家顿时空翻多，顺势买入。此法持续时间不长，一般只有几天时间，在日线组合上出现短期空头陷阱形态，甚至有的只维持半天时间，而且往往配合运用对倒的方法保证手中筹码不流失。

采取打压震仓的庄家，其实力一般较为雄厚，有力量控盘，否则既无较多筹码打压，在散户恐慌时下方也无资金接盘，反而会使局面变得不可收拾。通常采取打压洗盘法的多是投机性股票，在经过猛升之后调整时借势打压。如果是绩优股，庄家一般不采取这种打压手法，因为看好这类股票的人多，打压砸出去的筹码不易捡回来。

操作上庄家先行拉高之后实施反手打压，也就是以凶狠向下的手法往下猛砸盘，做出一根长长的阴线，让人相信后市无戏，然而这种跌势并不会继续下去，一般在低位停留的时间（或天数）不会太长，往往在一周内甚至第二天跌势就停止了，并且紧接着出现一个涨停，让前面抛售者感到莫名其妙。

这种洗盘法适用于流通盘较小的绩差类个股。由于购买小盘绩差类个股的散户绝大多数是抱着投机的心理入市，因此这类个股的稳定性就要差一些。而看好该股的新多头由于此类个股基本面较差，大多不愿意追高买入，常常会等待逢低吸纳的良机。鉴于持筹者不稳定的心态和新多头的意愿，作为控盘庄家，往往利用散户对个股运作方向的不确定性，控盘打压股价，促进和激化股价快速下跌，充分营造市场环境背景转换所形成的空头氛围，强化散户的悲观情绪，促进其持有筹码的不稳定性，同时也激发持筹者在实际操作过程中的卖出冲动，并且无法控制自己正常的投资心理，使这种悲观的情绪达到了白热化状态。庄家通过控盘快速打压，采用心理诱导的战术，促进市场筹码快速转化，从而达到洗盘的目的。

采取打压洗盘法的个股，股价的回落幅度一般都是比较大的。在洗盘的过程中，散户如果想要参与操作的话，应该准确地把握庄家的洗盘节奏，特别是对于那些想获取短期差价的散户来说，这一点尤其重要。

采用打压洗盘法的个股，股价回落的幅度一般都会超过10%，并且股价回落的速度是比较快的。因此，散户在操作过程中，不要看到股价刚开始快速下跌，就觉得是庄家在洗盘而匆忙进场操作。当股价快速下跌之后，盘中得到了有力的支撑，并且出现积极的买盘时，短线散户可以趁这个机会进场买进。此时，盘面上会出现一个特征，那就是委买处会出现大的买单，而委卖处则挂单稀少。如果在股价快速下跌之后，盘面上并没有出现上述现象，那么散户就不要急于进场操作，因为之后股价还会有下跌的空间。股价大幅下跌之后，当天没有得到快速拉升的个股，在庄家洗盘结束时，K线走势图上都会出现一些止跌信号，比如出现带长下影线的探底走势形态、十字星形态等。出现这些止跌形态之后，第二天如果能够收出一根实体阳线，散户才可以进场参与操作。

中长线散户在庄家洗盘的过程中，可以在股价快速下跌之后，出现下跌无力时，开始慢慢地吃进筹码。如图5-1所示，是典型的打压洗盘法。新股侨银环保

（002973）从 2020 年 1 月 21 日开板后便被庄家打压，成交量放大，经过 4 天的打压洗盘，该股在 2020 年 2 月 4 日股价出现了回升。

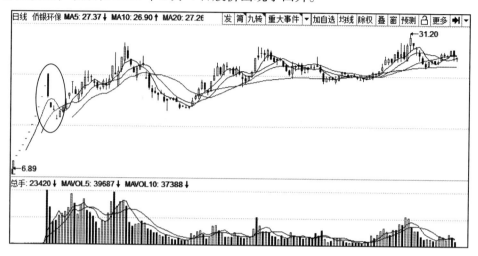

图5-1　打压洗盘

### （二）横盘整理法

在拉升过程中突然停止做多，使缺乏耐心者出局，一般持续时间相对较长。此类洗盘方法适用于大盘绩优白马类个股。正是由于这种具备投资价值类个股大家都虎视眈眈地盯着的缘故，所以作为庄家，绝对不能采用打压的方式洗盘。又因为这类个股业绩优良，发展前景看好，散户和小资金持有者的心态稳定。如果采用打压洗盘，散户和小资金持有者不但不会抛售原有的筹码，反而还会采用逢低买进的方法摊平和降低持仓成本。并且，其他虎视眈眈的场外投资机构也会趁机抢走打压筹码。从而造成庄家的打压筹码流失严重的局面。

采用横盘整理洗盘的庄家实力较弱的，往往会保持一定幅度的震荡，并在震荡中不断以低吸高抛赚取差价来摊低成本和维持日常的开支。实力较强的庄家，往往将股价振幅控制在很窄的范围内，使其走势极其沉闷。这种横向整理洗盘的方法，主要侧重于通过长期的牛皮沉闷走势，来打击和消磨散户的投资热情，考验他们的信心和毅力。由于散户中已有赢利的怕煮熟的鸭子飞掉，所以股价在横盘时就会加剧散户的焦虑心理，横盘时间越长，这种焦虑感就越强烈，从而动摇了散户持股的信心，渐渐地，那些意志不坚定者最终放弃继续持股，而这正中庄家下怀，在其再拉升时就轻松多了。

　　有时候，庄家会利用平台破位进行洗盘。这是庄家利用平台收集筹码完毕，借利空或大盘的下调造成向下破位，大多是大幅下挫，引诱缺乏耐心和不谙此理的散户抛出手中股票。这种洗盘手法往往伴随着庄家的最后一次吸筹，复合因素较多。有些庄家如果在平台吸不到筹码，便会利用手中筹码向下砸盘，因为这样一方面可以洗盘；另一方面可以达到吸筹的目的。

　　这种洗盘方法是所有洗盘方法里耗时最长的一种。一般的大盘绩优股的中级洗盘往往要耗时 3～6 个月，有时甚至 1 年。在这漫长的等待中，面对大盘的跌宕起伏和其他个股的纷纷上蹿，绝大多数散户都会按捺不住寂寞，纷纷换股操作，选择追涨杀跌的操作方法。等股价突破平台快速上扬时，他们往往会快速杀回，追涨买进，从而促使他们买高卖低，提高了投资成本。也有极少部分散户经历了长期的煎熬享受到胜利的喜悦后，更加坚定了持股的信心，但最终常坐电梯，为庄家出货贡献微薄之力。

　　横盘整理的形态在 K 线上的表现常常是一条横线或者长期的平台，从成交量上来看，在平台整理的过程中成交量呈递减的状态。也就是说，在平台上没有或很少有成交量放出，成交清淡，成交价格也极度不活跃。为什么会出现这种情况呢？其内在的原因就是当股价上升到敏感价位或浮码涌动抑或市场背景有所转换的时候，庄家适时抛出一部分筹码，打压住股价的升势，再用一部分资金顶住获利抛盘，强制股价形成平台整理的格局。在这个阶段内，成交量稍显活跃，但是平台整理格局一旦形成，成交量就会迅速地萎缩下来。庄家一般应让散户所持筹码在平台内充分自由换手，只是在大势不好、股价下滑的情况下，适时控制股价的上涨。此阶段由于庄家活动极少，成交量显得清淡。

　　成交量的迅速减少，也进一步说明了场内的浮动筹码经过充分换手后日趋稳定。随着新增资金的陆续入场，成交量会逐步呈现放大状态，股价也开始缓缓上扬。此阶段的成交量和第一阶段强制股价进入平台时的成交量遥相呼应，形成漂亮的圆形底形态，预示着股价即将突破平台，形成新一轮的升势。

　　庄家采用横盘整理法洗盘，主要是想用时间来换取空间，所以散户遇到个股在进行横盘整理法时，一定要注意不能过早地进场操作，特别是做短线的散户。在这个过程中，散户应该多看少动，耐心观察股价的运行情况，认真分析盘面出现的特征，从而判断庄家洗盘的进展情况。一旦股价出现向上突破平台并且出现放量上涨的走势时，散户就应该注意。如果股价在接下来的几天时间能够走强的话，散户此时就可以放心地进场。

在洗盘的过程中，如果股价突然出现向下破位大幅度下跌的话，散户也要引起注意，因为这很可能是庄家洗盘时的最后一跌。一旦股价重新回到平台后，如果能够突破平台向上走强的话，就可以进场操作。如图5-2所示，就是典型的横盘整理法。凯撒旅业（000796）的股价在2020年4月被庄家拉起后，采用缓缓震荡的方式控制盘面，因此该股的股价一直维持在同一平台上运行，成交量也时大时小，股价走势表现低迷，直到2020年6月30日股价才开始出现大幅拉升。

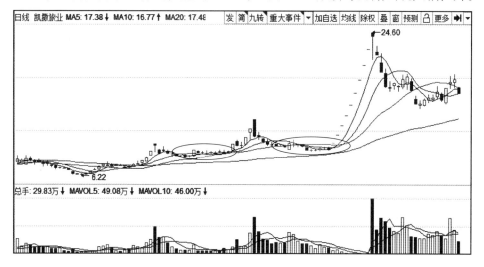

图5-2　横盘整理洗盘

### （三）上下震荡法

上下震荡法洗盘把拉升及横盘及打压糅合贯穿到一起，取长补短，应用到庄家洗盘的过程中。

在实际操作中，散户往往都是看到股价上涨的时候才追涨买入，卖出股票的理由也很简单，那就是股价跌了，继续持股会导致更大的损失。散户买进股票后，股价也许会稍微上涨一点，也可能立即进入横盘，或遭到庄家的控盘打压，这时他们买入的理由随即消失。由于股票买在相对高点或者相对次高点，他们的心理很容易失去平衡，股价稍有风吹草动，就会引起心理恐慌。尤其当庄家控盘打压股价的时候，散户们极容易产生割肉卖出的冲动。很多散户都是在这种心理压力下，经过庄家的心理诱导战术，克制不住自己的恐慌情绪，在低位割肉出局的。

随着大量恐慌筹码的出局，庄家已经初步达到洗盘的预期目的。这时，庄家就会向上展开拉升行情。同时，割肉出局的散户看到股票刚一卖出股价就上涨了，心里会懊悔不已，从而产生新一轮的买入冲动。当股价再次运行到前期高点或次高点附近时，上次在相对高点买入的套牢盘好不容易熬到了解套的机会，也极容易产生卖出解套的冲动。

有些持股意志比较坚强的多头，在庄家初次打压股价时不肯卖出，当再次遭遇到庄家控盘打压股价时，他们往往会后悔，而后来又反手买进的散户更是迷惑。庄家采用这种反复震荡洗盘的方法，不断诱导散户追涨杀跌，踏高踩低，逐步提高他们的持股成本。

上下震荡法兼有打压洗盘法和后面平台式洗盘方法的优点，一方面考验了散户的胆量；另一方面考验了散户的耐心。震荡洗盘的好处在于和横盘整理洗盘比较起来节约了时间，和打压洗盘比较起来又回避了丧失廉价筹码的风险，是一种左右兼顾的洗盘手法。上下震荡法的具体表现为：一是价格波动幅度比平台整理大，但比打压洗盘小；二是一日之内价格振幅大，或表现为中等十字 K 线，或是实体较长的阴线或阳线；三是经常出现阴阳 K 线相间、隔日收盘反差大的特征。如图 5-3 所示，新宙邦（300037）从 2020 年 2 月 26 日起庄家开始洗盘，只是手法不是很凶悍，不过股价一路下跌，走势疲软，成交量出现缩量，3 月 24 日下探后开始回升，随后走出了一波缓慢攀升的走势。

图5-3　上下震荡洗盘

采用震荡洗盘手法的个股，如果散户能够把握住庄家洗盘的节奏，那么在其洗盘的过程中就能够获取不少的短线利润。因此，采用这类手法洗盘的个股，非常适合短线散户在其中做差价操作。散户可以在股价震荡下跌接近尾声时进场参与操作。当股价向下震荡接近尾声时，股价的下跌速度会明显放缓，在K线走势图上也会收出一些止跌信号的K线形态。在股价向下震荡接近尾声时，下档的承接力度会明显增强，盘中的买盘也会比较积极，并且委买处时常会出现大买单，收盘时，大多数都会收出带有长下影的K线形态。当股价在盘面上出现了这些特征时，散户就可以进场，并在庄家拉高的过程中获利。

散户买进股票之后，要时刻注意盘面上股价的动态。当股价向上震荡到前期高点附近时，应该特别谨慎，一旦盘面上出现上涨乏力，卖盘不断增加，股价冲高后遇到阻力而回落的情况，同时在委卖处出现大的卖单时，就应该果断地卖出股票，等待股价再次震荡回落后再次买进。

### （四）边拉边洗法

边拉边洗法是庄家在股价上涨中一边吸筹，一边进行洗盘所采用的一种手法。边拉边洗表现为每日股价上升5%～10%之后回档，日线图上交叉出现T字形K线，或下影较长的十字K线，或带上影的K线，说明股价每日拉升时盘中有洗盘动作。此种洗盘手法可以节约时间，能够把胆小者洗出场外，但每日收盘价上移可以坚定多头的信心，便于加快炒作周期，如果庄家不想长期炒作（比如对后市大盘走势不放心），则可能选择此种炒作手法，在利好出现、继续拉高时也采取此种洗盘手法。

洗盘整理一般是在股价的10日移动平均线上并远离10日移动平均线时开始的。庄家的目的是要将已获利的散户驱赶出局，另换一批新的跟庄散户，从而抬高散户的持股成本，减轻进一步拉抬时获利回吐盘的压力。

洗盘时，成交量总体上应有一个量缩到缓慢放大的过程。洗盘初期一般成交量大，到中期，浮码洗净，成交量因惜售出现萎缩，到后期，庄家补仓和拉抬，价格上移，成交量放大。

洗盘完毕向上突破时，一般都伴随巨大的成交量。对于边拉边洗式洗盘，拉升时不一定有很大的成交量变化，因为在洗盘的当时成交量已经放大。

边拉边洗法最显著的标志是在日K线上没有标志，这也是区别于其他洗盘方法的一个显著特征。这种洗盘方法往往受客观条件制约，常常出现在单边上扬的行情中，庄家把拉升和洗盘的行为融为一体。这种洗盘方法就是庄家每次都推高股价，然后就撒手不管，任凭散户自由换手，不管股价涨跌，次日或者隔天再次推高股价。庄家只管寻找机会推升股价，散户只管自由换手，这是边拉边洗的一种常态。此时在日K线上找不到庄家洗盘的明显痕迹，庄家采取的是化整为零，少吃多餐的策略，常常使散户在盘中换手。这种庄家洗盘时一般在股价拉升到一定价位后，会在相对高位抛出一小部分筹码，在相对低位则无大抛单。如有大抛单，则在大抛单出来后股价立即转跌为升，或放量止跌。庄家洗盘后的股价上升更加轻盈，只需少量买盘即可将股价推高。如图5-4所示，中科电气（300035）的股价在2020年4～7月期间，庄家采用边拉边洗的方式不断地推高股价，3个月的时间股价上涨了64%。

图5-4　边拉边洗盘

### （五）利用消息法

　　庄家惯用个股以及大盘的所谓利空消息，疯狂地进行打压洗盘，使股价一开盘就出现跌停，引起全场惊恐，动摇胆小及意志不坚定者的持股信心，让其赶快出逃，庄家便可以很好地达到洗盘目标。当庄家使用利空消息进行洗盘时，散户应该观察个股前期成交量的变化，若成交量在前期没有特别放大，就是庄家在洗盘。

　　此外，庄家也会逆着消息面来洗盘，就是逆着股评家及舆论鼓吹的趋势进行洗盘，股评家唱多，庄家就做空；股评家唱空，庄家就做多。现在市场中的大多数股评家，除了少数缺乏职业道德的人之外，大多数还是具备一定的理论基础和实践经验的。庄家有所动作时，股评家们往往能发现蛛丝马迹，但当他们对此大加评论之时，庄家也许仍未完成原订的计划，对于股评家的评论，庄家倒是不惧，反而可以借股评家的嘴达到自己洗盘的目的。

# 四、洗盘阶段的盘面特征

无论庄家采取怎样的手法洗盘，细心的散户都可以在盘面上观察出洗盘的特征。

## （一）盘口特征

庄家洗盘时的盘口特征如下：

①整个洗盘过程中几乎没有利好传闻，偶尔还会有坏消息，一般人持股心态不稳，对后市持怀疑态度。

②洗盘之始，升幅都不大；洗盘之中，跌幅都不深，一般不会跌破庄家的吸货成本。

③股价下跌时成交量无法持续放大，在重要支撑位会缩量企稳，股价反弹时仍有明显的吸筹迹象，上升途中成交量缓缓放大。

④股价虽然暂时下跌较多，但很快被多方拉回，但股价始终维持在10日均线之上，即使跌破10日均线也不会再有大幅下跌，并迅速返回均线之上。

⑤股价在庄家打压下快速走低，但在下方获得支撑，缓缓盘上。

⑥盘面浮筹越来越少，成交量呈递减趋势，最终向上突破并出现放量，表明洗盘完成，新的涨幅就在眼前。

⑦下跌之时庄家多会与大势或技术指标配合，如跌破上升通道或重要支撑位（线）等。

⑧洗盘开始时都做出一种顶部下跌的假象，下跌的尾声还常见诱空动作。洗盘的末期都有缩量和庄家惜售动作。

⑨如果庄家有推盘要求，就会有复合洗盘动作，或诱空充分吸货动作。按大势赋予的时间不同，洗盘时的盘口现象也不同。如果时间充足，可能在日线上产生不同的形态；如果时间紧迫，可能在分时走势图上产生不同的形态。

庄家在洗盘阶段总要刻意让盘口显示这是弱势股，后市无大戏的假象，甚至采用凶狠的跳水式打压。但在关键的技术位，庄家往往会护盘，这是因为庄家要让另一批看好后市的人进来，以达到垫高散户平均持股成本的目的。

庄家洗盘时股价变化取决于吸货的数量，因为庄家通过吸货已控制了部分筹码，其股票的市场流通量减小，除非有基本面利空或庄家人为打压，其股价不可能大幅下跌。

散户在庄家洗盘阶段关键要保持一个良好的心态，尤其当股票从底部刚刚拉起，市场中一般心态还停留在空头思维之中，切不可因一些短期震荡便被洗出局，而应该以一种以不变应万变的心态坚定持股，未达目标，不轻易做空。而对于一些大幅下跌的打压洗盘手法，则可根据成交量来判断，如果没有出现太大的成交量，就不可轻易出局。

### （二）技术特征

1. 指标特征

（1）均价线

庄家洗盘时股价多在 10 日均价线之上，并且股价偏离 10 日均线较远。在均价线系统上，10 日均价线、30 日均价线、60 日均价线均成多头排列。有时股价会跌破 10 日均价线，或在其附近徘徊，但一般不破 30 日均价线，即使击穿，股价也会很快拉回来。时间稍长的洗盘能破 10 日均价线，但一般不等 10 日均价线向下触及 30 日均价线时洗盘便结束。

（2）指标

股价大幅拉升一波之后，随即展开长达半个月或 1 个月甚至更长时间的技术修整，MACD 指数平滑异同移动平均线逐渐走平或者开始金叉，成交量也由前期的缩量调整开始慢慢温和放量。MACD 绿柱开始逐渐变短收窄甚至逐渐露出红柱。

KDJ 指示（随机指数）、W%R 指标（威廉指标）等，从强势区进入弱势区整理，有时在底部出现"背离"走势。RSI 指标（相对强弱指标）进入弱势区域，BOLL 指标（布林线线指标）下穿中轴。PSY 指标（心理线指标）、VR 指标等向下回落在低位盘整，人气低迷。

2. K 线特征

单日 K 线和 K 线组合形态复杂多变，阴线、阳线不断交换出现，并且形成空头陷阱，盘中动作难以把握。概括起来，主要有以下几种特征：

①大幅震荡，多空拉锯，阴线、阳线夹杂排列，走势不定。

②常常出现带上下影线的十字星。

③股价一般维持在庄家持股成本的区域之上。若散户无法判断，可关注10日均线。非短线散户则可关注60日均线。

此外，十字星、长十字、穿头破脚、下跌三部曲、三只乌鸦、大阴线、平顶、乌云盖顶、黄昏十字、垂死十字、射击之星及下肩带裂口等形态经常出现。

### （三）成交量特征

庄家洗盘时的成交量总体上是一个从量大到量小，再到量大的过程。在初期洗出胆小和没有耐心的散户，成交量较活跃，所以此时成交量较大。到中期，市场中意志坚定者再也不出场，庄家拿他们也没有办法，市场中浮筹洗净，惜售特征明显，成交量不断萎缩，有时直到地量的产生。到后期，庄家补仓和拉抬，价格上移，成交量放大。洗盘完毕，向上突破时，一般都伴随巨大的成交量。对于边拉边洗式洗盘，拉升时成交量不一定有很大变化，因为在洗盘当时成交量已经很大；对台阶式、打压式洗盘而言，最后向上突破时需有相对较大的成交量。

### （四）切线特征

在上升型洗盘中，形成一条向上的趋势线；在下降型洗盘中，形成一条向下的趋势线；在水平型洗盘中，形成一条横向的趋势线。在洗盘时，庄家一般以趋势线的下限线为极限线。有时凶悍的庄家洗盘力度较大，往往刻意跌破重要的支撑位，以制造更大的恐慌气氛，使跟风的散户失去持股信心。然后，在某一天突然放出巨量上行，散户不敢追高而全线踏空。

### （五）形态特征

洗盘阶段经常出现的形态特征有横向形、三角形、旗形、楔形、箱形、V形、W形、圆形及扇形等。

此外，还常常出现独立的"N"字形态。出现这种"N"字形态是由于股价在上升趋势中不断地攀升，连续创出新的高点，成交量也随之增加。此时，先期低位持仓者开始沽货套利，股价回落，形成一个顶端，成交量逐步减少。当股价下跌至某一点位（支撑位或线）时，获得企稳，股价重新向上，成交量逐步增大，成功突破前期高点，形成一个"N"形。对于一浪高于一浪的

N形波，我们称其为上升潮。一个上升潮包含"上升—下跌—上升"的过程，当股价向上超越N形波的转折高点时，形成一个完整的向上N形，为短期买入信号。一个大的N形波可以包括许多个小的N形波。"N"形特征及操作策略如下：

①"N"形的形成时间长短尚无标准，有1～2日的，也有几周或几个月的。实盘中，形成时间短的，短期爆发力却很强；形成时间长的，后市涨幅较大，利多信号更为明显。

②"N"形的两次上行角度越接近，上行力度越大。如果第二次上行角度较陡，短期爆发力更强，但往往持续时间较短；如果第二次上行角度较缓，则力度较弱，涨幅相对较小，但往往持续时间较长，走势较为坚挺。

③突破前期高点时，必须有大成交量的配合（与前期成交量相当）才能视为有效突破信号。当股价向上突破颈线时，一般以收市价超过前一个高峰达3%以上，"N"形获得成功确认。

④股价成功向上突破后，有时可能产生短暂的反抽，以收市价计，只要不跌破颈线3日以上，仍可视为反抽，后市应做乐观买货准备。

⑤测出第一次回调低点至颈线间的垂直距离，再从突破颈线点向上量出等距离，即为至少量度涨幅。一般情况下，实际涨幅比量度出来的涨幅大得多。

⑥当股价突破颈线或回抽颈线成功时，散户要坚定做多，没有介入的散户要尽快入场。

## 五、捕捉洗盘结束点——上下背离买入法

能发现股价的底部并及时跟进，对多数人来说是可遇而不可求的，能成功抄到底部的人毕竟是少数。但是，散户可以在庄家洗盘结束时再跟进，这样即使错过了第一波行情，却能抓住庄股的第二波行情。大部分庄股在拉升中途均有洗盘震仓行为，庄家清洗完毕，往往会展开主升行情，这时抄不到"底"的散户亦可抄一个"半山腰"。

在实际操作中，散户可以使用"上下背离买入法"来捕捉洗盘结束点。"上

下背离买入法"中的"上"指的是上方的移动平均线，"下"指的是下方的MACD。"上下背离买入点"是指在股价的上涨过程中，出现了横盘或下跌，此时，5日移动平均线与MACD（其参数为12，26，9）的运动方向产生了背离。一种情况是在股价暂时下跌过程中，5日移动平均线同时下行，接近10日移动平均线或已经与10日移动平均线发生"死叉"，而MACD却拒绝下滑，DIF（差离值）数值不减反增；另一种情况是在股价暂时横盘期间，MACD下滑甚至出现"死叉"，而5日移动平均线却拒绝下行，不跌反涨。当出现以上情况时，说明庄家正在洗盘，没有出货，股价的下跌或横盘是暂时的，其后的行情往往是上涨而不是下跌，这一阶段散户应以买入或持股为主。

散户"上下背离买入法"的使用有着严格的要求，并不是所有符合"上下背离"的股票都能涨。一个较为成功的"上下背离买入点"在符合以上要求的同时，还必须满足以下几个条件：

①"上下背离"发生在上升三浪起点效果最好。也就是说，出现这种情况时股价刚刚上涨，幅度有限，还没有进行到主升浪。

②"上下背离"发生时，股价刚刚上穿30日移动平均线。30日移动平均线开始走平或刚刚翘头向上，这说明股价已止跌企稳。

③"上下背离"发生时，MACD已经运行在0轴之上，这表明市场已处于强势之中，如果符合前一期所讲的"MACD连续两次翻红"，则效果更佳。

④"上下背离"发生时，如果出现的是第一种背离，当日成交量大于5日平均量时可考虑介入；如果出现的是第二种背离，在DIF由跌变涨的那一天可考虑介入。

# 六、散户应对庄家洗盘的技巧

有的散户在买进某只股票以后，由于持股的信心不足，经常追涨杀跌，被庄家洗盘洗掉，事后懊悔不已。要想在跟庄过程中获益，散户对于庄家的洗盘技巧务必熟知。下面按照庄家的洗盘方法分别来探讨散户的应对技巧。

### （一）跌停挂单

如果庄家一开盘就全数以跌停挂出，把股价封死在跌停板上。散户在看到跌停打不开时，害怕明天还有跌停，于是也以跌停杀出，待跌停杀出的股票到达一定程度而不再增加时，庄家迅速将自己的跌停挂出单取消，一下子将散户的跌停抛单吃光，往上拉抬，而其拉抬的意愿视所吃的筹码多寡而定。庄家要拥有大量的筹码才会展开行动，若筹码不够，第二天庄家可能还会如法炮制，散户应当趁这个时机低价买进。

### （二）固定价位区洗盘

利用固定价位区域进行洗盘的特征是股价不动，但成交量却不断扩大。庄家洗盘时将股价划定在一定区域内，并在一段时间内让股价久盘不动，一旦大部分散户失去耐心而抛出，不管多少，全部都会落入庄家的手中，直到收集的筹码达到其满意为止。之后的涨幅就由庄家决定，散户就只有追高或抢高买进的份了，所以散户遇到庄家运用这种手法时就要捂紧自己手中的股票。

### （三）开高走低

庄家一般是在股价高档无量时采用这种方法。当低档接手强劲之时，投资者可以看到股价一到高档（或开盘即涨停）即有大手笔卖盘抛出，而且几乎是快杀到跌停才甘心，但是股价却不跌停，而是在跌停价位不断产生大笔买盘，此时缺乏信心者会低价求售，庄家于是统统吃进，等到无人愿意再低价卖出压力不大时，再一档一档向上拉升，如果拉了一两档后压力不大，可能会急速拉到涨停，然后再封住涨停。所以，当散户看到某股在低位大量成交时，应该敢于大量买进，日后会有大的获利。

### （四）上冲下洗

上冲下洗法就是庄家利用开高走低、拉高、压低再拉高的手法，将筹码集中在自己的手上。这种方法是综合开高走低法和跌停挂单法形成的，会造成特别大的成交量。当股价一会儿高一会儿低，而成交量却在不断扩大时，散户应该设法在低价位挂单买进股票。

# 七、洗盘阶段散户操作策略

庄家为达到炒作的目的，必须于途中让低价买进、意志不坚的散户抛出股票，以减轻上档压力，同时让持股者的平均价位升高，以利于其实施坐庄的手段，从而达到牟取暴利的目的。庄家洗盘的最终目的是运用各种手段摧垮散户的持股信心，迫使他们交出筹码，以降低庄家拉升股价的成本和压力，把不看好该股的散户清洗出去，再把看好该股的散户给吸引进来，让多空观点趋于统一。所以，庄家洗盘时的股价下跌和调整，只是股价上升途中庄家做出的一个假象。

庄家洗盘时，市场中关于该股的消息都是利空，没有利好，这样的氛围使很多散户在股价的震荡中心态极度不安，对后市产生怀疑。这时，明智的散户应该看清大趋势，只要整体的上升趋势没有改变，利空消息没有导致股价大幅下跌，就应对后市怀有信心，继续持有股票。此时，散户也要深信，庄家费尽心机筹划并长时间吸货建仓，绝不会稍有动作就宣告股价上升趋势结束。气势汹汹的洗盘动作，无非是要吓跑那些不明真相、缺乏心理承受能力的散户。在庄家洗盘时，散户只有比庄家更有耐心，才能享受到下一阶段拉升股价的成果。

散户对于股价启动不久的短期洗盘，可以持股不动。但是如果是高位震荡洗盘，散户可以考虑先出局，等股价回落后再介入。如果盘面上有刻意打压或有敢于充分接单的现象出现，那就说明庄家对后市抱有很大的期望，后市涨幅也会非常可观，散户此时可以积极进场参与操作。如果洗盘时庄家不想破坏已经建立的上升趋势通道，就此展开新一阶段拉升的话，那就说明庄家对控盘的要求不高，对股价的拉升幅度要求也不高。遇到这种情况的个股，股价一般是以波段上升为主，散户后市应趁股价拉高时套现出局。

━━━━━━━━━●本章操作提示●━━━━━━━━━

　　庄家通过洗盘，清理了市场多余的浮动筹码，抬高了市场整体的持仓成本。

　　在经过一轮阶段性的上涨之后，股价在突破重要的技术阻力位前通常会出现主动性的调整，庄家借此机会就可以俘获更多的散户筹码。这种调整可以理解为短期蓄势，也可以看作是消化盘中意志不坚定的筹码，为后期的大幅拉高创造有利条件。庄家洗盘在图形上表现出的重要特征是跌破5日线或者10日线。

　　大盘向好时，在委卖处有大卖单压盘控涨，意在进一步清洗出不安分的资金，而在大盘大跌期间，总有一股看不见的力量将股价维持在狭小的范围波动。洗盘过程中的任何一次回落整理的低点只会越来越高，而不会跌破上升通道的长期支撑线。

# 第六章

# 四两拨千斤
## ——抓住庄股拉升段的技法

庄家的拉升过程在坐庄过程中是一个十分重要的阶段。不经过拉升，就不可能获利。庄家操纵一只股票，前期经历了建仓、试盘、洗盘等过程，最终的目的就是拉高股价，然后在高价位出局，以此获得巨额的利润。庄家把股价从建仓时期的低位推高到派发时期的高位，这个过程就叫作拉升。对于散户来说，如果能够在庄家开始拉升股价时跟进，就能够在其逐步拉升中获取丰厚的利润。

# 一、拉升的时间和空间

## （一）拉升的时间

拉升的时间相对于建仓阶段和出货阶段来说是最短的。拉升的空间和时间的长短最能体现庄家实力与操盘风格，拉升是庄家获利的关键，在庄家的操作中具有决定性意义。一般短线行情在1～2周，中级行情在1个月左右，长庄股在3个月左右，少数大牛股的升势可能超过1年的时间。

拉升时间通常与拉升性质、拉升方式及上涨速度有关。一般底部横盘结束以后的拉升时间在10～30天，以震荡方式上行的个股拉升的时间在2个月左右。为出货而快速拉升，中途没有震荡或震荡幅度小、时间较短的，需要20天左右，而中途有震荡且幅度大、时间长的，则需要2个月左右。

## （二）拉升的空间

拉升是指股价经过底部的充分换手并洗盘，脱离底部庄家成本区域，又进行过多次充分整理，股价向顶部区域的快速挺进。拉升是股票上涨最为疯狂的阶段，拉升空间是指庄家拉升股价所达到的幅度。

股票拉升的空间取决于目标股的炒作题材、市场人气、股价定位、技术形态、庄家成本、筹码分布、股本大小及庄家获利目标等多种因素。而庄家的意志和实力最具有决定性。股价拉升的幅度最少也要达到30%，否则庄家就没有获利空间，一般情况下是50%以上，超过100%的也较常见。流通盘较大的、基本面较差又无看好理由的，幅度相对小一些。庄家拉升空间与其出货阶段的计划密切相关，有时候庄家在拉升阶段还需要拉升出一定的出货空间。

# 二、拉升的时机

　　由于庄家拉升阶段操作的好坏关系到出货阶段的难易，所以其都会选择合适的时机来拉升，如果能选择一个适当的时机，就可使拉升工作达到事半功倍的效果。如果拉升的时机没有把握好，则拉升效果必将受到一定的影响。明智的庄家会借势而为，以四两拨千斤。一般来说，庄家会在具备以下一些条件时拉升股价。

## （一）大势向好时

　　庄家在大势向好时拉升股价，就是"顺势而为"。这是大多数庄家都非常喜欢的一个时机，大势向好还是走熊，庄家在拉升股价时特别注重。在大势向好的情况下，市场人气旺盛，场外资金进场比较积极。庄家在这个时候采取拉升股价的动作，就会引起场外资金的高度关注，很多场外资金就会被吸引进来，把股价进一步推高。如果逆大势而行，则拉升成功的概率较小，其过程也会非常艰难。对于实力雄厚的庄家，由于他锁定个股流通筹码50%以上，所以拉升容易，难的是如何派发这么多的筹码。因此，庄家一般喜欢选择大势即将飙升之前拉升。

## （二）大势加速上升时

　　大势加速上升的时候，市场人气高昂，场外资金会不断介入，这时庄家的拉升可以达到事半功倍的效果，拉升操作也十分轻松，可以用较低的成本达到成功拉升股价的目的。

## （三）重大利好消息发布时

　　利用重大利好消息出台的时机拉升股价，是庄家惯用的伎俩，这也是政策市、消息市的重要特征。利好消息包括个股业绩、分红时间、收购兼并、经营方针、国内外大事及国家有关政策等，包括市场面和公司基本面两方面的利好。庄家在拉升股价时，一般会借发布利好消息来刺激股价攀升，同时也促使散户积极买进，以便和庄家一起把股价拉起来。对于收购题材的炒作，几乎全靠"消息"配合。所以，利好消息发布的时候，就是庄家疯狂拉升的最佳也是最后的时机，哪怕大势在狂泻，也会不惜一切地拉升。为此，庄家就会想方设法把消息分成几个部分，分几次发布，一个题材反复炒作，从而使股价多次上下震荡。这也就是说，庄家要刻意创造出多次拉升的机会。

### （四）热点板块形成时

大盘处于强势时，一般也是热门股板块表现的黄金时刻。我国的股票市场，一直以来都有板块联动的效应。如果庄家操盘的个股是跟市场热点相关的股票时，那么庄家的拉升动作就具有很好的隐蔽性，也就能取得花小钱办大事的效果。更多资金流入这个板块中，市场人气旺盛，便于庄家把股价拉高。

### （五）构筑有利图形时

为了引起市场的关注，并引诱散户的积极参与，每个庄家一般都会绘制出一幅股价走势漂亮的图形。有的时候，庄家会把个股走势图形以及各项指标做得非常漂亮，于是市场上一大批"痴迷"技术分析的"股痴"也会适时给予利好点评。当庄家把这些图形和技术指标构造完毕启动拉升程序时，往往会吸引技术派散户疯狂跟风，而这些跟风者能够随同庄家把股价推高。因此，在拉升股价之前构筑有利的图形，对庄家而言具有很好的市场效果。

### （六）含权和除权时

利用含权和除权拉升股价，也是庄家拉升出货最常见、最基本，同时也是最有效的方法之一，很多散户的亏损就是"栽"在其设计的这个陷阱上。以含权和除权拉升股价，庄家主要是利用了散户"贪婪"的心理。上市公司送股后，散户手中的股票数量会增多，股票除权后，股价会变低。对散户来说，送配股和除权，只是把钱从一个口袋装进另一个口袋。庄家经常利用股票除权效应和低价效应，让市场散户贪便宜，与股价走高填权想法联系起来，使散户产生想象空间，成功激活市场的跟风热潮，以达到庄家炒作的目的。

### （七）大市低迷时

在低迷市、微跌市或牛皮市时，人气散淡、成交萎缩，多数人持币观望。若哪只个股庄家敢脱颖而出，使股价拔地而起，甚至逆势放量上扬，市场往往称之为"黑马股"或"强庄股"，跟风资金最容易冲动追涨。这种时机比较少见，散户还是要审慎对待。

# 三、拉升前的征兆

庄家在拉升之前，散户可以从盘面观察到一些蛛丝马迹，并以此为根据来跟进获利。具体的征兆如下：

## 1. 较大的卖单被打掉

市场的交易尽管清淡，但总会有一些较大的卖单出现。如果这些卖单的价位一旦离成交价比较近就会被主动性的买单打掉，这可能就是一种庄家拉升前的征兆。一旦股价拉升起来以后，庄家最害怕的就是前面被市场承接的相对低位的获利盘形成集中卖压，因此只要其资金状况允许，一般都会在拉升前尽可能地承接一些稍大的卖单，此时散户就可以入场了。

## 2. 盘中经常出现一些非市场性的大单子

这些挂单的价位通常距离成交价较远，往往在第三价位以上，有时候还会撤单，有一种若隐若现的感觉。这种较大数量的单子由于远离成交价，实际成交的可能性很小，因此可能是庄家故意挂出来的单子，其用意可能是告诉市场"庄家已经在注意这只股票了"。庄家既然要让市场知道，那么股价的结局就是上涨或下跌，而不会是盘整，此时散户就需要观察其他细节来确认究竟会上涨还是会下跌。散户还应注意一点，庄家在大量出货前是有可能做一波上升行情的。

## 3. 盘中多次出现脉冲式上升行情

脉冲式上升行情就是股价在较短的时间内突然脱离大盘走势而上冲，然后又很快地回落到原来的位置附近，伴随着这波行情的成交量有一些放大但并没有明显的对倒痕迹。由于启动前成交量会比较清淡，所以庄家也肯定在一段时间内没有参与交易，对市场也没有什么感觉。庄家在正式拉升股价前通常会做个试盘，看看市场的反应，另外就是希望一些想离场的卖单尽量在股价拉升前出场，以减轻拉升时的卖压。

4. 盘中走势稳定，但个股盘中出现压迫式下探走势，而尾市往往回稳

这种走势比较折磨人，盘中常出现较大的卖压，股价步步下探，但尾市却又往往回升，通常都会有部分场内筹码受不了这种折磨而选择离场。但若无外力的干扰，这种脱离大盘的走势在成交清淡的行情中很难出现，因此判断一般是有庄家在其中活动，否则尾市的股价是很难回升的。庄家通过诱空将场内不坚定的筹码吸引出来，无非是想加大建立短期仓位的力度，买到更多的低价筹码，然后他再做一波行情。而在股价的回升过程中，庄家则可能将前面买进的筹码再倒给市场，从而达到控制原有仓位数量的同时摊薄持仓成本的目的。

散户在观察到以上几种情形时，还要注意一些细节，待多方确认庄家将要进入拉升阶段后，才能稳健地入场。

# 四、拉升的步骤

庄家拉升股价是有一定目标的，而这个目标点位一般是根据股市对该股所能够接受的价位预期来制订的。目标过低，庄家赢利有限；目标过高，不被市场认同，庄家无法顺利出局，最后只能自拉自唱，苦苦支撑。庄股从行情启动到高点的涨幅往往在 50% 以上，大多可达 100%，甚至更高。聪明的庄家不会等自己将股价拉到最高点再出货，而是在上涨过程的 2/3 处就开始出货了，这也正是散户疯狂追进的时候。此时，庄家既能出货还能让股价继续保持上涨势头。

在整个拉升过程中，庄家每天都密切关注散户跟进量的增减变化情况，通过复盘计算出来并记录在案。由于趋势的作用，股价的连续拉升本身就可以激励市场，吸引散户跟进。开始拉升时庄家吃进量占的比例大，可占 70%，后来到40%，再后来到 10%，达到"四两拨千斤"的效果。然后，庄家就可以反手出货了。开始也是小量，保持趋势，然后逐渐增大，最后拼命往外抛。如果这一切都是在大行情的掩护下进行的，庄家的成功就更有保证了。庄家在拉高过程中每天还必须做另一项工作，就是计算散户跟进时的成交量扣除其自有部分后的价位重心（即散户的平均成本）。有时候为了修复图形，庄家还会在大量出货后再拉高一下，以蒙骗散户。但一定是算好了点位，刚好涨到重心线附近就停住了，绝不

会让这个重心线所代表的大部分散户有赚钱出来的机会。

庄家拉升股价很少一步到位，而是一步一步慢慢拉升。具体来说庄家拉升分以下四个步骤。

1. 拉离建仓成本区

这是第一次拉升，在K线图上表现是股价从长期潜伏的底部突起，在周K线上形成旗杆，呈现价升量增之势。周成交量一般可以达到前5周平均成交量的5倍以上，形成股价上升的第一波。

由于庄家对第一波的目标高度往往是根据市场实时情况随机而定的，所以此阶段拉升的准确高度很难预料。此外在拉升最初的几个小时内往往跟风盘较少，反而会引出不少的抛盘，庄家会连续买入，吃掉所有的抛盘。有时为了放大成交量、吸引市场的注意或显示实力，庄家经常会进行大手笔的对敲。

当股价涨幅达到20%左右时，各种有关该股的利好消息便纷纷登台亮相。消息是庄家的一个重要筹码，合理地利用消息能够减轻自己的操盘压力。尽管这种由庄家有意培育的"跟庄赚钱"的示范效应是一个很明显的圈套，但如果散户能够有辨别地把握这种机会，也不失为一种夹缝中求生存的方法。

此段跟庄过程中还要根据庄家组成的不同，分别加以区分。独庄很简单，计划怎么订就怎么做，只要没有意外情况一般都能达到目标，常常还超额完成任务。脱离成本区的目标价位是从底部上升25%～35%，此时庄家的持仓量增加了，最多时可能是流通股数的60%以上。多庄股的情况相对复杂一些，各庄家轮番炒作，但短期升幅一般不大，并有庄家变盘的可能。

2. 洗盘震仓

第一波拉升后，一些跟风的散户尝到了甜头，随时有抛出的可能。为了防止跟风的人利润太大，以至于在关键价位向下抛，使庄家处于被动，庄家就必须把短线散户洗掉。另外，庄家还会进行震仓，震仓与洗盘是两回事，洗盘是洗获利盘，震仓是把不坚定的散户震出去。所以，洗盘常在刚摆脱底部之后进行，而震仓则常在股价上涨一段时间之后进行。

如图6-1所示的数知科技（300038），该股从2020年1月2日出现了一波拉升后，庄家进行了一番震仓洗盘，手法凶狠，其主要原因就是庄家在进行清理浮筹，以便进行下一步拉升。该股在2月4日下探回升，随后又开始了一波拉升，创出了新高11.73元。

拉升过程中的洗盘震仓主要特点是在跌的时候速度快，让想撤出的散户只能在低位时撤出。震仓的量常常比较大，有的图形还很难看，一般市场上的分析多半是庄家要出货，但如果散户真正掌握了庄家的成本，分析其利润，就可以清楚其意图。

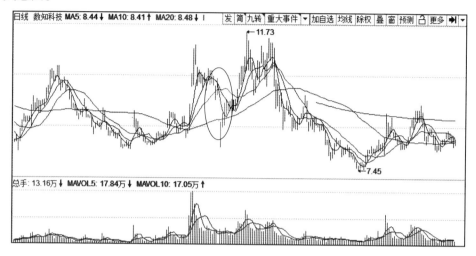

图6-1　洗盘震仓后拉升

3. 再次拉抬

经过第一波的拉升及震仓，庄家的筹码也吸足了。大势看涨之时，是庄家再次启动拉升股价的最佳时机，此时庄家会根据持仓情况选择一个合适的拉升速度。一般来说，仓位重的拉升速度较大、走势陡；仓位轻则较为平坦，此段拉升庄家均会留出以后出货的空间。

这时庄家掌握着大量的股份，再加上庄家同上市公司之间往往还会有许多内在的连带利益关系，所以此时两者之间关系空前的紧密。上市公司公布利好公告之时，也往往是庄家出货前最后的一轮炒作。当股价越炒越高欲罢不能时，庄家就开始准备悄悄出逃了。

在再次拉抬股价这一阶段，庄家的操作一般较为轻松。因为随着股价的再次启动，成千上万的资金像流水一样进入了庄家的口袋，但如果此时基本面发生突变或出现更具吸引力的股票，容易使跟风者的资金流动发生转向，从而导致庄股失宠而成为冷门股。

4. 最后拉高

最后拉高的目的是出货，这次拉高最主要的特点是涨幅不大。如果涨幅过大，出货的人会比较多。即便此时涨幅比较大，它的成交量一定是非常小的，显示筹码锁定在庄家手中，拉高成本不大。涨幅大了之后，向下的杀跌空间比较大，容易出货。所以，涨幅不大，或者涨幅大但成交量少，这都是拉高末期的主要特征。判断庄家是在最后拉高还只是在中期的再次拉高，关键看涨幅，再就是看成交量，如果在高位拉高但没有成交量，散户则可以基本放心，如果拉高的幅度很小且成交量大，这就是出货的征兆，散户就要准备好逃跑。

## 五、拉升常用的方式

拉升阶段庄家成功的关键有两点：一是时间上要快，使市场无法及时反应；二是空间上要大，要为以后的出货或计算市值保留尽量大的股价差距。在拉升手法上既要凶狠，又要灵活。凶狠是指利用大成交量大幅拉高股价；灵活是指利用开市和收市机会，特别是收市前短时间拉升股价，使散户无法追涨，次日开盘封住涨停，吸引散户追高。目前，比较常见的拉升方式大致有下面几种。

### （一）阶梯式拉升

阶梯式拉升是庄家先逐步收集筹码，然后利用利好消息或市场某日良好的气氛，拉高一个台阶，而后横盘整理一段时间，使那些没有耐心的持股者出局，然后再把股价拉高一段空间，同样又停下来进行横盘整理，如此反复多次，不断地把股价推高。采用阶梯方式拉高股价，K线走势图上的日K线呈现一种阶梯的形状。

采用这种方式拉升股价的庄家主要有三类：第一类是资金实力不足，控盘能力不是很强的庄家，由于其担心顶不住市场上获利盘的抛压，所以只能采取这种循序渐进、稳扎稳打的拉高方式。第二类庄家性情较为温和，喜欢不温不火地做波段。第三类庄家可能因为保密工作做得不太好，导致拉升阶段跟风盘太多，因此在迫不得已的情况下，只好采用这种方式赶走跟风者。

对那些看不懂庄家意图的短线散户来说，在股价连续盘升的过程中，突然看到股价出现滞涨，就会担心股价回落，持股信心也会动摇。有些散户在小有获利的情况下，会选择卖出手中的筹码，落袋为安。股价连续攀升后，停顿下来休息一下，也能使那些长期看好该股的散户进场，这对庄家的后期拉升会起到很好的帮助作用。同时，这些散户的进场，也能节省庄家的拉升成本。

在拉升过程中，成交量会逐步温和放大，而当股价停顿休整时，成交量会有明显的缩小。在股价拉升阶段，会伴随着成交量的放大，同时K线图上也会不时地出现中阳线或是大阳线，并且每次拉升的高点，都要高于前一次拉升的高点。每次回落形成阶梯时的低点，都要高于前一次回落形成阶梯时的低点。这表明股价的重心整体上是不断上移的，每次拉高时的上升角度，一般都会维持30°以上的坡度。如图6-2所示，可以清楚地看出岳阳兴长（000819）采用的是阶梯式拉升方法。

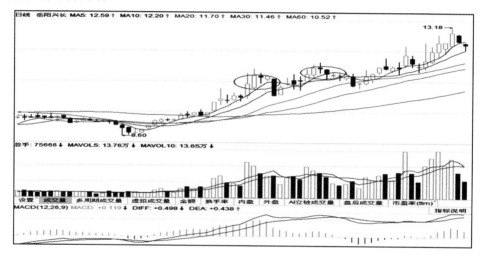

图6-2　阶梯式拉升

采用阶梯方式拉升股价，由于股价在拉升中会有一个形成阶梯的过程，这就给散户带来了进场操作的机会，散户只要把握好其中的时机进场便可以操作。具体的操作策略有以下两种：

①散户手中已经持有该股票时，如果其判断能力比较强，技术功底比较扎实，那么，在这个过程中可以进行短线操作，赚取其中的差价。这时需要掌握的要点是：一般在每次拉高的后期，都会出现放量冲高回落的现象，或者是收盘时收出一根放量的阴线。出现这种情况，持股者就应该警惕了，因为这时股价很可能就会进入回落阶段，或者是横盘震荡构筑台阶的时候了。在这个时候，散户应该考虑先卖出，以回避股价回落和横盘震荡带来的风险。股价每次构筑台阶结束时，盘面上都会出现止跌信号，比如十字星等，这个时候就是考虑买回的

时候了。

②散户持币关注此类股票，并寻找机会进场时，操作上只要把握回落时出现的止跌信号，果断进场操作就可以了。

### （二）震荡式拉升

震荡式拉升主要采取低吸高抛的方法，以波段操作博取利润差价为目的，以时间换取空间为手段进行运作。其主要特征是股价拉升一段距离后，就会调整一段时间，有非常明显的边拉升边洗盘的特点。采用这种方式拉升股价，庄家可以不断地降低持仓成本，调整筹码结构，同时也降低了散户的赢利空间，提高了其持仓成本。

这种拉升方法颇有将各类风险化整为零的特点，可谓好处多多。既回避了来自管理层的监管压力，又节约了资金成本，还能回避由于基本面过于一般，没有重大题材，而招致猜疑等不利因素，可谓一石三鸟。震荡式拉升一般有以下几个特征：

①每次震荡产生的低点都不会低于前一次震荡时下探的低点，并且在拉升前期，股价的重心是逐步上移的。

②成交量的特征是股价向上震荡时放量，股价向下回落时缩量。

③在箱体震荡的区域中，股价每次向上冲到前一次高点或高点附近时，就会有一股抛压盘出现，把股价再次往下打压。同样，股价每次下探到前一次下探的低点或低点附近时，也同样会有一股很大的买盘力量把股价拉起来。

庄家通过震荡式的拉升，可以诱骗散户的廉价筹码，使筹码集中到自己的手里，并且可以在震荡过程中消化前期的套牢筹码，同时促使后期的跟风盘获利回吐，让流通筹码在某个区域充分换手，以不断提高市场持有者的总体成本。因为，每个市场的参与者都是抱着赢利的目的参与进来的，甚至有些参与者抱着不赚钱不走人的态度，所以通过让筹码充分换手，有利于后期进一步拉抬股价。如图 6-3 所示的海印股份（000861），庄家就采用震荡式拉升，该股的股价从 2020 年的 2 月 25 日拉离底部后开始震荡拉升，股价的重心也随之提高。

由于震荡式拉升的股票都会有一定的震荡幅度，这就给散户带来了高抛低吸的短线投机机会。对于中长线散户来说，如果把握好了机会，也可以在每次震荡的下限逐步吸纳相对廉价的筹码。

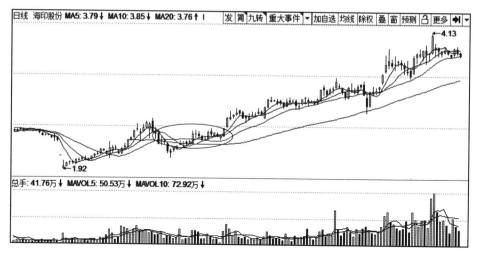

图6-3　震荡式拉升

　　采用震荡方式拉升的股票，一般股价是在拉离了底部区域后，才会采取这种震荡拉升的方式进行拉升。震荡式拉升一般可以分为两种形态：一种是先让股价在一个平台上进行箱体式震荡，然后再把股价往上拉高一个台阶，之后继续进行箱体震荡。庄家会反反复复地这样控盘，慢慢地把股价拉高。另一种震荡拉升的形态，就是股价在整个拉升过程中是逐步震荡向上的，每次震荡的高点都在不断提高。遇到这种情况的股票，散户可以在每次震荡的低点进场操作，但切记不要追高。作为短线散户，可以在股价每次震荡到高点附近时先出来。股价每次震荡上行后，当马上要进入震荡向下的走势时，都会出现一些信号，比如收出一根带长上影线的 K 线走势形态，或者是收出一根高开低走的阴线等。

　　散户如果遇到这种走势的股票，可以在每次震荡下探企稳后进场买入。在采用震荡方式拉升时，每次股价下探到低点后，成交量都会出现缩量的情况，并且在 K 线图上会出现止跌的信号，比如倒锤头、十字星等 K 线形态。如果出现止跌信号的第二天能收出一根阳线的话，这时就是买进的时机。

### （三）旱地拔葱式拉升

　　当庄家洗盘完毕，采用连续拉大阳或涨停板的方法迅速推高股价，在 K 线组合上形成"拔大葱"的形态。这样做，既可以节省资金，缩短拉升时间，又可以打开上升空间。特别是当个股有重大题材即将公布之时，庄家往往会迫不及待地用此法拉高股价。采用这种拉升方法的庄家一般具有较强的实力，此类 K 线图上经常会跳空高开形成突破缺口，短期内一般不会回补，这类操作的股票一般都会成为市场中的黑马。

庄家采用这种方式拉升股价，在拉升的过程中根本不会去考虑回头整理或中途洗盘震仓，而是让股价一飞冲天。庄家在拉升股价之前，已经在底部吸足了筹码，只有达到对股票高度控盘后，庄家才会启动这种方式对股价进行拉升。

这种方式多出现在小盘股或部分中盘股，通常具备投资价值或有诱人的利好题材作为支撑，市场基础良好。因为这些个股对庄家来讲比较容易控制筹码。另外，在散户追涨意愿非常强烈的市场环境下，对那些具备价值投资的个股，或者是具备利好题材的个股，庄家也经常会采用这种方式对股价进行拉升。如图6-4所示的广百股份（002187），从2020年5月29日起开始放量向上突破，之后连续几天涨停。

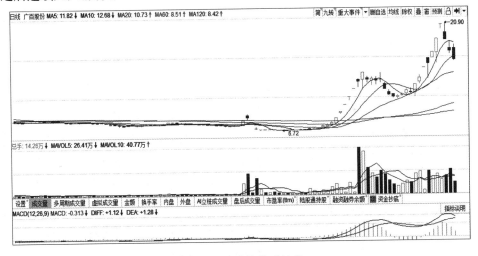

图6-4　旱地拔葱式拉升

旱地拔葱式拉升在日K线图上经常会呈现出连续跳空高开的现象，股价有时也会形成多个向上突破的跳空缺口，并且这些向上跳空的缺口在短期内一般不会被回补。

采用旱地拔葱方式拉升的股票，一旦进入拉升阶段后，其股价涨幅都是非常大的，并且拉升的速度也非常快。一般来说，采用旱地拔葱式拉升的股票，短期内的上涨幅度都在50%以上。因此，只要散户能把握好进场的时机，短期内获取的利润会相当丰厚。对于旱地拔葱式拉升的股票在拉升前期，股价都会有一个走势低迷的过程，成交量也会呈现萎缩的情况。在这个时候，散户就应该密切注意股价的走势，可以根据前面讲解的知识，来判断该股是否已经建仓完毕，是否经历了洗盘的过程。如果是庄家已经建仓完毕，并且也已经完成了洗盘过程，那么可以肯定，其接下来就会进入拉升阶段，并且其拉升不会是小动作。一旦股价出现放很小的量就能向上突破时，散户就应该立即跟进，这是进场操作的最佳时机。

如果散户在庄家拉升股价时还没来得及跟进，并且接下来几天股价一开盘就出现涨停的现象，根本无法进场买入，这时也不用着急。采用旱地拔葱方式拉升的股票，一开始进入拉升阶段时，上涨的速度都是非常快的，但经过一段快速拉高后，大部分庄家都会让股价有一个回落，或是让股价停滞不前，进行短暂的休整和洗盘。如果股价是选择以回落方式洗盘的话，回落的幅度最多是在 5 日和 10 日均线之间。当股价回落到 5 日和 10 日均线之间时，散户可以在这个价格区间进场操作。如果股价是横盘休整的话，那么在股价再次放量上攻时，就是进场操作的最佳时机。

### （四）推土机式拉升

采用推土机方式拉升股价时，日 K 线走势上会呈现出直线上升的形态。有的时候，分时走势上可以看见下方有大量的买单出现，这是实力强大的庄家为了封住股价的回落空间而挂出的，随后其就会逐步把股价往上拉升；庄家拉升一段时间后，还常常故意打压一下股价，让股价稍微回落一下，以此来吸引买盘逢低吸纳，然后再将股价拉上去。采用这种方式拉升的庄家，实力一般都比较强大，并且在其出货的时候，庄家还会利用上市公司题材的配合来隐蔽出货。

采用这种拉升方式的个股股价拉升前期和中期，庄家在早盘将股价推高之后，就让散户在里面自由换手，不过多地去关注股价。有的时候股价会出现自由落体式的下跌之势，只有在股价回落至下轨处，或者是影响到收盘时的 K 线图形时，庄家才会出来护盘，以吸引多头资金积极买进股票，让散户帮助庄家维持股价的走势。当股价进入拉升后期，庄家以快速拉升的方式疯狂刺激多头买盘，这时人气也达到了高潮。在最后的拉升阶段，庄家一般会采用各种转换角色的方式来诱导散户，促使场外的散户失去正常的投资心理和自我控制能力，产生一种过度放大和虚化的投资激情。庄家采用推土机方式拉升股价时，经常是以中线操作为主，并且绝大多数庄家对其目标个股的控盘程度要占到流通盘的 30% ～ 40%，涨幅大多在 50% ～ 100%，不过也有不少股价超过 100% 涨幅的。

庄家进入拉升阶段后，逐步把股价拉离底部。在拉离底部的过程中，成交量呈现出温和有序的放大，K 线图上表现出中小阳线交替出现，股价稳步上涨的态势。

采用推土机式拉升的股票，一旦进入拉升阶段，其上涨的幅度是很可观的。散户如果能跟上这样的股票，就会获得不错的收益。如图 6-5 所示的江南化工（002226）在 2020 年 6 月就是典型的推土机式拉升，庄家从 2020 年 6 月 1 日起开始进行拉升，在拉升过程中，股价一直上扬，没有任何回落的动作。

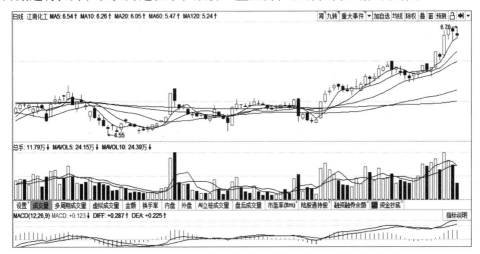

图6-5 推土机式拉升

散户在跟庄时，操作上需要注意选择好进场的时机，进场后也要保持良好的心态。在股价开始稳步盘升的时候，散户就可以跟进。当股价开始出现放量上冲时，就是最佳的买入时机。采用推土机式拉升的股票，在刚开始进入拉升阶段时，股价的上涨速度都是比较慢的，成交量在短时间内得不到有效的放大。所以，此时进场的散户一定要有耐心。

股价在上涨的过程中，有时会有小幅的震荡，只要股价回落时不放量，拉升就还没有进入尾声，散户可以继续持有。如果股价出现放量回落，并且以阴线报收，就应该引起注意，一旦第二天没有被拉起来，并且是继续放量下跌，投资者就应该果断出局，获利了结。

# 六、拉升阶段的盘面特征

　　庄家常常利用拉升股价的手段来达到其坐庄的目的，对于散户而言，要掌握拉升阶段的操作技巧，才能有效利用庄家的拉升过程获利。这是散户跟庄操作的重中之重，只有把握好庄家的动态，才能在股市中做到游刃有余。散户要准确把握大幅拉升阶段，就要从以下一些特征入手，认真观察分析。

## （一）拉升前的盘面特征

　　觉察到股票即将被大幅度拉升，散户就要细心地观察和冷静地思考。一只股票要成为黑马，必须具备下面几个条件：

　　①庄家已经控制了该股的绝大部分筹码。

　　②庄家在对目标股建仓之后，经过一番洗盘，盘中的浮动筹码已经基本被清洗出局。

　　③庄家有足够的资金用于拉抬股价。庄家对股价的控制能力，很重要的一点取决于他对筹码的控制程度。某只股票之所以能够连续地出现涨停或大幅度地快速上涨，正是由于散户手中持有这只股票的数量有限，绝大部分的筹码都掌握在庄家的手中。庄家只有绝对控盘，在拉升股价时才会比较轻松，极少有获利盘抛售的压力。这时，盘中巨大的成交量大部分都是庄家自买自卖形成的，从而可以随心所欲地控制和拉高股价。

　　筹码锁定程度高是黑马股的主要特征。在盘面上，技术水平比较高的散户可以看出一只股票的筹码锁定程度。筹码锁定程度高的股票具有如下特征：

　　①成交量分布极不规则，平时成交稀少，偶尔放出巨量，而这些巨量均靠庄家对倒产生。

　　②在大盘急跌时抛盘稀少，而且基本上股价不下跌，突然一笔大抛单将股价打低很多个档位，之后仍然很少出现抛单。

　　③股价几乎不随大盘走势波动，形成自己的独立走势，在大盘震荡的时候尤其如此。

④买卖盘价位间隔很大，能明显看到某几个重要价位上有较大的买卖盘把守，其他价位上几乎没有挂盘。

⑤该股并不太受场外散户的关注。

在观察到具备上述特征的股票之后，散户不必急于买入，而是应该盯住它。一旦庄家开始放量对倒往上拉升时，可以立即跟进，这样必然可以搭上一大段顺风车。

庄家大幅度的拉升动作，总是出现在充分地洗盘之后。因此，跟踪庄家的洗盘动作，分析其洗盘的进度，有助于捕捉黑马股。前面已经讲解过庄家试盘和洗盘的盘面特征，散户可以在看盘的过程中多观察，不断积累看盘的经验，从中发现和分析庄家的试盘和洗盘动作。一旦发现庄家已将盘中的浮动筹码洗净，该股随时可能展开猛烈的拉升。当股价放出增量的大阳线时，散户即可跟进操作。

庄股爆发之前，其走势常常十分平静，价格波动很小。从 K 线走势来看，表现出价格区日趋收窄，面临突破的总体趋势。一旦庄家开始发力上推股价，散户就可以及时介入。庄家拉升股价之前，有些盘面变化其实是非常明显的，只要留心观察就不难发现。

### （二）拉升时的盘口特征

庄家在拉升股价的过程中，盘口会出现以下一些特征：

①个股在启动初期，经常会出现连续逼空的行情。随着行情的展开，成交量也会连续放大，这是股价拉升突破初期阻力的一个盘面现象。对这一类庄家来说，时间比资金更重要，因此他们采用了用空间换时间的手法快速拉升股价。同时，快速拉升股价容易产生暴利效应，能更好地对散户起到诱惑的作用。

②在分时走势图上，经常可以看到股价在开盘后不久，或者是在收盘前几分钟出现突然拉升的现象。如果股价在开盘后 30 分钟内即拉到涨停，则有利于庄家以较少的资金达到拉升股价的目的。庄家开盘拉涨停时，股价大多都离底部区域不远，一旦这时股价涨停，会吸引场外短线资金介入，从而降低庄家的拉升成本。尾市拉升，则属庄家刻意所为，其目的是显示自己的实力，吸引散户注意和跟风，或者是做出某种 K 线图以及好的技术形态。

③有庄家入驻的个股，行情一旦启动，其走势明显独立于大盘或者板块的其他个股走势，而且行情启动多发生在大势较好的时候，此时大盘表现较好，能够吸引场外资金介入。有了一定的人气支撑，一旦这类个股走强于大盘，将会吸引

更多的散户跟风。

④庄家对所操作的个股大幅拉升的时候，媒介或者机构会不断地传出有关这类个股的利好题材，其通过散布各种利好消息，更利于吸引散户跟风。同时，庄家会在股价上涨的过程中故意造成成交量的放大，其目的也是做出价升量增的走势形态，以吸引散户进场。

⑤当股价上攻时，经常会在买一、买二、买三和卖一、卖二、卖三的位置上同时挂出大的买卖单，成交量也会大幅增加。随着股价的不断上涨，庄家挂出来的买卖价位也会不断上移，有些个股的股价在分时走势图上会沿着45度角或大于45度角上涨。

⑥实力强大的庄家会在买一、买二、买三处挂上巨额买单，封死股价下跌的空间。散户要买进，就只能按卖一的价格成交，这样无形之中就帮助庄家推升了股价。

⑦短线庄家拉升最关键的是借势，也就是说借助大盘向好的时候拉升。庄家快速和大幅拉升股价的现象，大多发生在尾盘，操作手法简单，主要是以狠、快为主，有时候股价涨速快得让追风盘无法买入，只好不断地撤单，然后以更高的价格买入。即使散户不断地加入新买单，还是难以追进，直到最后达到庄家理想的价格目标时，才会让大量的追风盘买入。

⑧中长线庄家拉升，由于其对目标个股的坐庄时间周期比较长，对目标利润定得也比较高，并且往往对坐庄的目标个股达到高度控盘的程度。因此，其拉升股价时，分时盘面走势通常表现出独立于大盘的走势，拉升手法呈现出碎步推升的态势，一轮拉升需要的时间往往都比较长。这类庄家操作到后期，涨幅也会越来越大，K线走势图上呈现出来的上升角度越来越陡峭，成交量也越来越大。这类股票要么在高位慢慢横盘出货，要么就是等待除权，在股价相对便宜时再出货。

# 七、拉升与试盘的区别

实战中，很多散户都对拉升与试盘行为分辨不清楚，容易将两者混淆。这容易在操作上出现错误，其后果是，当庄家试盘的时候误以为是拉升行情来临便大量追进，结果被套牢在阶段顶部。其实，拉升与试盘是有根本区别的，它们之间的不同点主要有以下几个方面：

1. 运作时机不同

试盘时，主要技术指标转强不很明显，市场买入信号不强烈，有时市场处在弱势中；拉升时，主要技术指标已呈多头特征，买入信号十分明显。

2. 盘面表现形式不同

试盘时，盘面震荡剧烈，庄家刻意做盘行为明显；拉升时，股价走势有规律性，庄家行为较自然。

3. K线形态不同

试盘时，日K线上下影线较长，实体较小；拉升时，日K线实体较大，上下影线较短。

4. 均价线形状不同

试盘时，均价线可以为多头，也可以为空头，或者平行走势；拉升时均价线必然呈多头排列。

5. 成交量不同

试盘时，成交量突然变大，时间较短，在盘面上经常出现单日放巨量的行为；拉升时，成交量呈规律性放大，维持时间较长，在盘面上出现连续的放量。

6. 维持时间长短不同

试盘时间较短，甚至是几个小时、十几分钟或者几十分钟的时间；拉升时间则至少数个交易日。

# 八、拉升阶段散户跟庄策略

庄股从启动拉升到目标价位，一般需要拉升多次，也就是常说的做出几个上升波段。在每个上升波段中，庄家的操作方法是有所不同的，盘面上也会显示出不同的特征。散户要抓住庄家拉升过程中的上升第一浪和上升第三浪的机会，制定好自己的操作策略。

**（一）上升第一浪**

当庄家启动拉升时，会迅速把股价拉离建仓成本区，从而形成上升中的第一浪。在上升第一浪中，日 K 线图上表现为股价从长期横盘的底部突起，周 K 线图上会形成旗杆，并呈现出价升量增的态势，周成交量一般可以达到前 5 周平均成交量的 5 倍以上。这一特点基本上是所有庄家拉升股价时都会表现出来的特征。

在启动拉升前，由于股价长期低迷，股性不活跃，在刚开始拉升的一两个小时内，市场上很少有跟风盘，而挂出的抛盘却很多。这个时候，庄家需要做的工作就是连续买入，吃掉所有阻挡股价上涨的抛盘。这时的庄家是最可爱的，有种一往无前、视死如归的英雄气概。

第一浪的上升高度，对一般的散户来说是很难预料的。长期在底部的股票，在"小荷露出尖尖角"的时候，非常容易吸引跟风盘买入。当越来越多的场外散户关注到该股票后，由于散户入场比较积极，借助散户的买盘力量，就可以推动股价上涨，庄家只需要在关键时刻或关键价位操作一下就可以了，如当天的均价位、30 分钟和 60 分钟超买点、整数位、中长期均线处等。有时为了放大成交量，吸引市场的注意，或者是显示自己的实力，庄家经常会采用大手笔对倒的手法来做盘，即先挂出几千或上万手的卖单，几分钟后再一笔或分几笔不断买入。

当股价涨幅达到 15% 以上时，各种消息就开始登台亮相了，有关该股的传闻随后几天会不绝于耳。这时，散户总是听到相互矛盾或不确定的消息。对于这些真假难辨的利好消息，散户不知道该相信还是不信，但这时上升的股价仿佛在告诉他们，那是千真万确的好消息和大好的赚钱机会。

独庄股和多庄股的第一波拉升高度是有区别的。独庄股很简单，只要没有意外情况，庄家一般都是按照计划去操作的，并且一般能够达到计划中的目标，有时还能超额完成。对于独庄股来说，脱离成本区的目标价位大多是从底部上升 20% ～ 30%。在拉升的过程中，庄家需要吃进一些筹码，所以这个时候其持仓量会增加。

多庄股的情况要比独庄股复杂一些，消耗资金"打冲锋"的工作各个庄家要轮流做。如果短期内股价升幅太大，多个庄家中说不定会出"叛徒"，即有些庄家在拉升股价时借机出货，或者是对股价拉升工作"出工不出力"。在这种相互牵制的情况下，多庄股拉升第一波的上升幅度一般会比独庄股的上升幅度小一些。有时在拉升刚启动阶段，盘面会连续放出成交天量，股价以很陡峭的角度迅速上升，这可能是多个庄家在争抢低价筹码。随着股价上涨幅度越来越大，有些庄家会慢慢出货退出，多庄股最终逐步调整为独庄股。多庄股中最后的庄家坐庄成本很高，经常会发展为恶庄或强庄。这种股的走势很难把握，散户最好不要参与。

### （二）上升第三浪

随着庄家的后续资金到位，加之舆论沸腾，人心思涨，庄家就会启动第三浪拉升了。

庄家在这个阶段的操作方式和拉升初期类似，不同的是要根据自己的持仓情况来决定拉升的斜率。仓位重的庄家，拉升斜率会陡峭一些，仓位轻的庄家，拉升的斜率就要平缓一些。这时，庄家在拉升时所考虑的主要问题，是将股价拉高到什么程度，为以后的出货留下足够的价格空间。

由于大部分散户对五浪结构和上升第三浪的高度都比较熟悉，所以庄家不用担心没有人跟风，也没必要去刻意地制造利好消息，只要把散户的已有预期变成现实就可以了。这时，前期市场上流传的消息和散户的想象力在这个阶段被充分消化，庄家只需要顺势而为，按照波浪理论、K线理论等做出好看的图形和指标就可以了。这一时期，由于大量筹码被庄家锁定，股价上涨时，盘面上会表现得十分轻巧，K线组合也是流畅无比，所以散户经常会看到缩量走出的第三浪图形。

从盘面上看，通常第三浪上升行情开始时，一定会有极强烈的买进信号出现，以此来告诉散户可以大胆进场了，这个强烈的买进信号一般是放巨量拉长阳线。如果在盘整的行情中突然出现开盘跌停或收盘涨停，往往代表着大行情可能开始，尤其是连续几天放巨量拉长阳线，更代表强烈的上攻欲望。

总而言之，在多头行情开始时，股价通常会呈现出大涨小落的走势，往往是涨三天，回档整理一天；再涨三天，回档整理一两天；再涨三天，回档整理两三天。这样一路涨上去，一直涨到成交量放大为底部起涨点的 5 倍，或股价已上涨 1 倍时才可能结束。

在多头市场里，个股行情刚启动时，成交量一般都不会很大。随着股价不断上升，成交量才会逐步放大，直至成交量不能再扩大时为止，股价才开始回落，也就是大家常说的"天量见天价"。有时股价虽然继续上升，成交量却无法再放大，这预示着上升行情极有可能在数日内结束，与"先见量，后见价"这一规律相印证。散户只要在 3 个月之中做一波真正的多头行情，收益就非常可观了。

拉升行情的特点是换手积极，股价上涨时成交量持续放大，并沿着 5 日移动平均线上行。当股价下跌时，成交量过度萎缩，但能够在 10 日或 30 日移动平均线处明显止跌企稳。当成交量创新高，直至无法再扩大，股价收大阴线放大量时，上升行情才可能结束。

───── 本章操作提示 ─────

当庄家在其初期建仓区域内完成吸筹动作后，在大市的配合下将展开拉升，使股价迅速脱离其成本区，以免更多低价筹码落入他人手中，在盘面上表现为基本脱离指数的干扰，走出较为独立的向上突破行情。

# 第七章

# 坐收渔翁之利
## ——巧判庄家出货的技法

　　"万事俱备，只欠东风"，庄家完成了建仓、整理、试盘、洗盘及拉高等几个阶段，工作已经完成了一大半了，只差最重要的一个环节——派发出货了。如果说庄家吸筹、洗盘和拉升都是手段，那么派发手中筹码便是目的。庄家能不能将账面利润转化为实际盈利，就在这个环节。

# 一、出货的时间和空间

庄家出货需要一定的时间和空间，但是所需时间的长短和空间的大小还受到持筹数量、大势好坏、操盘手法等多种因素制约。

## （一）出货的时间

庄家出货需要时间为半个月至 3 个月，高位震荡出货的时间一般在半年以上，有时则更长。庄家以跌停板砸盘出货的时间一般在 2 个星期以内，以快速拉升的方式出货的时间需要 1 个月左右。

## （二）出货的空间

股价上涨幅度较大，股价达到高位，成交量显著放大，股价已到了出货目标价位。庄家出货所需要的空间最低在 20% 以上。累计上涨幅度越大的股票，所需出货空间越大。上涨数倍的股票需要股价再拉升 30% ~ 50% 的空间，或者砸盘跳水 20% ~ 30% 的空间才能出货。

# 二、庄家出货的时机

## （一）基本面将要改变时

庄家出货需要选择一个最佳的时机。这个时机从大的方面讲应该是宏观经济转淡、政策面要求股市调整时。最好的出货时机应当在宏观经济运行至高峰而有回落迹象之时，此时的股市已经经过了漫长的上涨，渐渐接近牛市尾声。而目标股的题材已经完全被挖掘，股价已经涨到了尽头。市场心态也达到了最佳时期，市场人气高涨，庄家出货已经比较轻松。

## （二）大盘强势时

大盘处于强势的时候，这是众多庄家首选的出货时机，大盘上涨的时候人气旺盛，散户追高意愿较强，这正好可为庄家所利用。许多庄家在大盘下跌的时候勉强支持，一旦发现大盘走好，就刻意抬高，随后在大盘见顶之前设计出货方案。

## （三）发布利好消息时

聪明的庄家往往会借助利好消息满天飞的时候往外派发筹码，因为散户爱盲目追风，听说某只股票有利好，争先恐后跑来抢筹码。其实，这些信息庄家早就知道了，有些说不定就是庄家故意捏造的，是要利用它来引诱散户上当，让散户接上最后这一棒。

# 三、出货前的准备

成功的庄家是不打无准备之仗的，为了日后的顺利出货，庄家提前就做了大量准备工作。

①庄家的多次拉抬和洗盘形成了坚定的多头信念，使所有抛股的人都会后悔，回调进场和持股不动的股民都赚钱了。这样，当所有人对此都深信不疑，持股者不愿抛，持币者纷纷进场，把出货当洗盘回调时，庄家就找到了出货良机。庄家的高明之处在于，将对大众情绪的调控与自己的炒作巧妙地协调起来。在吸筹阶段，让散户看空，主要利用媒体唱空，以便吸到廉价筹码。在拉抬和洗盘的初期，让散户对升势半信半疑，由于每次洗盘结束后都是向上突破，到中后期，散户的多头心态越来越明显，也越来越强烈，升时不愿抛，跌时当成吸纳的好时机，此时"养多"成功，庄家出货没有人与其争跑道；同时，庄家抛出的筹码也有多头承接，从而套现成功。

②利用技术走势设置多头陷阱。股民一般都知道，重要阻力关口一破即变为支撑，因而冲破阻力位就成为广大股民的操盘准则。于是，庄家就会制造这种假

突破，诱使散户进场，自己却乘机派发。

③用少量资金进行轮番炒作，造成黑马狂奔局面，一方面调动人气，另一方面吸引了股民注意力，从而把大笔资金神不知鬼不觉地悄悄撤出。

④与上市公司及股评、媒体相互配合。在吸货时，上市公司利空频繁出现；在出货时，上市公司利好连连，股评、媒体大捧特捧。这就可以让中小散户利令智昏，争抢庄家抛出的筹码。

# 四、如何判断庄家的出货点

庄家拉升时都有一定的目标点位。实际上，这个目标点位也就是庄家的出货点。庄家设定出货点位主要根据自己的持股成本和持股量、跟风盘力量大小以及历史成交量的分布情况三个方面的因素。

## （一）庄家的持股成本和持股量

这是决定拉升点位的最基本因素。庄家的拉升点位可以通过如下公式算出：

目标点位 = 持股成本 × （1+ 持股量占全部流通盘的百分比 × 2）

比如，如果庄家的持股成本是 8 元，持股比例是 50%，那么它的最低拉升目标点位应该是 8 × （1+50% × 2）=16（元）。

如果持股比例是 60%，其最低目标点位可以算出是 17.6 元。庄家的拉升目标与持股比例相关，持股比例越大，出货需要的过程也越长，必须用更高的点位来维持。公式中的"2"是一个市场"信心系数"，并非固定就是 2。如果这个股票的市场形象好，持股人的信心足，则"信心系数"也可以提高到 3，甚至更多。在最近两年的实战中，庄家的实际拉升点位往往高于按照这个公式算出的最低目标点位。这里选 2，是因为在正常情况下，庄家的利润是全部拉升幅度的50%，如果低于 2，庄家的获利空间就比较小了。

## （二）跟风盘力量大小

跟风盘力量的大小是决定庄家拉升目标点位的最关键因素。最低目标并不是最终目标，有时候庄家也不能事先确定，这还要看市场上跟风盘的情况。庄家在拉升过程中一直在测试跟风盘的力量大小，并希望力量越往上越大。如果跟风盘比较理想，庄家就能够在数天之内将大部分筹码顺利脱手。此时的日 K 线为带长上影的阴线，放巨量，头部特征明显。如果庄家把股价拉到了目标点位后，跟风盘很轻，说明市场对这只股票的上涨反应冷淡，此时庄家只好增加坐庄成本，使用其他手段引起市场注意，要么操纵股价重新回跌来蓄势，要么是继续向上拉升。

### （三）历史成交量分布情况

庄家在制定目标点位时必须考虑历史成交量的分布情况。尤其是在低位吸足货向上拉升的过程中，高位如明摆着有大量的历史套牢盘时，庄家则需要认真对待。如果庄家志存高远，又财大气粗，肯定是要突破历史高位的，那么庄家就要考虑如何化解那一大堆套牢盘，而最有效的方法就是在这个区域来一次震仓。如果庄家的财力不够，也不想打持久战，那么他的拉升目标点位一般不会定在套牢盘的价位之上。

# 五、庄家出货前的掩护手段

庄家出货之前，一般会寻求一些掩护，或者干脆在市场施放一些烟幕弹，方便自己出逃。

### 1. 利用大盘的上涨趋势

大部分庄家都是在大势向好时顺势将股价拉高，到行情的后期开始出货，最后导致大盘见顶回落。要想获得大盘的掩护，对庄家来说并不是件容易的事，关键是要对大盘的走势、尤其是大盘何时见顶要估计正确。庄家不像散户，发现大盘当天表现不好就能跑出来，庄家必须提前许多天预测何时见顶，以便提前开始出货。在大行情中，常有庄家提前出货，也有在出完货后大盘仍然上涨的情况。

### 2. 利用市场狂热的气氛

在市场炒作达到狂热的程度时，多数人会失去理智。暴利蒙住了众多散户的眼睛，除了钱之外什么也看不到，早忘了"天量之后必有天价"的股市常识，以至于把用高价买来的庄家抛出的筹码当宝贝看待，股价跌了也舍不得抛出。

3. 利用业绩公布

庄家经常利用上市公司公布优良业绩和好的送配方案这些时机出货。庄家往往与上市公司之间有着千丝万缕的关系，上市公司的财务报表有时就出自庄家之手。庄家可以在出货之前使用财务手段或投资收益手段，把上市公司的业绩做得特别好，再利用股价在刚刚送股除权后公布，可以达到使市场误解业绩、公布后先涨后跌出货的目的。但有时候庄家不一定和上市公司关系十分密切，但庄家通常在炒作一只股票之前会到上市公司了解它的经营业绩，当他们了解并分析出该上市公司将取得较好利润并有好的分配方案时，他们才会大规模介入这只股票，而当经营业绩公布出来时，庄家正好逢高派货。

4. 利用其他板块轮涨的机会

不同板块在经济复苏、大市向暖之时所作出的反应是不一样的，有的反应快，有的反应慢。所以，上涨时就有先有后，从而造成板块轮涨的局面。

5. 利用技术手段

技术手段是庄家出货时迷惑散户的工具。具体的技术手段如下：

（1）假突破

假突破就是庄家利用技术手段来掩护出货，技术分析中有很多突破形态，如三角形的突破、矩形的突破等。庄家有时采用打破一个关键点位，形成突破的假象来引诱部分散户跟进，然后反向操作达到出货目的。

（2）对敲

对敲尽管是一种被禁止的行为，但庄家为了顺利出货会偷偷使用。运用对敲使成交量放大以诱骗散户跟风，庄家则趁机出货。

（3）做出震仓形式

由于震仓与出货在形式上非常相像，庄家常把震仓做得像出货，而在真出货时做得像震仓，经验不足的散户很难加以区分，往往两边上当。实际上，震仓与出货是有本质区别的。震仓是在上涨的初期或关键点位处，而出货一般是在上涨的后期；震仓所表现出来的抛压小，而出货表现的抛压大；震仓一般不突破强技术支撑，而出货可突破层层支撑。

6. 利用利好消息

媒体常成为庄家的炒作工具。庄家吸货时利用很多负面消息吓走散户，以获得他们的筹码；出货时，则正面消息频出，让股民坚定持股信心。所以，庄家在出货时，一般都选在正面消息最多的时候。如果某只股票已经上涨了相当大的幅度，而且散户发觉关于这只股票的正面宣传和利好传言开始增加，说明此时庄家已经萌生退意，必须提高警惕。

# 六、庄家出货的征兆

散户要想跟庄获利，必须在庄家出货之前提前逃离。庄家出货讲究的是出其不意，趁广大中小散户失去警戒的时候大量往外派发。散户要想胜利逃顶，避免高位套牢，必须加强学习，认识庄家出货前的征兆。庄家出货前是不可能做到神不知鬼不觉的，有好些异常现象是庄家无法掩盖的。庄家出货的前兆有以下几点：

1. 达到目标价位

加倍取整理论是一种判断股票高点的好方法，此方法在股市中还没有被广泛地应用。而一种理论在市场中掌握的人越少，一般其可靠性就越大。简单地说，当散户准备买进一只股票，最好的方法就是把加倍和取整的方法联合起来用，当散户用几种不同的方法预测的都是某一个点位的时候，那么在这个点位上就要准备出货。散户还可以用其他技术分析方法来预测，当预测的目标位接近的时候，就是庄家可能出货的时候了。

2. 股价严重高估

这是庄家拉升已到目标价位的另一种形势，此时目标股的股价涨幅过大，有时甚至达到十几倍、几十倍，严重脱离了其真实的价值区。这个时候，庄家就要准备撤了，因为他也知道有水分的股票迟早会下跌。

3. 利好消息增多

利用利好消息掩护出货是庄家常采取的一种出货手段。通常来说，股价上涨过程中很少见到正面消息，但是如果一时间利好传言过多，就是庄家出货的前兆。

4. 该涨不涨

如果某只股票在基本面、形态、技术等方面都看好的情况下却不涨，就值得怀疑，特别是股价有了一定升幅之后出现这种现象，此时庄家出货的可能性极大。另外，公布了预期的利好消息，基本面看涨，但股价却不涨，也是庄家出货的前兆。

### 5. 放量不涨

股价有了一定的升幅后，涨势趋缓，看似蓄积力量继续上攻，但是某一天该股成交量突然放大，好像要向上突破，谁知股价却没有涨，甚至有所下跌，出现量价背离的现象，这一般也是庄家出货的征兆。

总而言之，当股价升到庄家出货的目标点位后，散户就应当提高警惕，如果出现以上所提到的征兆，一旦股价跌破关键价位的时候，不管成交量是不是放大，都应该考虑出货。因为对很多庄家来说，出货的早期是不需要成交量的。

# 七、庄家出货的方式

出货是庄家炒作中最后的一环，也是最关键的一环。任何庄家，只有将手中的筹码在高于成本价之上派发出去，才能使账面的盈利变为实际的盈利。因此，庄家会想尽一切办法，达到其出货的目的。而对于散户来讲，不仅意味着是获利了结及时下轿的时候了，更意味着可以免除深度套牢后的痛苦。庄家出货的方法很多，由于庄家及庄股自身因素及其所处的外部环境等方面存在着差异，因此不同的庄家所采用的出货方式也各不相同。下面介绍几种常见的庄家出货方式。

## （一）震荡出货法

庄家持仓比较高，不可能在短时间内全部抛出手中筹码，此时可以采用震荡出货法。采用这种出货方法，庄家需要有大盘和人气来配合。庄家完成收集等程序，将股价推至一定高度后完成派发较为困难，于是他便高抛低吸，或利用利好消息制造震荡行情，并在大市走好之际，其再推高股价并大举派发。由于大市处于整理或上升势头之中，散户警惕性不高，庄家采取升升跌跌的震荡方式出货，容易使散户摸不着头脑，以为是在整理，高不愿出，低还要补仓，从而使庄家在高位慢慢出货。这种出货方式所需时间较长，常用于大盘股或重要指标股的出货操作。

这种震荡式派发手法在 K 线组合上通常体现为较有规则的图形，如大三角形、双重顶、三重顶与头肩顶等。如果同期大盘的走势也呈此类规则图形震荡，则庄家派发相对容易，否则就要利多消息来配合庄家的行动。

庄家将股价拉抬到一定位置时，如果人气旺盛，就会开始借机出货。庄家出货，盘中卖压升高，必然会造成股价下跌。股价下跌到某一支撑位时，庄家就会出来护盘，因为跌破支撑位，人气就会受到较大影响。为了保证顺利出货及出货价格，也为了保住已经略显衰势的人气，庄家必须制造快速有力的拉抬，才能恢复散户的持股信心。同时，快速有力地拉抬，也可以节省庄家的控盘成本。出货和护盘动作交替，自然就形成了震荡走势。

这种出货方法的优势是隐蔽性强，市场气氛乐观以及没有大利空消息。这种出货方法可以使庄家有充裕的时间在高位派发，从而获利丰厚。而对于散户来讲，既有有利之处，也有不利之处。从出货时间来讲，优点是考虑时间可以比较长，不至于稍纵即逝，错过战机；缺点是具有迷惑性，出得早，很久不见跌，会怀疑原先判断的正确性，如果错误判断是洗盘，重新入市，会落入多头陷阱。

采用震荡方式出货的个股，股价虽然总体上不再上涨，但由于震荡剧烈，所以短线机会相当多。没有经验的散户，看到股价暴跌之后又很快止跌，而且出现有力的上涨，迅速回到前期高位乃至突破前期高位，会感到买进的风险不大，希望股价还能再创新高。前期被轧空的散户，这时还对股价拉升抱有希望，希望自己在这轮行情中赚到钱，因此看到如此快速的拉升，以为机会来了，于是疯狂买入。庄家因此暂时得以维持住人气，稳住了卖盘，顺利实现出货。

震荡出货的震荡周期如果达到几天或十几天，就会在日 K 线上形成经典的顶部形态，如头肩顶和 M 顶。如果震荡周期在 3 天以内，则会形成高位快速震荡的行情。高位快速震荡反映出市场躁动，行情在顶部维持的时间很短。如果股价以十几天的周期震荡两次，第二次是一个大的护盘动作，把股价拉到前期高点，就会形成 M 头。如果人气较旺，股价在顶部维持时间较长，可能出现 3 次震荡，分别把股价打到前期高点，这样就会形成头肩顶或三重顶。如图 7-1 所示，新希望（000876）的股价在顶部多次反弹，庄家不断地抛售手中的筹码。

判断庄家是否在震荡中出货的一个重要标志，是 K 线中出现熊长牛短的形态。庄家在一定区间内反复出货和护盘，由于出得多进得少，很容易形成熊长牛短的走势。下跌的时候速度较慢，时间较长，这是庄家谨慎出货造成的，为的是利用有限的空间尽量多出一些货。上涨的时候比较迅猛，持续时间短，这样拉抬可以节约控盘成本。庄家大规模出货，必然造成大成交量和股价大幅下跌。庄家护盘只能控制股价不跌破某个价位，但盘中的大幅震荡是不可避免的。所以，如果持续出现带量且震荡幅度较大的 K 线，则表明庄家在出货。

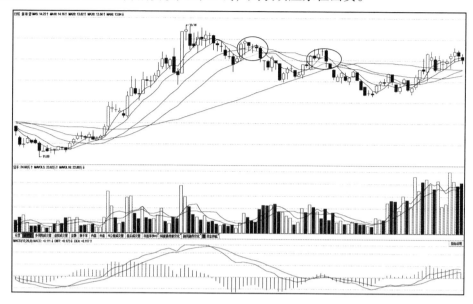

图7-1 震荡出货

### （二）拉高出货法

庄家在大市见顶，大盘人气高涨，群情激昂，买气最盛时，一般会采用拉高出货的方法。出货时，庄家主要利用个股利好传闻吸引买家，在上档每隔几个价位放上几笔大的卖单，然后趁人气鼎盛时，率先快速小批量买进，以此来刺激多头人气和买气，引诱跟风盘去抢上档的卖单。这样在股价快速上涨的过程中，庄家就不知不觉地将筹码转换到了散户手中。

庄家利用对股价的大幅拉升，增加出货空间，利用散户追涨心理和行为将大批量筹码在短时间内派发，然后利用反弹继续拉高派发。采用这种手法时一般正值大市见顶，成交无量，是派发的大好时机。由于派发前有一个拉高过程，且具备拉高空间，所以庄家获利丰厚。正是由于庄家必须在派发前先进行拉高，所以其在拉高时要吃进许多高价筹码，从而增加拉升成本，必然增加自己风险。所以，庄家往往利用每日开市后几分钟将股价拉高，吸引散户追涨而有利于自己出货。如图 7-2 所示，道恩股份（002838），其股价在 2020 年 2 月连续涨停，这是庄家为了出货而做的拉高。

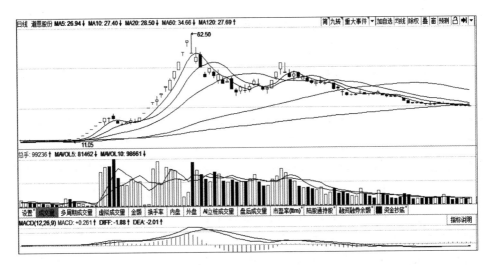

图7-2　拉高出货

拉高出货有一个共性，就是庄家往往在大盘刚刚止跌后不久就开始有计划地拉高出货。这是因为这类股票筹码比较集中，只要庄家自己不抛售手中的筹码，股价受到的实际上行压力并不会很大。另外，只要大盘不跌，就不会有过多影响拉高的因素。

见图 7-2，在大盘止跌初期，市场散户还没有太多的投资思路和头绪，此时能异军突起的个股就会受到更广泛的关注。大盘一旦真的走强，这类股票更可以借大势的力量大面积派发。如果大盘再度沉寂，对股票本身也没有太大的影响。庄家采用这种方式出货时，经常会和打压式出货组合起来运用，这样会起到更好的效果。

**（三）打压出货法**

打压出货的方式，一般用在小盘绩差类个股上。由于这类个股基本面较差，庄家如果采用高位横盘或震荡方式出货，考虑到散户资金量较少，进出比较灵活，而自己的资金量较大，难以掉头，因此极易造成庄家自拉自唱甚至被散户套牢的局面。庄家采用这种方式出货，要充分利用散户贪便宜、抢反弹的心理，诱骗跟风盘买进，以达到套牢跟风盘，自己出货的目的。

庄家暴炒之后，因大市或个股基本面出现重大利空，也因本身违规等原因而在高位大举派发，股价终因庄家打压过重而出现大幅跳水。追涨的散户被深套，股价也一路下跌，远低于庄家成本区。当然，如果庄家派发不那么快，中途也可借抢反弹散户的力量护一下盘，稳定一下心态，然后再继续派发。由于庄家进货成本低，采取此种出货方式一般不会赔本，遇到特殊情况庄家即使赔本也只能认了。而跟进稍晚，犹豫的散户就会遭受套牢之苦。

这种出货手段表现在股市大市走弱时，散户信心受挫，轻易不追涨，庄家采取其他手法无法脱手手中筹码，只有向市场直接出脱筹码，结果是股价随出货步步走低，庄家也不顾利润，出货了事。这类个股在炒作过程中，绝大多数参与者都是抱着投机心态加入的，人人都希望股票能卖个更高的价钱，所以在股价上涨的过程中，很少有人会出手自己的筹码，大家都在等待股价继续往上涨。庄家利用散户的这种贪婪心理，在拉升股价的过程中，突然采取打压的形式抛售筹码。散户们看见这种情况，还以为庄家在震仓。如图7-3所示，天通股份（600330）的股价在高位出现大阴线，就是打压出货的明显特征。

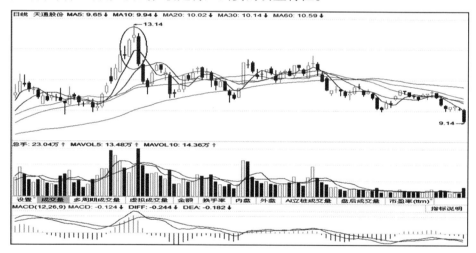

图7-3 打压出货

庄家采用这种打压方式出货时，根本不用护盘，所以股价一旦下跌，其速度也是比较快的。有时候庄家甚至是不顾一切地抛售筹码，使得股价一路狂跌。等散户们反应过来时，股价已经跌下去，来不及采取行动了。一般的庄家都会在打压之前制造一个回落反弹的走势来误导散户。散户看见股价又反弹起来了，就会觉得没什么危险了，而庄家却在回落和反弹的过程中开始出货了。

**（四）高位横盘出货法**

庄家将股价拉到了顶部区域后，采取高位横盘出货。简单地说，就是庄家将股价拉升至目标价位，然后在高位做平台整理，故意露出仍有进一步上涨的迹象，却暗中出掉自己手中的筹码。这种出货方式，比较适合于业绩优良的大盘股和有业绩支撑、可以在高位站稳的股票。庄家完成拉抬后，股价在高位站稳，随着时间的推移，市场会慢慢承认这个股价。庄家不必刻意制造买盘就可以保持股价的稳定，以达到从容出货的目的。在横盘式出货时，每天总会有不少人进场交易，庄家则进来一个派发一个，耐心抛售自己手里的筹码，慢慢地就会把货出完。

从日 K 线来看，这种出货方式没有头部，只会在分时图上形成头部，但很多散户并不去看，庄家借 BOLL 线等指标形态良好之际向上诱空，吸引跟风盘追高，乘机派发，能派发多少就派发多少。如股价下跌，庄家还会用少量资金托盘，当股价回到平台区域时，庄家又会故伎重演，在平台附近悄悄地出货。

这种出货手法一般是在大市未见顶之时，强势股庄家惯用的出货方法，时值大市仍有上升空间，散户抱股不放，买气大于卖气，庄家便可以顺利地在平台价位脱手手中大部分筹码，轻易实现坐庄收益。这种出货方法的前提是必须大市向好，且出货行为不能太急，筹码兑现需要一定时间。散户如发现其股价在一个相对较高价位长期徘徊，则应考虑庄家出货的可能。

散户如发现庄家拉高之后出现长期平台走势，就应有所警觉，可以通过观察成交量有无较大出货现象来判断，如有较大出货，则以先出局观望为好。

如果股价在高位站不住时，庄家会把股价拉高，再让股价下跌一段，然后再次在高位上站稳。由于股价有过一个高点，次高位比较容易被人们接受，价格容易稳住。然后庄家让股价长期横盘，在这个位置上慢慢把货出掉。高位和次高位横盘出货，都是股价在高位重新定位，带有价值发现的色彩，所以利用横盘出货的操作手法最简单，也最温和。

庄家在高位横盘出货，对散户具有致命的杀伤力。散户可以根据以下几点特征来识别庄家高位横盘出货的行为。从技术特征看，一是庄家已经有可观的盈利，二是高位放量横盘，三是筹码分布高位密集。从市场氛围来看，庄家要想成功地在高位横盘出货，就一定要借助基本面的配合，因此当散户发现股票出现上述三大技术特征，同时还发现这些股票是市场上的热门概念股，并仍在大肆制造想象空间时，就可以认定庄家正在离场。如图 7-4 所示，通威股份（600438）的股价上涨到高位以后开始盘整，成交量逐渐减少，这是庄家出货的典型标志。

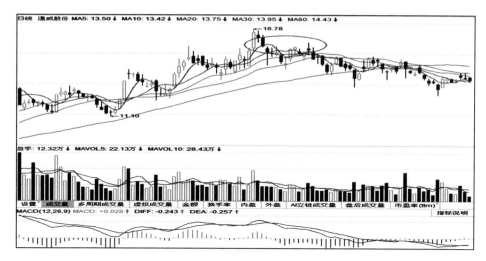

图7-4　高位横盘出货

### （五）涨停出货法

利用涨停出货是一种比较高明的派发措施，也可以说是拉高出货的最高境界。这种方式既可打开上升空间，又可节省"弹药"，还可以引起市场追涨的轰动效应，派发起来较为轻松。

庄家将股价拉高时，股价进入加速上扬阶段，并且上扬速度越来越快，甚至出现飙升的行情。观望的跟风盘忍受不住股价快速上涨的诱惑，获利的跟风盘也由于利润的快速增长而滋生出贪婪的心态，从而产生惜售心理。庄家抓住这个机会，以巨量的买单将股价封至涨停，从而使多头气氛达到高潮。此时，后进的跟风买单纷至沓来，股价已被牢牢地封在涨停位置（国内股市采取时间优先和价格优先的成交原则）。在涨停价格挂单，买单价格是一致的，无法确定成交优先顺序，但在挂单时间上却有先后之别。时间上处在前列的是庄家的巨量买单，排在后面的是中小散户的跟风盘。在这种情况下，庄家悄悄撤出挂在前面的买单，再将这些买单挂在跟风盘的后面。从盘面上来看，涨停板上的巨量买单数量并无变化，甚至还有增多。然后庄家推出大量的小批量卖单，逐步将手中的筹码出让给排列在前面的挂买单的散户。

庄家采用涨停出货的方法，既能让手中的筹码卖出一个好价钱，又不会引起一般散户的警觉，可谓是一石二鸟。

庄家利用涨停出货法有两种做法：一是在涨停板上不用大买单接盘，以免吃得更多，而是采用对倒手法，分批买进上方自己的大抛盘，引诱散户追涨，并不时地对下方的承接盘抛售，涨停板不时被打开，说明庄家出货意图强烈；二是庄家不断将自己的涨停板上挂的买单撤回往后排队，表面上看来，涨停板上仍有巨额数量的买单，成交量也很大，实际却是庄家对着别人的买盘抛售。因此，高位涨停板时，若成交量很大，往往是庄家出货所致。如图7-5所示，新天药业（002873）在2020年3月19日一开盘股价出现震荡随后就涨停，引诱散户购买，结果次日低开至跌停，庄家成功地利用涨停出货。

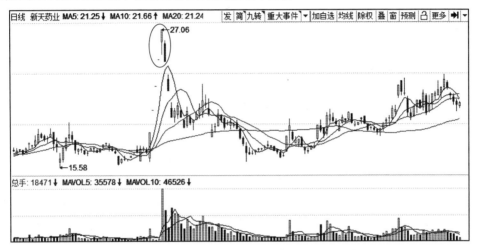

图7-5　涨停出货

　　手法比较特别的庄家，在出货的过程中还会采用推土机式拉高来出货。庄家在卖一、卖二和卖三上不断地挂出均匀而小量的卖单，在买一、买二和买三上挂出虚张声势的大买单，通过对倒的方式，引诱不明真相的散户买进上方庄家挂出的小批量卖单。当卖一上的卖单被散户抢走后，庄家会适时地再挂上卖单。这样重复操作，股价在盘面上就会呈现出一定程度的缓慢上涨形态。从日K线图上来看，红色的阳线一个连着一个，股价每时每刻都在上涨，看似行云流水般的拉升，实际上是庄家采用的一种被动出货方法。

　　庄家有时候也会采用钓鱼竿式拉升方法来出货。钓鱼竿式拉升方法是在卖一、卖二和卖三上连挂三张较大的卖单，下档则不挂或者少挂买单。庄家通过不断对倒，买进上档的卖单，促使股价上涨，以此来引诱多头买进。由于下档买单极小，所以想卖出的空头无法抛售，也就无法给庄家制造股价拉升的阻力。从成交量来看，这种拉高出货方式的外盘和内盘成交量悬殊极大，外盘有时甚至大出内盘几倍甚至十几倍，但股价上涨的幅度却与此不成比例。这也是一种拉高出货的方式。

庄家出货的形式还有很多，如小单出货、多卖少买、先吃后吐等，散户应多分析总结，加深认识，以免在实战中被庄家迷惑而上当，充当了牺牲品。值得注意的是，这几种拉升出货的方法，虽然庄家都能将手中的筹码卖出较高的价钱，出货效果也很好，但必须把握好市场背景和人气，如果把握不好市场背景和人气，很容易弄巧成拙。

# 八、出货阶段的盘面特征

## （一）市场特征

个股被庄家拉至高位后，庄家会以较温和的成交量出货，出货时的技术特征与震荡调整蓄势行情表现相似，不易引发跟风出货潮。如果庄家不顾后果强行出货，则该股会马上破位。为了防止被套，不少庄家采用了更聪明、更具有欺骗性的做法，那就是向上突破法。向上突破法的具体做法是庄家先构造出向上突破的态势，引发跟风，然后往下压低出货，迫使跟风盘补仓，最后把手中筹码全部抛光，把跟风盘和补仓盘全部套起来。

经过仔细观察和归纳，庄家出货时的主要市场特征有以下几种：

①经过一段时间的横盘，该股庄家已经卖出了大部分筹码后，便再次快速拉抬股价，令其创出新高，制造出再次向上突破的假象。

②庄家主要利用散户看好市场，认为还将会有一波上升行情的心理预期抛售筹码。

③庄家抛售筹码时，一般是大笔资金出货，小笔资金拉抬。虽然庄家出货的价格并非在最高位，但套现后足以实现其预定目标。

④从某只个股的日 K 线图表上看，自底部算起，这类个股的累计涨幅一般相当大，通常具有 80% 左右的获利空间。

⑤庄家出货时，个股的最大特点是，往上突破之时，阳线实体太短，通常有上影线，同时换手率惊人，一般高达 30% 以上。

⑥当该类股票再次向上突破并再创新高之时，跟风盘会不请自到，一拥而入。

⑦庄家出货完毕，该股会阴跌不止，毫无支撑点位。

⑧庄家把股价拉至高位，当手中筹码没有脱手时，就会做成一个高位平台，并且在这一高位平台上，一边护盘，一边出货。

### （二）盘口特征

庄家出货时，由于出货方式的不同，在盘口的表现也不相同，主要有以下五种盘口特征。

1. 跌停板开盘出货

开盘直接跌停，许多人一看股价如此便宜，常常会有抢反弹的冲动。如果不是出货，股价常会立刻复原，散户根本就不可能买进来；如果是出货，在跌停板附近买进，后果将不堪设想。

2. 飘带式出货

飘带式出货是比较流行的一种出货方法。操盘手在每一个买盘上都挂几万甚至几十万的买盘，促使股价逐渐飘带式上移，总会有沉不住气的人勇敢买进，其实上面的卖盘都是庄家自己的。又因为持仓者都想卖最高价格，一般不会挂出卖单，这时如果买进来，就离下跌差不多了。飘带式拉高是庄家拉高的一种方式，也是一种出货的方式。

3. 小单出货

有耐心的庄家每次只卖几千股，最多不超过 1 万股，几乎所有的软件都不会把这种小成交统计成庄家在出货。

4. 多卖少买

操盘手抛出 19900 股，同时买进 100 股，显示是成交了 20000 股，而且是按照买入价格成交，一般软件会统计成主动买入的量。

5. 先吃后吐

有的操盘手会先把价位拉高 5% ～ 10%，并在高位放巨量，显示的就是买实盘，多数人会认为庄家在买进，风险不大，所以也积极买进。然后，庄家再逐渐出货，股价逐渐下跌，如果做得好，可以出很多货。在这里，庄家在高位买进的可能是实盘，比如买进几十万股，但随后庄家可以再低价抛出几百万股，而这对于庄家来说还是划算的。

### （三）分时走势特征

吃货和拉高可以用各种各样的分时走势，但出货的分时走势只有几种。因为吃货靠的是时间和走势以外的东西，而出货必须靠走势，一只股票即使出了天大的利好，庄家要是不让它动的话，还是没人买的。其具体的分时趋势特征如下。

1. 早盘拉高

高开后，在开盘半小时内拉到 5% 以上，然后高位震荡，并逐步下探，尾市可能再拉回。

2. 中午冲锋

中午附近猛拉，然后以跟上涨接近的速度再完全跌回。

3. 震荡下行

虽然每天跌幅不小，但其分时形态是一个带状，而不是阴跌。

4. 停板游戏

以涨停板开盘，然后一直到跌停，或者砸到跌停，然后又用一个小时的时间拉到涨停，开始出货。

### （四）技术特征

庄家的出货行为较为隐蔽，手法也较为高明，但庄家在抛售筹码的行动中，或迟或早、或多或少总会露出一些蛛丝马迹，总会有一些征兆。一般来说，如果有以下现象出现时，就要注意庄家很可能是在出货了。

1. K 线走势特征

在出货阶段，股价在高位 K 线组合常常出现阴阳相间，大阴、中阴 K 线的数量不断增多，阴 K 线的数量多于阳 K 线的数量，股价向下跳空缺口而不能回补，K 线组合形状多为长阴墓碑、三只乌鸦、平顶及下降三部曲等。

2. 均价线特征

股价经过大幅的上涨，5 日均价线从上向下穿越 10 日均价线，形成有效死叉时，股价头部形状出现。5 日均价线、10 日均价线及 30 日均价线在高位形成价压时，后势看淡。60 日均价线走平或向下掉头，表示股价中期转势在即。

3. 成交量特征

股价经大幅度的上涨，成交量突然在顶部急剧放大，并且股价转而向下；股价不能再次上涨，但成交量放大，此为量价背离现象。这些都表明庄家正在积极出货。

股价处在升势中，突然滞涨而下跌，成交量大幅增加，说明庄家急于派货。在上涨的高价区间，股价仍然上涨，但成交量不能有效放大，说明市场高位缺乏承接盘，后市不容乐观。

# 九、洗盘与出货的区别

庄家洗盘的目的是尽量把心态不坚定的跟风盘甩掉。庄家出货的目的是尽量吸引买盘，通过各种手段稳定其他持股者的信心，而自己却在尽量高的价位上派发尽量多的股票。所以，散户在炒股时正确区分两者是十分关键的。

## （一）主要区别

1. 成交量的变化

成交量放大，表明庄家在偷偷出货；成交量萎缩，则表明庄家在洗盘。

2. 位置不同

股价如果处在低价循环圈内或者正在盘底，庄家所使用的一切方法一般都是在洗盘。股价处在高位循环圈或者上升的末期，庄家的行为则是出货，如图7-6所示。

3. 消息判断

为了获得更多的筹码，洗盘时庄家利用大盘下跌或者利空消息，让不明真相的市场散户产生恐惧心理，抛出手中的筹码。派发时庄家一般都会发布利好消息，刺激散户抢买筹码，给散户产生股价上涨、前途一片光明的感觉，而自己却在偷偷派发。

4. 重要关口表现

散户观察重大关口处庄家是打压还是护盘，如果打压，是希望散户抛出筹码，是洗盘行为；如果是护盘，则多为派发行为。在重大关口处反弹的力度极小，使散户感到大势已去，是洗盘；若反弹强劲，幅度较大，则为派发。为了吸引跟风盘买进，在重要关口处洗盘，庄家会重新买入。

图7-6　高位出货

### （二）具体判断

①股价大幅度下跌，一度接近跌停，跌到最低处有量放出来，尾市收回一半股价，K线形态类似"吊颈"，但是第二天全天成交价基本比前一天的最低价位高5%。这说明前一天低位下跌是恐慌盘，不是庄家出货。

②在股票下跌过程中，上午的出货量是下午的两倍，这说明每天上午开盘后，因为T+1的交易制度，前一天短线抢反弹的人看到大盘走坏，该股反弹无望，就在上午离场。如果真是庄家出货，则出货越快越好，下午到了低位其出货反而会更积极。因此，这种情况多是庄家洗盘。

③股票下跌到关键位置的时候会出现大卖单，同时砸盘力度也很大，但股价的下跌速度比较慢。这说明大卖单其实就是庄家在对倒，目的是引出散户的抛盘来，而庄家在低位一一承接。

④下跌时盘面很弱，连反弹都没有，股价几乎和均线平行下跌，这种情况如果是庄家真正出货，盘中一定会趁大盘反弹的时候拉升一下股价，这样庄家才能在维持住股价的前提下多卖出筹码。如果没有这个动作，则是庄家故意示弱于人，希望别人卖出筹码，而自己悄悄吸货。尤其是尾市，用2万～3万股就能将股价拉回到均线附近，想出货的庄家不可能连这个举手之劳的动作都不做。

⑤大盘走弱时，某只股票却拒绝下跌，而在某一关键价位处横盘，而且横盘时天天缩量，说明短线盘越来越少，庄家离拉升股价的时间不远了，虽然拉升的幅度不能确定，但是盲目割肉实属不智，因为股价反弹在即。

⑥横盘时关键价位不破。如前三个涨停时巨量换手区域的下沿是 10 元，股价就是跌不破这个位置。如果这个位置被突破，就意味着在将近 1000 万股的换手时卖出的人都有了回补的机会，那么庄家轧空这部分人的第四个涨停就没有意义了，大家都回补，其今后拉升的难度就加大。但是，如果庄家在真正出货就不同了。庄家高位横盘出货往往只在尾市做一下 K 线，在 K 线上面留下一个或者多个长下影的"吊死鬼"，但盘中的减仓动作却是很难隐藏的。

⑦对个股的消息反应平静。在推出公告后，下午复牌后成交依旧清淡，当时同一板块的其他个股风起云涌，但是该股的换手依然缩到地量，这起码说明了筹码稳定性很好，对待消息多空几乎没有分歧。如果其目的是出货，就会出现利好，但是股价见利好却放量不涨，这是庄家卖出股票的行为。庄家洗盘时会千方百计动摇散户的信心，等到出货时则发布利好消息来麻痹散户。

──── 本章操作提示 ────

庄家出货时的盘口表现一般比较容易识别。庄家出货运用得最多的是高开盘，集合竞价量很大，但股价难以承继前日的强劲势头上冲，反而掉头向下，放量跌破均价线，虽然盘中有大笔接单，但股价走势明显受制于均价线的反压，前一日收盘价处也没有丝毫抵抗力，均价线下行的速度与股价基本保持一致，因为是庄家集中出货造成的。

识别洗盘与出货时下跌的简单方法是，洗盘时会出现大幅跳水，而出货则不然，前者会在下跌时与均价线产生较大距离，且均价线对股价有明显的牵制作用；而后者表现为放量盘跌，均价线对股价的反压力很大。

前一日走好，次日出现大幅低开放量的庄股，是一种较为凶狠的出货方法。一般股价低开 3% ～ 5%，全日呈小幅震荡的走势，均价线与股价缠绕，股价回抽无力。庄家这样做的目的一是让前一日的跟风盘没有获利空间，产生惜售心理，免去不必要的护盘麻烦；二是以较低价格吸引空仓者入货，以达到顺利出货的目的。对于这种走势，持仓者应走为上策。

# 第八章

# 全面透视

## ——识破庄家常用骗术

庄家与散户在投资市场的交易就是博弈，庄家的胜利是以散户的失败为基础的，其盈利都是从散户口袋里赚的钱。在这场博弈中，庄家为了成功地赚到钱，或者说为了赚到更多的钱，常使出各种骗术，使散户无法看清真相。散户要做的就是要穿破迷雾，识破庄家的伎俩。

# 一、识破庄家的盘口骗术

### 骗术一：委托单

庄家最喜欢在证券分析系统中、委买、委卖的盘口进行表演。当委买单都是三位数的大买单，而委卖盘则是两位数的小卖单时，一般人都会以为庄家要往上拉升了，这就是庄家在引诱散户，引诱散户去扫货，从而达到庄家出货的目的。散户要想赚钱，就必须跟庄家保持步调一致。

### 骗术二：涨跌停板

庄家发力把股价拉到涨停板上，然后在涨停价上封几十万股的买单，由于买单封得不大，于是短线跟风盘蜂拥而来，你 1000 股，我 1000 股，会有一两百个跟风盘，庄家此时会把自己的买单逐步撤单，然后在涨停板上偷偷地出货。当下面买盘渐少时，庄家又封上几十万股的买单，再次吸引一批跟风盘追涨，然后又撤单，再次派发。因此放巨量涨停，十之八九是出货。有时早上一开盘有的股票以跌停板开盘，把所有集合竞价的买单都打掉，许多人一看见就会有许多抄底盘出现，如果不是出货，股价会立刻复原，如果在跌停板上还能从容进货，说明庄家是在用跌停出货，散户不要以为股价还会继续上扬。

### 骗术三：除权放量

强庄股会利用除权后进行放巨量，这种情况大多是庄家对倒拉升派发。庄家利用除权，使股票的绝对价位大幅降低，从而使散户的警惕性降低，又由于散户对强庄股的印象极好，因此在除权后低价位放量拉高时，都会以为是庄家再起一波，做填权行情。吸引大量跟风盘介入，庄家边拉边派，但不拉高很多，已进场的没有很多利润者不会出局，未进场的觉得升幅不大就继续跟进。再加上股评人士的吹捧，庄家就在散户的帮助下把股票兑现，顺利出逃。

### 骗术四：分析软件制造的假象

最为常见的大智慧、同花顺等炒股软件均有其弱点，这一点只有庄家及设计者最清楚。有耐心的庄家每次只卖几千股，一般不会超过 1 万股，有的软件分析系统不会把这小单成交当作是庄家出货，只看作是散户的自由换手。

### 骗术五：盘口异动

有些个股本来走得很稳，突然有一笔大单把股价砸低 5%，然后立刻又复原，买进的人以为拣了个便宜，没有买进的亦以为值得去捡这个便宜，所以积极在刚才那个低价位上挂单，然后庄家再次往下砸，甚至砸得更低，把所有下档买盘都打掉，从而达到皆大欢喜的结果。散户以为捡了便宜，而庄家为出了一大批筹码而高兴。此法是打压出货法的变异。

### 骗术六：高位盘整放量突破

一般来说，巨量是指超过 10% 的换手率。这种突破，十有八九是假突破，既然在高位，那么庄家获利甚丰，再突破就不会有巨量。其实，巨量是短线跟风盘扫货以及庄家边拉边派共同实现的，庄家利用放量上攻来欺骗散户，而此时放量只能证明筹码的锁定程度已不高了。

### 骗术七：拉升

庄家在每一个买单上分别挂上几百手，然后在三笔委卖盘上挂上几十手的卖单，一个价位一个价位地往上推，都是大笔的主动性买盘，其实这上面的卖单都是庄家的，吸引跟风盘跟进。出现此类拉升证明顶部已不远了，股价随时都会跳水。

### 骗术八：尾市拉高

庄家利用收市前几分钟用几笔大单放量拉升，刻意拉高收市价。此现象在周五时最为常见，庄家把图形做好，吸引股评推荐，欺骗散户以为庄家拉升在即，周一开市就会大胆跟进。此类操盘手法证明庄家实力较弱，资金不充裕。庄家尾市拉高，散户连打单进去的时间都没有。

# 二、识别庄家的炒作骗术

庄家在其炒作过程中，为了确保操作顺利进行，获得丰厚利润，常会采用一些骗术来迷惑广大的散户，现列举出主要的几种。

**骗术一：拉高出货**

多头庄家为了实现浮动盈利，在一段涨势之后再用小单猛然拉高价格，造成价格还将有力上涨的假象，迷惑一般散户入市跟进做多，以达到庄家悉数出货的目的，空头庄家的手法也类似，只是方向相反。

**骗术二：欲擒故纵**

庄家进行多头（空头）操作前先做打压（抬拉）造成一定假象，从而保证自己建仓充足，将众多散户引入陷阱套牢，但此举需要庄家雄厚的资金做后盾。如果庄家资金不够充足或看到市场人气已经被带动起来，则也会顺水推舟，反倒会弄假成真，虚实难辨。

**骗术三：内幕买卖**

庄家联合上市公司，利用外界尚不知道的消息，先买进或卖出，然后将公司的实情公开，导致股价的波动，然后卖出或买回，以达到盈利的目的。

**骗术四：轮番炒作**

庄家对同一板块的许多个股均予以关照，以实现补涨（补跌）来带动（打击）人气，从而呈现全盘上扬（下挫）的局面。

**骗术五：做空**

庄家利用市场预期回档的心理，设下陷阱，让意志薄弱的短线散户下轿，之后再反向操作，不给空头还手的机会。

**骗术六：震仓**

庄家在成功推高（压低）价格后进行反向操作，既可降低投资风险，稳定已取得的盈利，又可迷惑散户，而且还可以适时调转方向，起到进一步推高（压低）价格的作用。当盘中有对手，且实力较大时还可以在"敌营"内部适时策反，以打乱对手的布置，为最后赢得胜利奠定基础。

**骗术七：对敲**

庄家为有利将来操纵市场、迷惑散户、造价做技术骗线等动机，在自己分仓的几个席位上进行内部交易（比如一方挂低价卖出的同时，另一方以市价买入或超高价买入）。

**骗术八：逆向操作**

当庄家有足够资金时，它可能进行违逆众人思维和违逆技术面信号的操作，以期打败众多散户，从而获取丰厚的利润。

**骗术九：压低出货**

庄家将股价炒到相当高的价位后，把所有的筹码往市场上"倒"，迫使股价像直线一样下跌，以无反弹、无盘整的姿态完成出货，此种手段凶狠、毒辣。

**骗术十：滚动操作**

庄家出于减少风险、增大盈利的目的，在市场行情有利的情况下适时将部分获利了结，既实现盈利又将部分散户震出局外，在较低（较高）的价位做多（放空），从而将自己的平均进价降低（提高），为将来的拼杀做更充分的准备。

**骗术十一：小失换大利**

庄家连续以小额买卖（采用"高进低出"或"低出高进"）的方法，连续操作多次。以损失小量金额达到压低或抬高股价的目的，此种做法叫以小失换大利。

不同庄家出于各自利益考虑，或互结同盟，或互相拼杀，但最吃亏的还是广大的散户。庄家碰上竞争大户时，一般会积极拉拢。所以，散户尤其要注意庄家的操盘手法与资金动向，将股票市场的基本面、技术面、消息面与盘面有机地结合起来，进行分析判断，并适时操作，只有这样才能在长期的交易中稳定获利。

# 三、看清成交量的骗局

成交量是指一个单位时间内某项交易成交的数量，它是研判行情的最重要因素之一。成交量的大小，可以衡量股票市场或个股交易的活跃程度，并由此观察和了解买卖双方进入或退出市场的情况。有经验的散户，往往把整个市场或个股的成交量作为衡量和观察市场变动趋势的前提，并从中寻找庄股的动向，选择入市或退出市场的契机。

有些散户认为成交量是不会骗人的，成交量的大小与股价的上升或下跌成正比关系。其实，成交量不仅会骗人，而且庄家还常常以此来设置陷阱，一些多少了解一些量价关系、对技术分析似懂非懂的人更容易受骗，许多散户深受其害。所以，散户应首先了解庄家是如何在成交量方面设置陷阱的，再根据具体情况来进行防备。

### 骗局一：久盘后突然放量突破

久盘，有的是指股价在炒高相当大的幅度后的高位盘整，有的是指炒高后再送配股票除权后的盘整，还有的是指中报或年报公告前不久的盘整。这种股票有时会在某一天的开盘后挂有大量的买单或卖单，摆出一副向上拉升的架势。开盘后半小时到一小时内，大量的买单层层叠叠地封挂在买一、买二、买三的价位上，同样，卖单也大批大批地挂在卖一至卖三各价位上，成交量急剧上升，推动股价上涨。

散户会立即发现它的成交量异常变化，不少人甚至会试探性地买入。但是，由于买单已经塞得满满的，要想确保成交，只能直接按市场卖出价买进。正是因为这种市场买入的人增多，尽管抛单沉重，股价还是会不断上升，从而更进一步增强了买入的信心，并产生该股将突破盘整带量上升、展开新一轮升势的联想。1 小时左右，股价可能劲升至 8% 左右，有的甚至以大量买单短时间封涨停。但不久后又被大量卖单打开涨停，回调到涨幅 7%～8% 后盘整。盘整时买二、买三的挂单很多，买一的挂单相对少些。但卖一、卖二、卖三三个价位的卖单并不多，但成交量却不少，很显然是有卖盘按市价在买一的价位抛出。到当天收盘时，大部分股票都是在 7%～8% 的涨幅一带成交。第二天，该股可能略微低开，然后快速推高，上涨至 5%～7%。也有的干脆高开高走，大有形成突破缺口的架势。当许多人看到该股突破盘局而追涨时，该股在涨到 5%～7% 时会突然掉头下跌，大量的抛单抛向那些早上挂单追涨而未能成交而又没有撤单的中小散户。虽然随后还会反复拉升，但往上的主动买单减少，而往下的抛单却不断增加，股价逐渐走低，到收市前半小时甚至跌到前天的收盘价以下。随后的日子，该股成交量萎缩，股价很快跌破前次的起涨点，并一路阴跌不止。如果散户不及时止损，股价还会加速下跌，跌到难以相信的程度，从而使散户深度套牢。

　　股价会在突然放量往上突破时又调头向下，甚至加速下跌，这就是庄家利用成交量设置的陷阱。通常的情况是，庄家在久盘以后知道强行上攻难以见效，如果长期盘整下去又找不到做多的题材，或者有潜在的利空消息已经被庄家知道，为了赶快脱身，庄家在久盘后，采取滚打自己筹码的方式，造成成交量放大的假象，引起短线散户的关注，诱使其盲目跟进。这时，庄家只是在启动时滚打了自己的股票，在推高的过程中，许多追涨的人接下了其大量卖单。那些在追涨时没有买到股票而将买单挂在那里的人，更加强了买盘的力量，并为庄家出货提供了机会。庄家就是这样利用量增价升这一普遍被人认可的原则制造了假象，从而达到了出货的目的。所以，散户应该记住"久盘必跌"是有道理的。

**骗局二：中报或年报公布前，个股成交量突然放大**

　　中报或年报公布前，许多企业的业绩已经做出来了，公司董事会、会计师、会计师事务所及发表中报或年报的新闻媒体都会领先一步知道消息。因此，股价在中报或年报公布前会因消息的泄漏而出现异常波动。业绩好的公司，其经营状况早就在各券商和大机构的调研之中，其经营业绩也早有可能被预测出来或被探知，庄家提前入驻其中，将股价做到了很高的位置盘整，等待利好公布时出货。也有一些上市公司信息披露保密工作做得好，直到消息公布前几天才在有关环节泄露出来。这时，庄家要在低价位收集筹码已经来不及了，可是优秀的业绩又确实是做短线的机会。因此，一些资金会迅速进入这只股票，能买多少买多少，股价也不温不火地上升，成交量温和放大。待消息公布时，散户一致认同该股值得买入时，该股会在涨停板位置高开。然后，先期获得消息的人会将股票全部抛出，做一个漂亮的短线投机。

报表公布前，某只股票本来一直阴跌不止，形成下降通道。但中报公布前的某一天，该股突然以压低开盘，或在盘中狠狠地打压，造成股价异常波动，以吸引市场人士关注。随后，该股会有大量的买单或者卖单同时出现。成交量猛增，股价也在不断地推高。这时，广大散户认为该股中报或年报一定会公布重大改善的业绩，于是想搏一下该股的报表，做一次短线炒作，在当天大胆跟进，岂料第二天，该股放量不涨，有的甚至缩量盘跌，随后更是一路加速下跌。待公布业绩时，该股业绩大滑坡，股价无量下跌，有的甚至连连跌停，使散户被深度套牢。中报或年报公布前，股票的走势行情有以下三种：

①股价一直长时间在上升通道中运行，股价大幅上涨，有的甚至翻番，该股业绩优秀，一定有长庄入驻。待优良的业绩公布后，通常伴有高送配的消息。复牌后，会放出巨大的成交量，庄家借利好出货。

②股价在报表公布前，一直做窄幅盘整，于某一天温和放量，股价稳步推高。该股通常业绩不错，但无长线庄家炒作。业绩公布后复牌，成交量放大，为短线炒家出货。

③报表公布前，股价一直在下降通道中，业绩报表在所有报表截止日前几天还迟迟不露面，但股价却于某一天突然放量。这通常是被套庄家反多为空，制造成交量放大的陷阱，这种陷阱是最需要防范的。

庄家在滚打股价时要付出不少成本，庄家滚打自己的股票，往往是在开盘不久和收盘之前进行。开盘不久，许多人不知道某只股票会涨，很少挂出卖单，所以庄家只要很少的资金就能将挂在卖盘上的单吃进，并同时吃进自己挂出的单。一旦市场上有人跟进，庄家只要在买一至买三的价位上挂上大量的买单，造成有人想大量买入的印象，就会使一些追涨的人以市价的方式买入挂在卖盘上的单，而庄家自己真正买入的股票非常少。庄家不仅买入少，还会将自己的股票抛给那些挂单买入的人，一旦没有人挂单，庄家又挂买单推高，使股价再上一个台阶，诱使别人跟进。虽然庄家在推高的过程中买入不少自己挂出的单，但抛出去的会更多。同样，在离当天收盘前10分钟左右，有的庄家会突然以对倒的方式将股价拉升，有的甚至拉到涨停的位置收盘，造成价升量增的假想。媒体和股评人士也会提醒散户关注此股。第二天开盘，该股通常还会快速拉升，一旦见有买单跟进，便毫不犹豫地出货。庄家利用成交量制造陷阱必须选择时机，通常这个时机是短线散户最期望的时期，如久盘之后的突破、业绩报表公布前，都是极容易制造假象，使散户产生幻觉的时期。

**骗局三：高送配除权后的成交量放大**

在大比例送红股、用公积金转送及配股消息公布前，股票通常都炒得很高了。这时候，一般稍有买卖股票经验的人都不会在高位买进。而股价大幅上升后，庄家拉抬也没有什么意义，所以，股价要在高位企稳一段时间，等待送红股或公积金转送的消息。一旦消息公布，炒高了的股票大幅除权，使价位降到很低。这时候，庄家利用广大中小散户追涨的心理，在除权日大幅拉抬股价，形成巨大的成交量。当散户幻想填权行情到来时，庄家却乘机大肆出货。

许多股票大幅除权后，的确会有填权行情，但要具体对待。一般来说，除权前股价翻了一番、两番甚至三番的股票很难立即填权。此外，除权后股本扩大到 9000 万股甚至上亿股的股票，除权后也难以填权。只有那些在除权前庄家吸纳很久，正准备大幅拉升的股票在除权后才有可能填权。庄家利用除权后的成交量放大制造陷阱，有可能在除权当天进行，也可能要过几天，这要根据当时的大局而定。有的一次出货不尽，就在除权后多次震荡，设置各种看似筑底成功的假象，在放量上攻途中出货。

对于大幅除权后的股票，散户要仔细研究其股本扩张速度是否能和业绩增长保持同步，还要考察除权后流通股数量的大小及有无后续炒作题材，切不可见放量就跟，见价涨就追。

**骗局四：逆大势下跌而放量上攻**

有些股票可能长时期在一个平台或一个箱形内盘整，有一天在大势放量下跌、个股纷纷翻绿、市场一片哀叹之时，该股逆市飘红，放量上攻。这时候，许多人会认为，该股敢逆市而为，一定是有潜在的利好待公布，或者是有大量新资金注入其中，于是大胆跟进。谁料该股往往只有一两天的上涨行情，随后反而加速下跌，使许多在放量上攻那天跟进的人被套牢。这是该股的庄家利用了人们反向操作的心理，在大势下跌时逆市而为，吸引市场广泛关注，然后在拉抬之中达到出货的目的。在这种情况下，庄家常常是孤注一掷，拼死一搏，设下陷阱，而许多短线炒手也想孤注一掷，舍命追高，正好符合了庄家的心愿。这种陷阱最容易使那些颇有短线炒作实践经验的人上当受骗。

庄家在吸筹的时候，成交量不需要很大，只要有耐心，在底部多盘整一段时间就行。庄家要出货的时候，由于手中筹码太多，总得想方设法设置成交量的陷阱。因此，我们在研究量价关系时，应全面考察一只股票长时间（半年或一年以上）的运行轨迹，了解它所处的价位和它的业绩之间的关系，摸清庄家的活动迹象及其规律，避免在其放量出货时盲目跟进。

# 四、透视假消息

消息在股市中是非常重要的因素，也是庄家设置陷阱常用的一种工具。在庄家与散户的博弈中，庄家一般会利用自身"财大气粗"的优势，调动一切社会关系，向市场和散户发起舆论宣传攻势，引诱散户进入自己的陷阱。庄家在坐庄过程中，一般都会充分利用消息这个有利的宣传工具，达到自己的某种目的。在市场中有较多散户主要是依靠消息炒股，以消息来作为自己投资决策的依据，这样就为庄家利用其坐庄提供了机会。

## （一）消息的层次

市场消息分市场传闻和正式的公告等多种形式，不管是什么形式，只要能对股价波动产生影响，庄家就会借题发挥。

庄家发布消息是很讲究的，如在什么时间发布、什么价位发布以及对什么人发布什么消息，并能预知其对市场影响力的大小。庄家在收集筹码的过程中是绝对不会发消息的，不会让任何人知道，否则就难以成功。庄家的纪律性通常很强，在建仓过程中越没有消息的股票，在后市涨得也越好。

每年中报或年报公布前，一些炒业绩的个股涨幅已高，这时消息满天飞，追涨者也特别多。消息公布后，庄家倾仓而出，这些散户便大祸临头。而在报表公布完毕，一些券商的研发部、咨询机构的研发部，配合庄家长篇大论地登出该股的投资价值分析报告，公司的重组消息也被证实。而这些利好放出来时，刚开始没人会注意，后来随着股价盘升半信半疑，当散户最终坚定信心时股价已高，一些散户若不明庄家的炒作思路，往往会在庄家的诱多下以为股价仍会看高，但一旦接手，便成为这些消息的牺牲品。

庄家在有预谋地发布消息时，正常情况会按以下四种层次发布：

1. 亲戚朋友

庄家在已经建完仓拉高之前，就会发布消息，因为庄家不可能把所有的筹码都收过来，他要让市场形成赚钱效应，要别人都跟进来，既然要别人跟进来，当然亲戚朋友先跟进来最好。所以，庄家的亲戚朋友最早介入，成本大致与庄家的成本一致，有的与庄家有千丝万缕的关系，可能成本比庄家还低。

2. 各个方面的关系

比如上级、自己的关系客户。有些时候有的股票会突然低开，这是操盘手故意送钱给人家。所以，一只股票盘了一段时间之后刚刚启动，突然有一天低开，这个低开可能就是一波上升行情的开始，这是庄家在送钱，送的肯定不是一般的人，可能是领导、关系户，既然送钱给别人就不能让别人赔钱，很快就会拉起来，散户可以据此来判断。

3. 大户和股评家

除了亲戚朋友、关系户之外，大户也是容易优先得到消息的群体。由于券商之间的竞争激烈，一般来说每家券商都有一个自己的信息渠道，专门提供给自己的大户，为了留住资金就提供各方面有价值的信息，你的资金量越大，得到的服务就越多，所以他们最先得到消息。大户跟股评家有时候得到消息的时间是一致的。

4. 散户

一般大户买完了，他需要别人跟进，就对别人说这只股票好，可以买进，从而引导一般散户来买进，同时机构也放风让散户跟进，而且早期跟进的人一般是赚钱的，很多散户都知道这只股票好，买进的人很多，在互联网上，此时的信息也最多。

知道了上述几个层次，在得到一些关于个股的传闻和消息的时候，要明白散户的消息来源。事实上，任何人都无法回避一些消息，尤其是资金大一点的投资者，要对消息进行综合判断，审视消息的真实性、可靠性。散户要从股价所处阶段和自己能获取消息的层次，结合股价的实际表现做出投资决策。

**（二）消息发布阶段**

庄家在坐庄的各个阶段都会为了达到阶段性的目标而利用或发布各类消息。消息发布的主要阶段如下。

## 1. 庄家吸筹、洗盘或震仓阶段

庄家在吸筹、洗盘或震仓时，常会利用利空消息设置空头陷阱，让散户纷纷落入其中。庄家在建仓吸筹阶段，其目的是为了在尽量短的时间内，以尽量低的价格买足筹码。这一阶段庄家通过各种途径发布的消息主要是利空消息，如业绩亏损、诉讼事件、财务状况恶化、经营环境变坏、原材料涨价及自然灾害等。这些消息足以使散户果断减仓，甚至恐慌性抛售，庄家便可顺利地在尽量短的时间内得到足够多的廉价筹码。其实，这些消息有真、有伪，特别是业绩亏损、经营环境恶化方面的消息，往往是庄家与上市公司联手造假的行为结果。这类利空消息主要具有突发性、公开性两大特点。

## 2. 庄家拉升阶段

庄家在底部吃饱喝足后，廉价筹码大部分已经到手，要获利就要开始进入拉升阶段。在此期间，为了防止所控筹码的计划外随机增加太多以及随之而来的成本上升，庄家往往需要借助外在的市场力量来实现其推高的目的。在这一阶段，庄股的消息一般会初露端倪，其传播方式往往是朦胧的市场传言。市场传言的弹性一般都很大，也许一个小小的题材也会被惟妙惟肖地夸大到无以复加的地步。作为散户对于传言的巨大市场号召力绝对不可小觑，必然要提高警惕，以防成为"抬轿一族"，从而落入庄家虎口。在这一阶段，消息的最大特点就是朦胧性、易变性及暗箱性。

## 3. 庄家出货阶段

由于庄家出货套现是最终目的，因此在这个阶段，庄家的"故事"往往会以重磅炸弹的方式闪亮登场，随之而来的便是铺天盖地的宣传攻势。这类庄股"故事"即重大题材，往往对会散户形成极为强大的视觉冲击力，并使相当多的散户足以相信其仍然存在巨大的上扬空间和成长潜力，从而在很高的市场价位上买入。但是，这类题材基本上脱离暗箱特点，其正式出台时，通常是庄家出货的信号。

庄家为了使自己能够顺利建仓、拉升、出货，最终成功获得预期利润，往往是绞尽脑汁，使尽浑身解数，有计划、有步骤地处处设陷阱、布圈套，采取时真时假、虚虚实实的手段来诱骗广大散户。

### （三）散户辨别真假消息的技巧

散户要识破庄家的消息骗局，就必须辨别消息的真假。

#### 1. 判断坐庄阶段

当消息出现时，首先应判断该只股票是否是一只庄股。如果是一只庄股，则应判断该只股票处在庄家操盘的哪个阶段，是建仓吸筹阶段、拉升阶段，还是出货阶段。只有判断清楚庄股所处的阶段，才能做到心中有数，有的放矢。

如果无法判断庄股所处阶段的，则可以根据股价所处相对位置进行判断。看股价是处于低位、中位，还是高位。如果股价处于底部，极有可能是庄家保密不严走漏风声。如果股价已大幅拉高，庄家八成是为了配合出货散布的假消息，在判断时可以参照成交量的变化，以及股价在各个位置的形态变化。

2. 分析市场性质

利空消息在多头市场中会形成一个良好的介入机会。由于多头市场人气鼎沸，强劲的购买欲一时很难平息，因而利空只造成短线客的出逃，不会造成大的下跌。同理，在一个熊市的初期，任何利好都会构成出货机会。在一个熊市的末端，成交量一度萎缩，技术上周、月 KDJ 在 20 以下钝化，此时的利空也是一个买入机会。因为，在一个连续下跌的过程中，散户心理承受着巨大的压力，此时庄家就会利用散户的恐慌心理，借用消息打压指数。因此，趋势对消息的影响是至关重要的，趋势会改变消息对市场的作用。

3. 分析股价走势

散户的操作多以媒体为依托，但总有一种"迟来的爱"的感觉。比如，某只绩优股按每 10 股派现金 1 元，并以资本公积金每 10 股转增 5 股。业绩优良的白马股又有高额送配，公司推出如此诱人的"馅饼"，自然有"馋嘴的鱼儿上钩"，但该股继续小幅上涨了数日，不久出现破位下行，跟进者均有"最后的晚餐"的感觉。类似实例举不胜举，什么重组、预亏等五花八门的消息，使散户无所适从。庄家的这一切操作均会留在盘面的价格中，被大幅拉升过的个股如遇到利好不涨反跌或小幅盘升，均为出货信号。而有利空消息出台时，股价不跌反涨，应视为庄家的吸货行为。

4. 验证消息

如果有些消息是源于基本面，那么可以在权威的新闻媒体上得以证实。比如，2020 年 10 月 10 日央行发布公告，自 2020 年 10 月 12 日起，将远期售汇业务的外汇风险准备金率从 20% 下调为 0。消息一出，立即引起股市的异常波动，大盘当天就出现了跳空高开，收出了一根放量的大阳线。

5. 以快制胜

当你无法确认消息真伪时，可以在市场刚传出此类消息时立即少量买入，并密切关注。一旦有拉高放量出货的迹象，不论是否获利，也应立即平仓，消息证实时即使被浅套，也应割肉。

总之，广大中小散户应该小心谨慎，在实际操作中要学会随机应变，将计就计，用游击战的方式来对付庄家的各种诡计。

### （四）散户如何识破年报玄机

散户在看年报时，不要被年报的表面所蒙蔽，要分析观察和仔细研究年报的重点内容，识破年报中隐藏的玄机。

1. 警惕常见陷阱

（1）销售利润率陷阱

如果报告内的销售利润率变动较大，则表明公司有可能少计或多计费用，从而导致账面利润增加或减少。

（2）应收账款项目陷阱

如果有些公司将给销售网的回扣费用计入应收款科目，就会使利润虚增。

（3）坏账准备陷阱

有些应收账款由于多种原因，长期无法收回，账龄越长，风险越大。

（4）折旧陷阱

在建工程完工后不转成固定资产，公司也就免提折旧，有的不按重置后的固定资产提取折旧，有的甚至降低折旧率，这些都会虚增公司的利润。

（5）退税收入

有的退税收入不是按规定计入资本公积金，而是计入盈利；有的是将退税期后延，这都会导致当期利润失实。

2. 提防高送转陷阱

由于我国股权治理不规范，高比例的分配方案似乎很容易成为庄股的炒作题材，散户应保持谨慎。有的公司在财务状况艰难的情况下也推出了大比例的送配方案，这就要小心提防了。从历史上送转股的市场表现看，那些勉为其难推出送转方案的股票，大多是庄家为了完成一轮炒作，其中"馅饼"与"陷阱"同在，散户应结合股票的技术面综合分析后分别对待。

3. 看清盈亏

在读年报时，对上市公司会计数据和业务数据，不能只看净利润、每股收益，更不能仅以此作为投资的重要参考依据。详细了解上市公司的利润构成很重要。如果一家公司的利润构成中，主营业务所占比例较低，而投资收益和其他一次性收益占的比重很大，同时每股现金流量金额又与每股收益相比差距很大，那么这样的公司业绩增长持续性就难以保证，而且现金流不足，应收款过高，也容易出现问题。

散户在关注成长性良好的上市公司的同时，也不可忽视一些亏损特别是"巨亏"公司的投资价值。其实，即使是"巨亏"公司也往往有较好的投资机会。特别是那些一次性清理公司历年包袱、轻装上阵的亏损公司就更值得关注。一些亏损股经过改善经营、置换资产及更换股东等措施，利润由负数变成正数，其股价自然有可能大涨特涨。

买股票就是买预期，上市公司的以往业绩只代表过去，而其能否继续保持相对高的成长速度不得而知。相反，一些业绩在低位的公司，股价处在较低位置，不排除公司在重组情况下，业绩出现突变性的增长。

4. 关注业绩

如果以上一点谈到的只是业绩增长的预期，而在年报中明确业绩大幅增长的股票则应该重点关注。

（1）年报中有关业绩大幅增长的情况

对于成长股来说，散户应密切关注增长率的变化，特别是那些业绩出现拐点而利润大幅上升的上市公司。

（2）有关具有高送转分配方案的情况

市场每年都有不同程度的年报业绩浪行情，除了业绩高增长外，大比例送转股将成为市场关注的热点，尤其在牛市行情中，含权股的抢权行情和除权股的填权行情将表现得更为精彩。

（3）有关重大投资项目进展情况

新增项目是影响上市公司高速成长的重要原因。

（4）有关资本运作情况

资产置换等资本运作已成为市场热点，它们能使上市公司业绩大幅提升。

5. 看准关键指标

年报中的个别关键性指标有时会透露出一些玄机。以"计提减值"为例，该项金额的多少因人（上市公司聘请的注册会计师）而异。比如，公司某件产品价值10元，而市场上却出现贬值，仅为8元，则应计提减值准备2元。在另一名会计师眼里，则可能仅值6元，那么计提的减值准备为4元。

短时间内快速浏览年报的散户，可以主要看企业的资产负债率和主营业务收入两项指标。因为这两项指标比较真实地反映了上市公司的业绩和经营的基本情况。看上市公司业绩，要挤掉其中的水分，切忌被投资、重组等带来的暂时收益所蒙蔽。

# 五、透视多头陷阱

## （一）多头陷阱的概念

### 1. 什么是多头陷阱

多头陷阱是指庄家利用资金优势、信息优势及技术优势，通过技术处理手段操纵股价和股价走势的技术形态，使其在盘面中显现出做多的态势，诱使散户蜂拥买入的市场情形。庄家设置多头陷阱的先决条件就是自己必须有获利空间，从这个意义上说，多头陷阱的出现并不仅仅是在股价处于高位时，如果庄家有获利空间，即使当股价下跌到低位，也一样会出现貌似反转、实为反弹的多头陷阱。因此，多头陷阱可以分为股价构筑顶部时的多头陷阱和股价在下跌过程中形成的多头陷阱两类。

布设陷阱是庄家赚钱的惯用招式。庄家炒作股票，都是为了低位买进高位卖出，从而获取买卖差价，所以要尽其所能在股票低价时诱骗散户卖出，而在股票价格被拉高后使散户接货。庄家经常利用散户的惯性思维和浅显的技术分析，制造一个又一个假象，设置一个又一个陷阱，致使散户在低位割肉、高位站岗。

散户在多头行情中最后被套，大多是由于对多头行情所积累的风险经验反应迟钝，丧失警惕造成的。散户只有当股指大幅下挫，市道低迷，很多人被套时，才会对股市风险产生深切的体会。然而，一旦行情反转，在散户赚钱效应的示范下，盈利的诱饵常使散户将多头风险忘得一干二净，因而连连追高，最后一头栽在多头陷阱之中。散户要想在股市获得最终的成功，务必防范股市的各种利诱，谨防因放松警惕而掉入多头陷阱。

### 2. 多头陷阱的特征

多头陷阱有以下几个主要特征：

①股价前期涨幅较大，并创下阶段性高点，各项短期、中期、长期指标出现背离或者头部现象；短期、中期、长期均线（主要指日 K 线图中 5 日、10 日、20 日或 30 日均线）出现死叉。

②股价小幅下跌后未能经过有效调整就出现回升，但各项短期、中期、长期指标都未能修复；均线系统局部虽得到修复，但均线系统整体向下趋势无实质性改变，长期均线走坏。

③大盘或个股回调较为迅猛，常以大阴线杀跌，散户还未反应过来就已深深被套，这标志着行情暂告一段，中级调整开始，通常这种情况得持续半年左右。

④升势迅猛，大盘或个股短线失地后很快失而复得。

⑤股价回升时成交量不大，出现萎缩，这是典型的多头陷阱特征。

⑥借助利好消息，突破重要关口，日 K 线图有向上跳空缺口。

⑦技术指标在高位强势运行，市场出现严重超买的现象。

3. 多头陷阱的作用

庄家设置多头陷阱的目的是诱多，让散户在高位追进，从而完成其出货任务。多头陷阱通常发生在指数或股价屡创新高，并迅速突破原来的指数区或股价达到新高点，随后迅速滑落跌破以前的支撑位，结果使在高位买进的散户严重被套。庄家通过布设陷阱，诱骗散户"上钩"。在高位时，使散户觉得后市"钱"途无量，抢着填单买入；在低位时，使散户自觉填单抛出，使他们的钱在不知不觉中转移到庄家的腰包里。在股市中多头陷阱经常会有，由于它欺骗性大，上当者众多，往往能给散户造成巨大损失。所以，在股市中行走，不会识别庄家设置的多头陷阱，必定会栽大跟头。

### （二）设置多头陷阱的手法

1. 技术关口

在大牛市的后期，庄家会在重要的技术关口布下多头陷阱，将追涨的散户一网打尽。因为在牛市之末，市场热情空前高涨，散户信心比较坚定，即使大盘面临重要技术关口，他们也会认为突破不成问题。这样，庄家就会制造假突破的陷阱，让散户跟进，自己则出其不意逢高派发，或打压减磅，使跟风者全部掉入其设置的陷阱之中。

大熊市之初，庄家也会利用重要点位设置多头陷阱。为了给市场人士造成跌不破的迹象，庄家会在整数关口、箱体底部、回调位制造反弹，当散户大举杀入，庄家便会大肆抛售，将关口砸破。

### 2. 技术指标

庄家利用技术指标设置多头陷阱时，往往有意让技术指标在底部钝化或让其产生底背离，以让散户认为股票已严重超卖而轻易买入。如庄家要出货，股价处于中高价位，他会让日 K 线、KDJ 等指标在底部钝化，而周 K 线、KDJ 等指标则处于顶部，在一些散户介入抢反弹时，庄家便将筹码派发给他们。

### 3. 技术形态

一般来说，看多的典型技术形态有 V 形底、W 形底、头肩底、圆形底、三重底等形态，以及上升三角形整理、上升矩形整理、上升旗形整理、上升楔形整理等上升趋势途中的调整形态。庄家为了在高位派发，通常会借助于散户对各种看多形态的迷信制造陷阱，看似形成 V 形反转，不料却又下跌，似乎形成 W 形底，之后却又在构造三重底，三重底之后又有形成大型圆底迹象，在颈线位制造假突破出货，经过精心设置，多头陷阱就大功告成了。有时候，庄家也可能会利用一些具有看涨意义的典型 K 线形态来布设多头陷阱。要识破这些多头陷阱，散户就应该结合股价所处的位置和成交量变化来综合研判，另外要准确掌握常见看涨形态的典型特征。

### 4. 波浪理论

庄家需要出货时，为了迷惑波浪理论的追随者，会把回调浪做得像上升浪里的一波小浪，当"冲浪一族"认为主升浪开始的时候，却发现已经到了峰顶，紧接着便随着一波浪回调被打下来。

### （三）散户巧识多头陷阱

散户识别多头陷阱需要有一定的市场经验，能够将盘面的信号与基本面的分析和宏观政策的变动结合起来共同判断。下面介绍一些识别多头陷阱的技巧。

### 1. 分析公司的基本面

在股市的实际情况中，确实存在着一些奇怪的规律。那就是当庄家资金建仓时，恰巧是上市公司的基本面发生改变的时候。比如，有的是遭遇天灾人祸，有的是官司缠身，有的是分配方案不理想，有的是业绩大幅滑坡。总之，是让重视基本面分析的散户彻底丧失信心，而庄家恰恰在这时轻松地完成建仓。等到股价拉升到令散户瞠目结舌的高位，庄家打算出货的阶段时，原来那些遭受灾害的公司纷纷战胜了灾害，渡过了难关。比如，原来官司缠身的公司或撤诉、或赔点小钱就了事；原来分配方案不理想的公司也争先恐后地推出高比例送转外加慷慨的红利大派送；至于原来一些严重亏损、濒临"戴帽"退市的公司，摇身一变成了股市中首屈一指的绩优股。可惜的是，在这么多耀眼的光环衬托下，股价却往往不争气地逐渐下跌。等到深套的散户幡然醒悟的时候，才发现庄家早已顺利出货了。因此，散户分析上市公司基本面时，要关注一些长期稳定优良的公司，对于业绩大起大落或业绩异常好的公司还是小心为上，以免落入庄家的多头陷阱。

2. 分析消息面

庄家制作多头陷阱时，往往会利用宣传的优势，营造做多的氛围。根据以往的市场表现可以看出，越是在股价涨高了以后，越是在参与的散户兴高采烈的时候，这类的报告、吹捧和消息就越多。所以，当散户遇到市场集中关注和吹捧某只个股时要格外小心，因为正是在这些消息作为烟幕弹的掩护下，庄家得以很方便地出货。

3. 分析技术面

多头陷阱在 K 线走势上的特征，往往是连续几根长阳线的急速飙升，刺穿各种强阻力位和长期套牢成交密集区，有时甚至伴随向上跳空缺口的出现，引发市场中热烈兴奋情绪的连锁反应，从而使庄家顺利完成拉高股价和高位派发的目的。

多头陷阱在形态分析上，常会故意形成技术形态的突破，让散户误认为后市上涨空间巨大，而纷纷追涨买入股票，从而使庄家可以在高位派发大量的获利筹码。

（1）分析技术面的方法

①从图形上分析庄家目前的持股状态。当一只股票的股价徘徊在相对的低价，而成交量渐渐放大时就有庄家吸筹的可能。庄家卖少买多地反复操作，直到手中筹码积累到预定的目标。有时多位庄家抢盘控盘，盘中价格上下震荡，以求吸收筹码，并降低持股成本。如果股价已经节节上升，在高位出现成交量放大，盘中价格震荡起伏，庄家出货的意愿已经很强烈了。此时如果再出现技术指标等多头排列，在 K 线图上显示连拉阳线，散户就一定要小心，可能存在多头陷阱。因此，要注意观察盘面的进一步变化，而不要急于购买股票。

②留一定时间和空间研判指标的变化。庄家以资金、消息和其他手段操纵技

术指标的显示，来掩盖自己的真实目的，从根本上来讲是逆市而为，成本很高。因此，庄家只能在一时做出一段多头排列的技术指标。散户在看盘时，不仅要看5分钟线、15分钟线，更要看日线，特别是周线和月线。常见庄家设置的多头陷阱一般都在日线上，但是我们可以从周线图上发现卖出信号。

（2）指标分析体系

每一种技术分析指标都有其适用的范围，同样有其不适用的盲区，如果仅仅依据其中一两种指标的顶背离现象进行研判，仍然容易被庄家欺骗。这不仅需要我们进行反复验证，逐渐把握区分真伪的尺度，还需要我们注意研判多种技术指标，只有当多种技术指标显示相同性质的信号，相互佐证时，判断的准确性才能得到大幅度提高。因为，无论庄家如何制造多头陷阱，多种指标的多重周期的同步背离现象都会直接揭示出庄家的真实意图。所以，散户要注意观察多种指标是否在同一时期中在月线、周线、日线上同时发生顶背离。对多头陷阱的识别，在技术指标上的具体顶背离特征，可以参考以下指标分析体系：

①周线中的 DBCD（异同离差乖离率）、KDJ（随机指标）及 ROC（变动速率）会出现顶背离现象。

②月线中的 CCI（顺势指标）、RSI、ADL（腾落指数）及 ADR（涨跌比率）出现顶背离现象。

③日线中的 KDJ、BIAS（乖离率指标）、MACD、OBV（累计能量线）、W%R、RSI、MTM（动力指标）有 DDI（方向标准离差指数）产生顶背离。

指标背离特征需要综合研判，如果仅是其中一两种指标发生顶背离还不能说明问题。但是，如果多项指标在同一时期在月线、周线、日线上同时发生顶背离，那么这时不仅容易构成多头陷阱，而且极有可能形成一个中长期的顶部位置。

4. 分析成交量

分析成交量就是观察突破时成交量的变化情况，成交量必须温和地放大，而不是时大时小，股价上行必须干净利落，一旦突破之后即要勇往直前，表明有许多人在股价创新高之后觉得形势明朗，放心追入。如果突破之后股价竟然停滞不前，则说明上方有一股隐藏的巨大抛压，十有八九是庄家在出货。也可以这样说，如果在上升趋势中，伴随成交量放大，股价创新高，之后成交量略有减少，股价小幅回档，只要回档不跌破支撑线，仍为多头市场。如果成交量不大，而且回档时跌破支撑线并加速下行，则是庄家设置的多头陷阱。

**（四）散户应对多头陷阱的策略**

一个多头陷阱的成功构筑，往往会有很理想的"量价配合"。为了规避多头陷阱的风险，散户有必要根据具体情况做出具体研判。

①股价尚处底部区域时如果出现量价配合，是行情启动的迹象，而股价出现一波拉升后再出现量价配合，则是多头陷阱。

②如果散户都很谨慎，市场气氛还不热烈时出现量价配合，是行情有效迹象。

③如果散户趋之若鹜，气氛极度火爆时出现量价配合的话，则是多头陷阱；如果涨时量增，跌时量缩，是行情向好的征兆；而涨时量减，跌时量增，是行情向坏的征兆。

④如果股价下跌时未曾跌破 10 日均线，即使跌穿也只是瞬间，随后又反弹至更高的价位，这是行情可持续的标志；而如果股价拉出长阴，且在均线下方停留的时间较长，同时反弹时出现量小滞涨的话，则是行情已处于末期的标志。

庄家善于利用散户喜好这种量价配合的心理（普通散户总是喜好价升量增时建仓），为了使手中的筹码顺利出局，经常会利用对倒、对敲等手法，在盘面上制造出量价齐升的虚假气氛，诱使散户跟进，有时不惜连着拉出涨停板，一旦接盘达到一定数量时，便会以迅雷不及掩耳之势，一举出清自己的筹码，诱使散户掉入陷阱。

散户如果不慎落入庄家的多头陷阱里，短线操作者应尽快斩仓出局；长线散户首先要仔细分析手中的股票基本面有没有发生实质性的变化，如果公司业绩良好且项目进展顺利，那么就只好长期抗战了。另外，要看一看大盘处于什么样的运行态势，如果大盘并未出现大的下跌态势，则大可不必惊慌。

对于大行情的多头陷阱，散户需要了解影响大盘走强的政策面因素和宏观基本面因素，分析是否有实质性的利多因素。比如，在股市政策方面没有实质性利多因素，而股价却持续性暴涨，这时就比较容易形成多头陷阱。从消息面来看，庄家往往会利用宣传方面的优势营造做多的氛围。同时，散户要冷静地分析市场的资金面。多头陷阱在市场资金流向的表现是随着股价的持续性上涨，量能始终处于不规则的放大之中，有时盘面上甚至会出现巨量长阳走势，盘中也会不时出现大手笔成交，给散户营造出庄家正在建仓的氛围。恰恰在这种氛围中，庄家往往可以轻松地获利出逃，从而构成多头陷阱。

# 六、透视空头陷阱

## （一）空头陷阱的概念

### 1. 什么是空头陷阱

空头陷阱就是市场主流资金大力做空，通过盘面中显现出明显疲弱的形态，诱使散户得出股市将继续大幅下跌的结论，并恐慌性抛售的市场情况。空头陷阱通常出现在指数或股价从高位区以高成交量跌至一个新的低点区，并造成向下突破的假象，使恐慌抛盘涌出后迅速回升至原先的密集成交区，并向上突破原压力线，使在低点卖出者踏空。

空头陷阱就是庄家在某个阶段设下的一个圈套，引诱散户卖出手中的筹码。从技术上来分析，空头陷阱特征与多头陷阱特征刚好相反，首先，股价前期大幅度下跌，但近期各项短期、中期、长期指标出现向好的苗头，成交量逐步温和放量或者不规则温和放量，甚至放出天量。其次，短期、中短期各项指标时好时坏，中期、长期指标要么没变，要么出现微微上翘现象。

空头陷阱主要出现在两个阶段，以庄家是否建仓为分界线可以划分为两类空头陷阱，一类是建仓前期的空头陷阱；另一类是庄家建仓后属于震仓性质的空头陷阱，这类空头陷阱是为了清洗浮筹，抬高散户成本，减轻庄家拉抬股价的成本。由于此时庄家已经大致完成建仓，通常不愿让其他资金有低位吸纳的机会，因此这一时期的空头陷阱都会伴随着底部同时出现，而且空头陷阱制造出来的底部最低限度也是一处阶段性底部。散户如果能准确识别空头陷阱，并在空头陷阱中积极做多，逢低买入，将会获利不菲。庄家设置空头陷阱的手法变幻莫测，为了更好地实施计划，有效地猎杀多头，庄家在各种各样技术陷阱的布置和运用上也有了新的变化。因此，面对风云变幻的证券市场，散户也有必要向庄家学习，变得更加聪明起来，正确地研判行情走势，有效地规避空头陷阱。

### 2. 空头陷阱的特征

空头陷阱不是空头市场，如果散户误把空头市场当成空头陷阱，或者把空头陷阱当成空头市场，都会作出错误的决策。庄家在设置陷阱时，总是尽力掩饰，让散户难以察觉。比如在设置空头陷阱时，往往营造得像空头市场，等中小散户陷进去后明白过来时，已经于事无补。空头陷阱主要有以下几种特征：

①股价前期出现过大幅下跌。

②成交量极度萎缩，屡创低量。

③上升时成交量放大，下跌时成交量缩小。

④技术指标严重超卖，在低位钝化；空头陷阱会导致技术指标出现严重的背离特征，并且不是其中一两种指标的背离，而是多种指标的多重周期的同步背离。

⑤庄家向下轧空时，也会出现适度放量的局面；跳空下挫，跌势较猛。大盘一旦回头，上涨攻势凌厉，幅度很大，一般都以长阳报收，追风者成本较高。

⑥近期均线形态开始向好，上升趋势已经初露端倪，但均线系统在修复过程中局部又遭到破坏，短期均线走坏。

⑦空头陷阱的K线走势，往往是连续几根长阴线暴跌，跌穿各种强支撑位，有时甚至伴随着向下跳空缺口，引发市场中恐慌情绪的连锁反应。

⑧在形态分析下，空头陷阱经常会故意制造技术形态的破位，让散户误以为后市下跌空间巨大，纷纷抛出手中的筹码，从而使庄家得以在低位承接大量的廉价筹码。

3. 空头陷阱的作用

庄家设置空头陷阱的直接目的就是诱空，以便在更低价位收集筹码或者洗去浮筹震走胆小者。空头陷阱通常出现在指数或股价从高位区以高成交量跌至一个新的低点区，并造成向下突破的假象，使恐慌抛盘涌出后迅速回升至原先的密集成交区，并向上突破原压力线，使在低点卖出者踏空。对于大盘来讲，空头陷阱常出现在熊市的末期和牛市的初期及中期。对于个股来讲，空头陷阱常出现在股价下跌趋势末期及上升趋势的初期和中期。

一般情况下，在一个空头陷阱后的股价，几天内会有一个涨幅为10%～25%的中级波动，有时也可能是一个涨幅为25%～50%的主要波动。空头陷阱的受害者主要是在最低价斩仓的散户。另外，空头陷阱也使大多数散户该买进时不敢买进，从而失去盈利机会。

**（二）空头陷阱的设置手法**

庄家设置陷阱，主要是利用技术分析中的重要技术关口、典型技术形态、波浪理论及技术指标来完成。如果要设空头陷阱，庄家会故意把它们做成看空的样子，以吓唬胆小没有经验的散户，让他们在惊慌失措、夺路而逃时掉进庄家早已布好的陷阱中。

1. 技术关口

熊市末期，庄家会通过各种方式制造恐慌气氛，庄家会制造逼空行情，让市场感到大盘守不住了，使散户纷纷斩仓出逃。牛市之初，指数面临整数位，前期高点颈线位，密集成交区重要技术关口，市场人士及中小散户普遍认为大盘难以突破时，庄家往往借助资金的优势，坚决突破，使得持股者纷纷下马，而场外资金则见风使舵，跟风追涨。有的散户退场后返身杀入，充当抬轿者，庄家乘机扩大战果。

2. 技术形态

形态分析是技术分析的重要组成部分，其中有很多典型的技术形态对于研判股价走势很有帮助，有许多技术派人士把它们当成买卖股票的重要依据。正因为这样，它也成了庄家用来制造陷阱的工具。庄家利用技术形态布设空头陷阱的具体方法如下：

①将一些典型的底部形态如 W 形底、头肩底、圆形底改变成下降途中的整理形态（如下降三角形、下降矩形、下降旗形、下降楔形）。比如，在底部时，庄家为了震仓洗盘，可以把 W 形底改变为下降三角形，迫使一些筹码割肉出逃，如果换手充分，庄家反手拉升，使下降三角形变成三重底。

②在拉升中途故意制造出一些典型的顶部形态，如 M 头形态、圆顶形态等，吓走胆小的散户。

③在走势图上制造一些典型的具有看空意义的 K 线形态，时而满天"乌云盖顶"，时而"三只乌鸦"，时而"黄昏之星"，让人看了不寒而栗。

3. 技术指标

技术指标有很多，散户用得比较多的有 MACD、DMI、RSI、W%R 及 KDJ 指标等。当大盘持续阴跌时，这些指标一般在低位钝化，W%R 与 KDJ 恰好相反。而大盘连续上涨时，这些指标会在高位钝化。

庄家设置空头陷阱，往往会使这些指标在高位钝化，让散户认为股价已处于超买区域而主动卖出股票。如果庄家进货，就会设置空头陷阱，如使日 K 线 KDJ 等指标在顶部钝化，而周线 KDJ 等指标处于底部。

为了识破庄家利用技术指标设置的陷阱，散户应利用量价结合指标再加上趋势来综合分析。

4. 波浪理论

波浪理论将股市的一波行情划分为上升浪和调整浪两个部分。其中上升浪共包括 5 浪，调整浪共包括 3 浪。波浪理论总是大浪中间含小浪，浪中有浪。如果没有过硬的功底，很难对其进行准确划分，庄家正是利用这一点，布设波浪陷阱，捕杀容易上当的散户。在需要吓走胆小的散户时，庄家会利用其技术优势做出最具杀伤力的 C 浪调整，等散户落入陷阱后才发现，所谓的 C 浪调整只不过是主浪中的一波小浪调整，等散户明白过来时已经太晚了。

**（三）空头陷阱的形式**

1. 击穿上升通道下轨后企稳回升

每次在犹豫中诞生的行情，往往在初起阶段会有非常多的个股采用这种手段来延长吸筹时间，增加吸取低价筹码的量。近年来，市场中的庄家更多地运用了这种手法。上升通道是由两条斜上的平行上升轨道线（上面的线叫上轨、下面的叫下轨）组成，呈上升走势，只是上升和下跌的幅度局限于平行线所夹的通道之间。庄家使股价突破上升通道的下轨，使散户误以为股价将不会再上涨而抛出筹码，此时庄家趁机吸纳。吸纳到一定程度后，庄家再让股价回升到上升通道内。

2. 跌破平台整理区

在大盘见底后，庄家悄然建仓，小幅走高后构筑大型整理平台。但是，正当场内散户进一步看好该股期待收益时，却突然用一根或几根大阴线迅速击穿平台区，当大家仓皇出逃或来不及反应时，又迅速拉起，进入主升浪。这种手法往往出现在小盘庄股和一些绩优长庄股的实战中。

3. 大肆打压击穿成本位

这是一种最传统的手法。庄家在建仓完成后，往往利用大势转弱或利空消息，疯狂打压股价，有时候甚至不惜击穿自己的建仓成本。以此震慑散户，以获取更多的廉价筹码，为今后的拉升清除障碍。比如最重要的市场庄家——新基金，在对这种手法的运用上更加娴熟，主要表现在步调更趋一致，时间更长，幅度更大，反技术倾向更加明显，并在拉升前更多地采用与震荡摊低成本相结合的复合手法。

### （四）散户巧识空头陷阱

1. 分析宏观基本面

需要了解从根本上影响大盘走强的政策面因素和宏观基本面因素，分析是否有实质性利空因素，如果在股市政策背景方面没有特别的实质性做空因素，而股价却持续性地暴跌，这时就比较容易形成空头陷阱。

2. 分析消息面

与多头陷阱相对应，庄家往往会利用宣传的优势，营造做空的氛围，而散户在此时应格外小心。因为，正是在各种利空消息满天飞的情况下，主流资金才可以很方便地建仓。

3. 分析市场人气

由于股市长时间的下跌，会在市场中形成沉重的套牢盘，人气也在不断被套中消耗殆尽。然而，往往是在市场人气极度低迷的时刻，股市离真正的底部已经为时不远。在低迷熊市中，经过了长时间的下跌，指数继续大幅下跌的系统性风险已经不大，过度看空后市，难免会陷入新的空头陷阱中。

在实战中，可以结合下面几个要素对个股进行分析：

①结合大势及个股的现实和历史情况，判断目前股价所处的相对位置及趋势。

②庄家向下洗盘时，在动作发生前后往往伴有成交量的放出，而且在图形的语言表达上也多用震慑力较强的大阴线和中阴线。

③在股价的下探中，伴有利空消息出台。利空被异常放大，市场也相应表现得极度恐惧。

④走势相对独立，破位后，往往能够在相对较短的时间里（几天）再度走高，并大多采用 V 形反转结束洗盘。

⑤在震荡的幅度上，往往表现得比常规调整更加剧烈，让散户在恐惧的同时又有一点感觉"过分"。

⑥个股的题材兑现在时间和空间上有了不可回避的紧迫感。

4. 分析成交量

空头陷阱在成交量上的特征是随着股价的持续性下跌，量能始终处于不规则的萎缩中，有时盘面上甚至会出现无量空跌或无量暴跌现象，盘中个股成交不活跃，给散户营造出阴跌走势遥遥无期的感觉。恰恰在这种悲观的氛围中，庄家往往可以轻松地逢低建仓，从而构成空头陷阱。

### （五）散户应对空头陷阱的策略

面对庄家的表演，散户在投资策略上也应该做相应调整，学会用"空头陷阱"选股，不仅需要理性地观察，还需要较大的信心和勇气。其主要方法如下：

①看不准时就先避开。

②能够正确把握庄家成本和目标的，就坚决守仓。

③在对大盘研判已经基本见底，而个股表演快要乏力的时刻，选定个股，底部张网，逐步建仓，博取差价。

④在盘底形态或筑底过程中，宁可保持观望的态度，待多头市场的支撑失守后或空头市场的压力确认坚固后再行做空不迟。否则，空头陷阱一旦确立，必然在原趋势线突破后介入做多，因为以后的一段可观的涨势中做多的利润将远大于做空的损失。

## 七、散户应对盘面骗术的策略

盘面信息真真假假，此一时彼一时，而且在不同的大盘背景下和个股的不同位置，均有不同涵义。应对复杂的盘面信息，普通散户要想搞清楚确实很困难。但这并非没有办法可以应对，正所谓"大巧无术"，散户需要注意以下几个方面：

1. 不为蝇头小利所动

有时故意暴露出来的机会往往不是机会，而是陷阱，面对显而易见的机会时，不妨提醒自己，来点逆向思维。

2. 不打无把握之仗

不能完全看懂的走势，就不去参与。走势怪异的个股，不妨让庄家自拉自唱、自我欣赏。有了绝对把握，参与后赚了一把时，要记住及时脱身。

3. 掌握庄家操盘本质

一般而言，低位走势怪异，主要目的是吸筹或打压，最终还要向上；中位走势怪异，意在洗盘或吸筹；高位走势怪异，意在出货。由于即时走势的不确定性，在参与个股的分析中，一般的日间波动可以忽略，要从中长期走势中分析和把握问题的本质，要从大盘技术状态和个股庄家的成本结构设想庄家的心态。把握问题的本质，不为表象所迷惑，那么任何庄家都会拿你没有办法。

━━━━━━━━━━━━ ●本章操作提示● ━━━━━━━━━━━━

　　庄家在坐庄过程中，为了确保操作顺利进行，从而获得丰厚利润，常会采用一些骗术。成交量就是庄家设置陷阱的地方之一。除此之外，庄家还经常运用骗线等来引诱散户大量买进或卖出，也常会利用"消息"这个宣传工具来达到自己的操作目的，作为散户一定要学会识别这些假象。

# 第九章

# 见缝插针

## ——散户获利的实战技法

散户在跟庄过程中，从一些技术上寻找最佳的买卖点，是决定能否盈利的关键点。通常，在大盘趋势不明朗的情况下，散户不宜急于介入，待大盘趋势明朗时介入，可降低投资风险。作为散户，要能够比较准确地把握市场的热点并进行关注。

# 一、最佳买入点

散户在实际操作中，需要注意以下几种买入点，分析和利用这些经验之得可以给散户带来极大的惊喜。

## （一）底背离

底背离一般出现在股价的低位区，当 K 线图上的股票走势及股价指数逐波下行，而 MACD 却是逐波上升，MACD 图形上由绿柱构成的图形走势是一底比一底高，与股价走势形成底背离，预示着股价即将上涨。如果此时出现 DIF 两次由下向上穿过 DEA，形成两次金叉，则股价即将大幅度上涨。

底背离现象一般是预示股价在低位可能反转向上的信号，表明股价短期内可能反弹向上，是短期买入股票的信号。如图 9-1 所示，聚灿光电（300708）2020 年 4 月的走势就是底背离的状态。股价在 4 月 28 日创出了新低 11.20 元，MACD 指标却未创出新低。

图9-1 底背离买入

### （二）六线四托

将日价格平均线参数设为 5 日、10 日、20 日、60 日、120 日及 240 日，便出现了 5 日价格平均线、10 日价格平均线、20 日价格平均线、60 日价格平均线、120 日价格平均线及 240 日价格平均线，简称为"六线"。

当 5 日线上穿 10 日线和 20 日线，10 日线上穿 20 日线，称"月托"，见图中 A；当 10 日线上穿 20 日线和 60 日线，20 日线上穿 60 日线，称"季托"，见图 B；当 20 日线上穿 60 日线和 120 日线，60 日线上穿 120 日线，称"半年托"，见图中 C；当 60 日线上穿 120 日线和 240 日线，120 日线上穿 240 日线，称"年托"，见图中 D。以上四个"托"简称"四托"。

在漫长的股价运行中，有时会出现"六线四托"形态，这是难得的买入机会。如图 9-2 所示，日 K 线在"四托"上方，有依托地爬高。把各股价高点 E、F 用直线连接成颈线，股票的日 K 线正在冲过颈线（见图 9-2 中 G 处），此时买入，收益大、风险小。

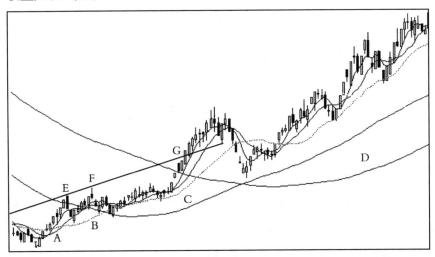

图9-2　六线四托买入

### （三）两谷夹山

"两谷夹山"是指股价跌到低位后，5 日移动平均线在底部走出的 W 底形态（注意与 K 线圈 W 底形态的区别），该形态的两个低点在移动平均线图上如同大山中的两个峡谷。该形态的中间突出部分如同两峡谷之间的一座山峰，将峡谷与山峰联系在一起观看，就是一幅"两谷夹山"风景画。而这幅风景画在股市行情中就是散户的聚宝盆，经常使用它，财源就会滚滚来。该形态是依据"两次探底"的原理来显示买入信号的。第一个峡谷（即左边低点）为第一次触底，第二个峡谷（右边低点）为第二次触底。两次低点大致处在同一个水平线上，这是股价跌不下去的支撑位，也就是股价见底的迹象，此时进场，容易获利。如图9-3所示，可以很清楚地看出左谷底和右谷底都是买入点。

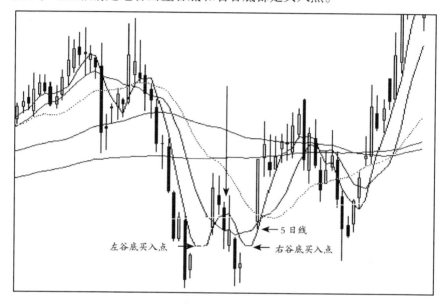

图9-3　两谷夹山买入

### （四）锅底拣芝麻

"锅底拣芝麻"的操作要领，如图9-4所示，图中B处是锅底，A处与C处是锅边，从A处下跌到B处，大致经过三波杀跌。每次跌到成交量相当萎缩，见图中的O、P、U三处，然后拉高股价，制造反弹。庄家杀跌，是看有没有恐慌盘跟着杀出。如果有恐慌盘，特别是大户的大笔杀跌盘跟出，说明盘中还有敌方"潜伏部队"，随后将是庄家更加凶猛的杀跌。O处的成交量很小，说明浮动筹码基本杀出；P处的成交量更小，说明暗藏的浮动筹码被进一步肃清。这时庄家并不会罢手，此时习惯性地会再重甩一下，导致最坚定的持股者也最终卖出。U处的成交量最小，像个芝麻点。S处的微小成交量会持续几天，几分钟才出现一手或几手成交量，等到实在没什么杀跌盘了，庄家的洗盘任务就完成了。B 处是股价的最低点，出现锅底图形。O 处、P 处、U 处的成交量逐步减小，出现了"芝麻点"，这是明显的底部信号，而这时买入股票，就叫"锅底拣芝麻"。

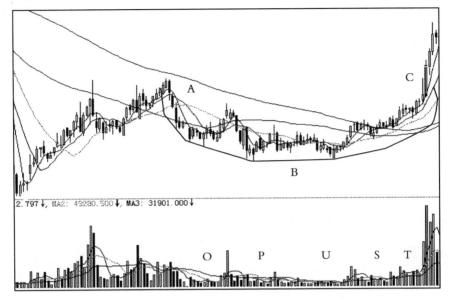

图9-4　锅底拣芝麻买入

"锅底拣芝麻"的位置如选在 O 处，就会出现 P 处、U 处的更低点，显然不妥。正确的方法有两种，第一种是分批买入，在 P 处试探性买入，在 U 处再试探性买入，在 S 处与 T 处加码买入；第二种是不创新低买入，即在 S 处与 T 处，见股价不创新低了，一次性买入。从一波大行情的角度看，O、P、U、S、T 处都是芝麻，都是底部成交量，都可以买入。

### （五）高位空中转折

高位空中转折是指周线 KDJ 高位死叉后，周 K 线下行到 50 附近重新勾头上行与 D 线将要金叉或刚金叉，从而走出另一波上升行情。此方法要满足的条件如下：

①周线 KDJ 高位第一次死叉后，周 K 线下行到 50 附近，勾头上行与 D 线将要金叉或刚金叉。

②股价在 20 日均线上方的强势区域运行。

③在此周内，日线 KDJ 金叉上行。

如图 9-5 所示，图中恩捷股份（002812）的股价在 2020 年 6 月 12 日这一周，周线 KDJ 发生死叉，周线 KDJ 中的 K 线下行至 50 上方，勾头上行将要金叉（未金叉）。此时，股价仍在 20 日均线上方运行。日线 KDJ 在 2020 年 6 月 19 日发生金叉，满足低位买入条件。

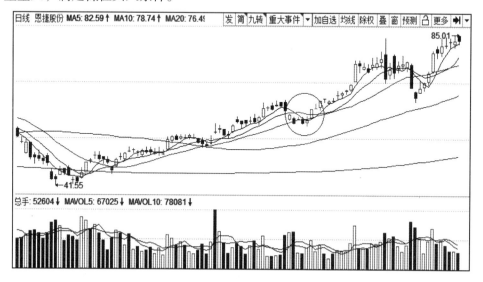

图9-5　高位空中转折买入

### （六）黄金交叉

当股价平均线出现黄金交叉时，是一个较为可靠的买入信号。

道氏理论是最古老、最著名的技术分析工具之一，而移动平均线法则是将这个理论具体地加以数字化，从数字的变动中去预测未来股价短期、中期和长期变动方向的方法。因此，移动平均线也分为短期、中期和长期移动平均线。

西方股市中，技术人士把 15 天以内的称为短期，15 ～ 90 天的称为中期，90 ～ 365 天的称为中长期，365 天以上的为长期。我国的沪深股市作为新兴市场，根据实战经验，以 5 日、10 日、34 日、55 日移动平均线建立中短线研判法则较适宜，而长线散户可以 120 日、250 日移动平均线作为研判后市的参考。

黄金交叉是指上升中的短期移动平均线从中长期移动平均线的下方向上穿破。股价见底反弹时，短期移动平均线最为敏感。它表示多方的力量已能够冲破股市的下降压力，原来的下降趋势开始改变，庄家隐蔽吸筹阶段已基本完成，开始大量买入，这是一个较为可靠的买入信号。在黄金交叉之前，较短期的移动平均线离股价较远，而较长期的移动平均线离股价较近。换句话说，此时短期投资的获利水平比长期投资大。因此，散户操作趋向短线，筹码较不安定。但是，当黄金交叉形成之后，较短期的移动平均线离股价较近，而较长期的移动平均线离股价较远，也就是说，此时长期投资的获利比短期投资大，筹码较为安定，有助于向上再涨升一段。因此，黄金交叉形成时为买进时机。如图 9-6 所示。

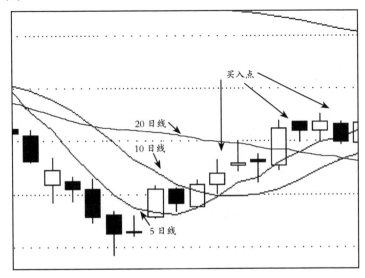

图9-6 黄金交叉买入

如果能配合 MACD 或波浪理论，这一指标的可靠性将更高。一般情况下，当黄金交叉出现时，MACD 也同时出现 DIF 线二次向上穿破 MACD 线，而且黄金交叉是出现在上升浪中的第3浪和第4浪时，黄金交叉的买入信号将非常强烈。

### （七）重锤坠地

股价经过较长时间的下跌后，在低位出现了一条大阴线，紧接着出现一条向下跳空开盘，并留有跳空缺口（实体之间的缺口也可）的星形小图线（不分阴阳），就称为"重锤坠地"。也就是说，该图线必须是在低价位出现，而且必须是由一条大阴线和一条留有缺口的星形线组成，因为星形线形似一个带柄的铁锤，故名"重锤坠地"。该形态之所以显示见底信号，是因为股价经过长期下跌后，未出现一次急跌的走势，做空能量得到了充分的释放，获利盘几乎涤荡殆尽，套牢盘该跑的早已跑了，没有出逃的已成"铁杆多头"，不会轻易割肉斩仓。"重锤坠地"中的星形线是卖压减轻、股价见底的迹象，先知先觉者往往利用这一形态暗中收集廉价筹码。等到后市出现戏剧性的上涨行情、后知后觉者踊跃进场时，先知先觉者已获利颇丰，此时就可以落袋为安了。如图 9-7 所示。

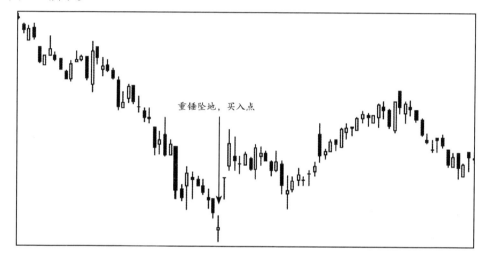

图9-7　重锤坠地买入

### （八）突破十字星

底部涨停非常猛烈，同时涨停前出现连续底部十字星转折信号，这就是股票的真正拐点，如图 9-8 所示。当出现这样的信号，加上放量向上突破这些十字星所构成的平台时就出现了涨停，突破平台的那一瞬间就是买入的启动点。第二天会出现大幅度的回档，行情总是这样的，每次都给你很多选择的机会，使你不敢明确自己的选择是否正确。在回调 5 日均线后再次向上收阳，均线就非常漂亮了，股价将沿着 5 日均线继续向上推升，这个时候就是加速上涨的阶段，可以大胆买入，等待收获。股票价格在连续大幅上涨之后出现高位涨停，然后收出一根长长上影线的"避雷针"见顶信号。在收盘前一定要空仓卖掉，这样可以防止股票短线见顶后的大幅下挫。

任何股票都是有波动规律的，涨多了就必然要跌，跌久了就一定会出现上涨。若散户把握好转折点和启动点，就一定能以第一时间买到涨停板股，回避跌停风险。成交量是分析判断庄家的最重要指标。只要有量的温和上涨，一般都可以持续。等到成交最开始缩小的时候，就是股票获利了结的时候。股票运作要求的时间性和趋势节奏很强，该买的时候要第一时间马上买入，只有这样，才可以准确把握好每一次操作的成功率。

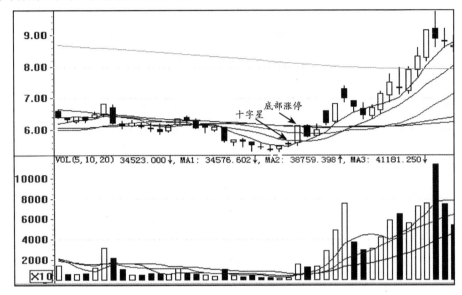

图9-8　突破十字星买入

### （九）周线 KDJ 金叉

日线 KDJ 变化快，随机性强，经常发生虚假的买、卖信号。而周 KDJ 指标考察的时间较长，运用周线 KDJ 与日线 KDJ "共振" 选股法，就可以过滤掉虚假的买入信号。当周线 KDJ 金叉时，日线 KDJ 已提前金叉几天，股价也上升了一段，买入成本已抬高，这时候激进型的散户可提前买入，也就是在日线 KDJ 产生金叉时买入。这时候买入有一定的风险，所以买入时也要满足一些其他条件，即周线是阳线，周线 K、J 两线勾头上行将要金叉（但还没有金叉），这时日线 KDJ 在这一周内出现金叉，当日收放量阳线（若日线 KDJ 金叉当天），当天成交量大于 5 日均量更好，如图 9-9 和图 9-10 所示。

图中所示股票在 8 月 7 ～ 11 日这一周收出周阳线。周线 KJ 两线在超卖区上行将要金叉。日线 KDJ 在 8 月 7 日金叉，当日又收出放量阳线，满足提前买入的条件。当天以收盘价 7.36 元买入，不仅短线连续上涨 3 周，而且中线连续涨幅达到 50%。

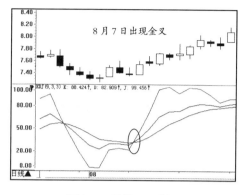

图9-9　日线KDJ金叉

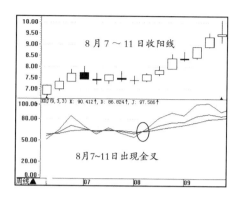

图9-10　周线KDJ金叉

### （十）牛市抄底

　　牛市中要学会在调整中大胆抄底，尤其是对于领涨的主流品种，在其出现第一次大调整过程中，一旦出现缩量走稳，便可大胆介入。因为，主流品种的第一次上涨往往是建仓过程，或者是脱离庄家资金成本过程，调整后才会展开最具爆发力的拉升行情，如果在调整末期及时抄底，随后的涨幅也相当大。同时，在一波行情尚无见顶迹象之前，同期的调整都是不错的介入机会。上证指数在2019年的行情中，8月股指的"倒春寒"行情，给散户创造了良好的介入机会，见图9-11。

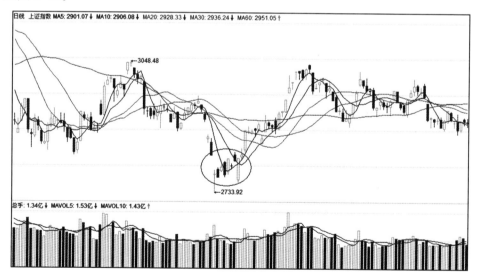

图9-11　牛市中的"倒春寒"

### （十一）支撑点

支撑就是维持股价稳定，使某股止跌的力量。当股价下跌，跌至支撑点时，股价有可能反弹回升，这是买进时机。当股价自高档下跌至支撑点时，由于技术上的各种原因，会有许多买盘在支撑点附近介入买进，促使股价止跌回稳，甚至反转上升。因此，在股价下跌至支撑点附近时，为买进时机。

一般而言，构成股价支撑点的因素，大致包括移动平均线；上升趋势线；密集成交地带；股价前波上涨的起涨点；过去股价波动的最低价，或前波低价；股价大幅上涨后，下跌至前波涨幅的 50% 处（30% 处或 60% 处也可能有支撑）；头肩顶与双重顶的颈线；多重底。

如图 9-12 所示的 TCL 科技（000100），该股在 2020 年 4 月，股价波动上扬，每次整理的低价都在 20 日均线附近，所以每次在 20 日均线附近的股价都是买入时机，止损点也可设在跌破支撑线之时。

图9-12　支撑点买入

## 二、最佳卖出点

俗话说得好，"会买的是徒弟，会卖的是师父"。因此，散户跟庄不仅要会买，更要会卖。

**（一）高位避雷针卖出**

一般来说，高位出现了"避雷针"，一定要果断撤出，这是一个明确的见顶信号，散户不要犹豫，要快速执行。

散户发现个股在高位出现"避雷针"的时候，操作时要注意以下几点：

①当技术指标明确破位下行，趋势改变，明确向下的时候坚决卖出。

②不要期望下跌股票有反弹时再卖，要立刻卖出，防止亏损不断放大。

③对待持续下跌的股票坚决空仓，不要贪反弹小利，不抢反弹。

④防止大盘集体跳水时强势股补跌，不买任何股票是对付大盘暴跌时的法宝。

如图9-13所示的国机汽车（600335），该股在高位出现了"避雷针"，随后就是连续大跌，成交量萎缩，不能支撑股票价格的继续上涨，这是庄家在疯狂出货，尾盘股价回抽在开盘价附近，让散户误认为还会有反弹，这时庄家却疯狂卖出，导致出现跌停板。大多数散户还没有反应过来，股票价格已经牢牢封死在跌停板上。所以，一旦出现反转下跌趋势，散户第一时间就是卖光自己所持筹码，学会逃跑才可以生存。

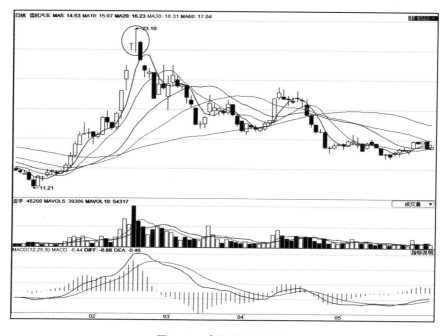

图9-13　高位避雷针卖出

### （二）乖离率高点卖出

使用均线的过程中，股价与平均线偏离的程度也是很好的技术指标。由于平均线反映的是一段时间以来的平均持股成本，所以股价与平均线的偏离程度可以反映出市场上获利或套牢的散户情况，这个指标称为乖离率。其主要功能是通过测试价格在波动过程中与移动平均线的偏移平分比，从而得出股价在剧烈波动时因偏离平均成本太远而可能造成的回档或反弹以及价格在正常波动范围内移动而继续原趋势的可信程度。乖离率越大，下跌的风险越大。

如图 9-14 所示的中航电子（600372），在 2020 年 2 月 18 日，股价处于相对高位，乖离率也达到了 12.88，股价随后就出现了下跌。

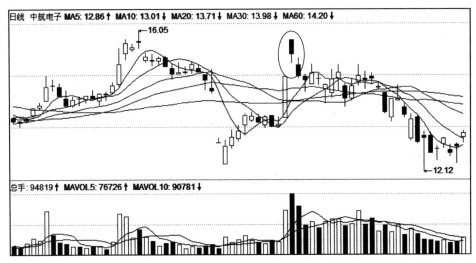

图9-14　乖离率高点卖出

### （三）观察 6Y 值

6Y 值就是股市中以 6 天为基准的乖离率（BIAS）。

在强势市场中，沪股 6Y 值可于 14% ~ 18% 卖出；深股 6Y 值则可于 7% ~ 10% 左右卖出。将突发性的利好消息排除，一般情况下深沪股市 6Y 值只要进入上述区域，回档调整的概率较大，即使在大牛市中，也会出现小幅回落或平台整理。在牛皮市中，移动平均线趋向不明，6Y 偏离轴心的幅度不大，通常仅在 -3% ~ 3% 波动，若成交量无明显变化，此时观望是最好的策略。

有些庄家利用6Y值出现的小幅偏离状态炒作短线，低买高卖获取蝇头小利，但常因股价波动过窄导致钱没挣却赔进了手续费，这种做法非但劳神费力，即便有获利也极为寥寥，易养成过于频繁操作的恶习。这种窄幅波动散户通常可借机换股，但不应图多大盈利。6Y值在3%附近抛出手中不理想的股票，待有回落再买进股票，能赚回手续费亦该满足了。

散户学会运用6Y值在弱势市场中的实战操作，可以有效地回避股市风险，还能获得次数较多的盈利机会。

### （四）顶背离卖出

顶背离是指当股价指数逐波升高，而 DIF 及 MACD 不是同步上升，而是逐波下降，与股价走势形成向顶的背离。顶背离预示股价即将下跌，如果此时出现 DIF 两次由上向下穿过 MACD，形成两次死亡交叉，则股价将大幅下跌。也就是股价 K 线图上的股票走势一峰比一峰高，股价一直在向上涨，而 MACD 指标图形上由红柱构成的图形的走势是一峰比一峰低。顶背离现象表明股价短期内即将下跌，是卖出股票的信号。

如图 9–15 所示，该股股价从 7 月初到 9 月初一直在上涨，但是 MACD 的红线柱却一根比一根短。9 月初过后，股价随即下跌。

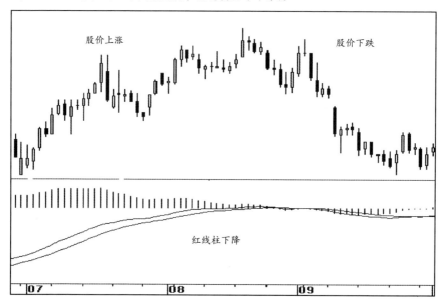

图9-15　顶背离卖出

### （五）高位实体阴线卖出

如图 9-16 所示，中文传媒（600373）在横盘整理一段时间后出现了突破向上的明显信号，此时是最好的买入时机，短线可以大胆介入。该股价格从 2019 年 12 月 16 日开始启动，在短短 17 个交易日就大涨 51% 以上，从 12.43 元涨到 18.81 元。一般来说，在技术指标和成交量都支持股票价格向上的时候，是股票爆发的最佳时间。赚取差价，积小胜为大胜，在最短的时间内实现利润最大化，这是短线操作最重要的原则。股票出现连续攻击涨停的超强势飙升行情，短线只要不跌破 5 日均线就可以坚定持有。当股票的趋势出现变化发生逆转的时候，股票一旦跌破 5 日移动平均线收盘，就意味着短线空头已经有占据优势的苗头，此时获利卖出是最恰当的选择。

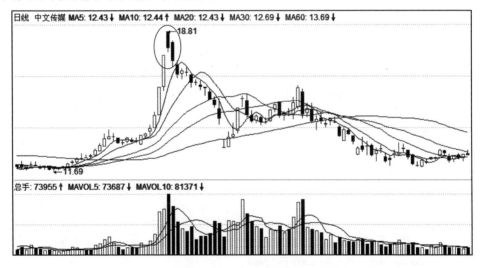

图9-16　高位实体阴线卖出

### （六）三线同时死叉卖出

"三线同时死叉"是指 5 日移动平均线死叉 10 日移动平均线，5 日均量线死叉 10 日均量线以及 DIF 线死叉 MACD 线。三种图线在同一天或相隔一两天的时间里出现死叉的走势，称为"三线同时死叉"。该形态出现后，股价大多会有下跌行情，散户应立即卖出，以免错失卖出时机，造成不应有的损失。

"5 日移动平均线死叉 10 日移动平均线"是股价走下坡路的反映，表明投资者不看好后市，纷纷卖出股票，加上接手乏力，股价通过下跌的方式寻求出路。"5日均量线死叉10日均量线"是对下跌走势的一种印证，因为只有成交量的萎缩，5日均量线才会死叉10日均量线。同时，还表明多头不看好后市，不愿做多，缺乏成交量支撑的股价是难以维持高位的，下降成为必然。"DIF线死叉MACD线"，同样显示弱势状态。三种卖出信号同时出现，就可断定股价将要出现一段较大的下跌行情，应随时做好出货的准备。

如图9-17所示，昊华科技（600378）在2020年3月9出现了DIF线死叉DEA线，3月12日5日均量线死叉10日均量线，3月16日出现了5日移动平均线死叉10日移动平均线，走出了三线同时死叉的形态，之后几天股价开始大幅下跌。因此，散户发现这一走势时应坚决卖出，尽快脱身。

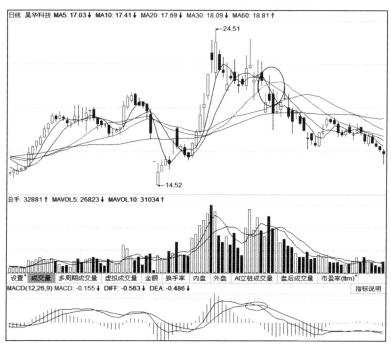

图9-17　三线同时死叉卖出

### （七）观察K值

K值在85以上，D值在80以上可视为超买，而K线向下穿破D线应视为卖出时机。比如2020年2月25日，深证成指上升至11869.41，这时K值为95.39，D值为92.59，随后K线下穿D线，如图9-18所示，大势没多久急转直下，如果散户根据 KD 线的变化能果断出货，则可成功地在高位获利了结，规避市场风险。

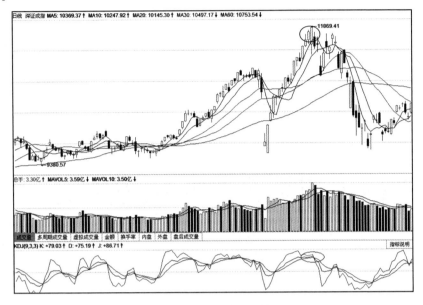

图9-18　K值高位卖出

### （八）双峰顶天卖出

双峰顶天就是指股价上升到高位后，先后形成两个高度大致相等的顶部，如同两个耸立云天的山峰，此种走势，就称为双峰顶天。该形态就是业内人士通常称谓的"M 头"或"双顶"。股市流传这样一句话："双峰顶天，跌在眼前。"多数情况下，双峰顶天形态形成后，股价大多会有一波下跌行情，短线散户应及时抛出股票，保住盈利。

如图 9-19 所示，秀强股份（300160）在 2020 年 2～3 月的日线图显示，该股在此期间走出典型的双峰顶天的形态。该形态的第一顶出现在 2020 年 2 月 21 日，显示峰顶高点的图线是一条穿头破脚的实体阴线，峰顶高点为 13.74 元；第二顶出现在 2020 年 3 月 6 日，显示峰顶高点的图线也是一条穿头破脚的实体阴线（开盘价 12.6 元，最高价 13.58 元，最低价 11.4 元，收盘价 11.98 元），峰顶高点为 13.58 元，第二顶略低于第一顶，大致处在同一水平线上，是非常明显的双峰顶天形态，显示强烈的见顶信号，此时应卖出股票。该股的后市走势有力地印证了这一分析，自"双峰顶天"形态出现后，股价就由 2020 年 3 月 6 日第二顶高点出现的 13.58 元下跌到 2020 年 4 月 28 日的 5.45 元，下跌幅度达到了 59%。

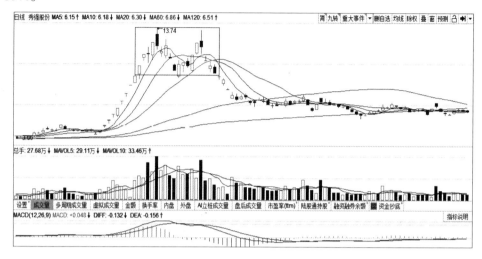

图9-19 双峰顶天卖出

**（九）见顶后跳空低开**

在不断大幅波动的股票当中，寻找巨大的差价利润是目前散户主要的操作模式，因为只有差价大才可以产生利润。当散户把精力集中在一只股票上的时候，可以看出庄家的操作意图和操作手法、挂单的技巧等，这些都是在平时的分时走势当中可以分析出来的。主流资金经常采取偷袭的方法把握早盘和尾盘的行情。当早盘还没有人关注的时候，突然大幅快速拉升股票价格，直接挂涨停板封住。次日，跟风盘涌进的时候从容获利卖出。

还有一种就是专门在 14：30 分和 14：45 分突然出击，快速封住涨停。速度是成功的关键。当大家都还没有反应过来的时候已经大单封住涨停，想卖的人都得等明天再说了，结果次日低开，错过了卖出的机会。通常认为早上开盘后15 分钟内攻击涨停的股票是比较强势的。均线价格跟随股票价格快速平衡向上，就是我们说的均价跟上庄家成本提高。当有大资金封住涨停后，为了把不坚定的人震出仓，庄家经常撤单、抛盘打开涨停一个缺口，让那些不看好后市的人先出来，避免第二天再冲高的时候成为抛压。震仓出来之后就会把撤掉的封单再次挂在涨停价格。股票通常次日还是能够继续向上拓展更大的空间，但是，连续开盘缩量涨停的股票才是最强的股票。当在高位庄家不想拉高的时候，就会出现大的成交量，等散户买到的时候就已经被套住了。因此，狙击涨停不是什么股票都可以去操作的，这需要对短线非常熟悉的专业操盘手才能做得较好。

### （十）接近涨停板时卖出

如果在连续大涨之后，涨停板在盘中屡次打开，并且逐渐封不住的时候，散户要提高警惕，适当注意其高位见顶风险。因为这种情况表明该股内部的各庄家资金已经对这只股票后期走势产生了分歧，并且有庄家资金在悄悄撤出，散户此时需要获利了结。这类具有一定风险的涨停股往往具有以下特征：

①大阳线的出现显得太过突兀。

②涨停板封住的成交量不够大。

③盘中涨停板被多次打开。

④从走势上分析，涨停板位置堆积的成交量并不大。

这些情况说明该股的庄家并没有充分做好准备，后市将难以形成上涨走势。如图 9-20 所示，济南钢铁（600022），在 8 月 3 日涨停，但成交量相对于前一日出现了减少，后市随即下跌。

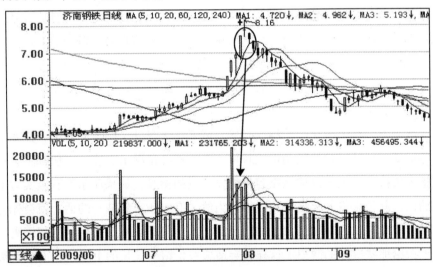

图9-20　接近涨停板时卖出

# 三、散户买卖实战要领

散户在买卖股票时，不要一味地追涨杀跌，而是要有自己的买卖策略。

## （一）关注尾市

很多散户在跟庄的过程中，往往不知道在什么时间买入较为安全。对于早盘买进，还是临近收盘时买进，不同的行情区别比较大。

有些庄家在接近尾市时喜欢搞突然袭击，并且动作极为麻利，分时图上股价如一条直线般往上蹿。散户想跟进时，股价大多已封在涨停板上，所以散户想在尾盘买入的时候，操作上会有一定的难度。

在大牛市的行情中，庄家喜欢在开盘后不久就拉涨停。在这样的行情中，如果挂单挂迟了，将会失去股价拉升时带来的利润，甚至失去买入的机会。但是，在大盘处于平稳时期或者相对弱势的时候，庄家则喜欢在尾市搞突然袭击，在收盘前大幅度拉高股价。所以，在大势较为平稳或是相对弱势的时候，散户在操作的时候应把买入的时间尽量放在股价临近收盘的时候，这样既可以控制风险，又能较好地把握买股的机会。

一般来说，在大盘比较平稳的时候，或者在大盘处于调整的时期，盘面上的热点相对缺乏，并且板块轮动也比较快。在这样的情况下，庄家一般都不会在早盘就把股价拉高，因为这样做很容易引发大量的抛盘，如果庄家的资金实力不是很强的话，就很难将升势维持到收市。当然，有时庄家想减仓的话，就会先将股价大幅度拉高，以此来吸引大量的跟风盘涌入，等股价被拉高后，再将筹码如倒水般地抛给那些追高的散户。这样就会造成股价留下长长的上影线，而当天买入的散户也会被套。

在大盘趋势不明朗的大势下，如果散户在跟庄的过程中遇到早盘拉高的庄股时，最好把买股的时间往后推。如果决定在当天开始布局并逐步买进的话，应该在股价冲高回落的过程中买进，特别是下午 2：30 之后，买入的风险会降低很多。因为，经过多空激烈的争夺，此时大盘的总体趋势已经明朗，此时买入可减少大盘的系统性风险；另外，此时散户能够比较准确地把握市场的热点，避免股价刚开盘时个股鱼目混珠导致的错误买入。股市中经常发现早市排在涨幅榜前列的个股，到收市时往往没了踪影，而一些新面孔却突然冒了出来，其中的原因就在于临近收市是多空决战的时刻，此时的买卖信号通常是最真实的。

在遇到尾市袭击的庄股时，散户要重点关注成交量的变化。如果分时图上的成交量线由原来的疏疏落落变成迅猛增加，同时价位不断上移，表明庄家在大举出动，此时散户可把握介入的时机立即买进。需要注意的是，参与前应确信股价是处于刚启动的底部区域或者是上涨的中途。如果是在股价已经大幅度上涨之后出现的这种情况，就不要轻易进场操作，因为这很有可能是庄家在出货前拉高股价的假动作。

### （二）惜筹待高价

在跟庄的过程中，散户不仅要从 K 线走势和分时走势上分析庄家的动态，同时也不能忽视了量价关系的重要性。无论通过什么技术工具来分析股价，一定要结合成交量进行分析，这样才能更准确有效地预测出股价运行的方向。

散户经常会看到，同样是涨停的股票，有的个股只需要用 5% 的换手率就能把股价拉至涨停，而有些个股却需用 10% 的换手率甚至是更高的换手率才能把股价拉到涨停。相反，同样是股价大幅度下跌，有些个股在下跌过程中呈现出无量盘跌的走势，有些个股却在下跌过程中呈现出放量下跌的走势形态。

从这些情况来看，同样的涨跌，由于成交量不同，其技术含义也是有很大区别的。散户在跟庄的过程中，不应该单纯从股价上涨或是下跌了多少来分析庄家的动态，而应该结合股价运行中的实质，分析成交量的大小对股价后期走势的影响。同时，还应对缩量调整的个股加以关注。

有些散户一看见股价下跌就惊慌失措。但有经验的散户知道，如果个股在下跌的过程中呈现无量下跌走势的话，那就说明市场中成交量对股价的运动并不认可。一旦出现量和价两者配合不默契的情况，那么股价的下跌趋势早晚是会被改变的。

散户在跟庄过程中，若股价在下跌过程中并未放量，就说明卖方有明显的惜售心理。在操作策略上，对这些缩量盘跌的个股，暂时可采取观望的态度。因为，股价的调整趋势一旦形成，那么在短期内是很难得到改变的，并且看好该股的庄家也会趁这个机会逐步地吸进筹码，等待成交量开始重新放大时，股价就迎来了重新走强的机会。所以，等成交量出现明显放大，并且股价开始回升时，散户就可以买进参与操作。如果散户持有的该股暂时被套住了的话，也不应该急于斩仓出局。极度萎缩的成交量说明庄家此时和你一样被套，所以在这种行情低迷的日子里，散户不妨和庄家一起"同甘共苦"。

### （三）关注筑底的个股

散户买股票，都希望自己能买到股价处于底部的个股，但是每次都买到处于底部的个股几乎是不可能的。大家知道底部的形态变化万千，有时底部形态是双重底，有时底部形态是三重底，而有时底部形态是复合头肩底等。形式多样的底部形态，往往让散户无法确定什么时候才是真正的底部，而且个股的底部在构筑过程中是无法用一个很有效的技术来确认的。在实际操作中，只有等到股价涨起来一波行情之后，才知道哪里是股价的真正底部。

虽然散户很难准确地预测或判断股价的底部区域，但是在选择股票的时候，如果能够挑选一些跌无可跌的个股，也就是说"铁底筑成"的个股，在庄家拉升之前提前买进，并且坚持持股待涨，不赚钱就不出局，那么从投资策略的角度上来讲，这就是一种非常稳健和可靠的投资方法。跌无可跌的个股虽然不会马上就上涨，但股价继续下跌的空间已被封闭，其走出一波上涨行情是迟早的问题。

跌无可跌的个股，至少要满足以下两个条件：一是该股已经经历了一轮完整的下跌行情，股价已跌至历史低位区域；二是股价在低位区域经历了一段长期的反复横盘整理，也就是说这样的个股经过长时间的磨炼，随着增量资金的进入，底部就会逐渐形成。这类个股容易受到庄家的青睐，或者是庄家早就潜伏在里面，因此这类个股散户也要密切关注，随时观察其后期的走势动态。

散户在跟庄的过程中，一旦发现满足以上条件的个股时，就应该做到先入为主。在这一点上，散户要有"坐穿铁底"的精神。可以试想一下，如果选择了一只只有上涨空间而没有下跌空间的个股，那么散户的成本无非就是时间了。

面对已筑成"铁底"的这类股票，散户在跟庄的过程中经常会出现以下两个误区：

①股价既然还没有启动，那么就等到它启动之后再买入也不迟的想法。在通常情况下，庄家往往不会给你一买进就赚钱的机会，就像ST类个股一样，都是要么就不怎么涨，要涨就大涨，有的甚至是开盘即封涨停，并且是连续出现涨停。

②认为基本面差的股票不值得买，ST股就更应避而远之。其实，炒股最紧

要的是赚钱，不管是什么股，只要是能赚钱的股票就是好股。反正选股票不像选妻子，没必要强迫自己跟"她"过一辈子。看似极具投资价值的高成长股，若股价高高在上，买进这样的个股去操作的话，持股者其实就好像抱着一颗地雷，随时都有爆炸的危险。基本面一无是处的垃圾股（前提是短期内无停牌的风险），如果股价运行在"铁底"处，往往是投资的安全区。类似这样的个股在市场上有很多，关键是散户能不能发现。

散户在跟庄的过程中，对一些跌无可跌的 ST 个股应该高度重视。这些个股很容易受到短线庄家的青睐，一旦有庄家入驻，股价在短期内就会出现暴涨的行情。比如，2020 年 4 月的 *ST 亚振（603389）就是在每股跌至 3.45 元的情况下出现了上涨的行情。

### （四）关注"散兵坑"

散户在跟庄的过程中，会遇到有些个股突然从低位拔地而起，股价快速地走出底部区域，使人措手不及。那么这些突然冲出的个股在发动攻击之前又有什么踪迹呢？

散户如果能够仔细观察盘面的"一举一动"的话，就不难发现这些冒头个股。在大势不好的时候，或者是庄家短期内无意发动行情时，这类股票的日 K 线走势图就会呈现出缩量整理的形态，成交量也很稀少，一般会低于 5 日、10 日的成交均量线。从日 K 线走势图上可以看到，这时的成交量就好像一个个的"坑"，这些"坑"通常就是庄家的藏身之地，庄家就这样悄无声息地潜伏在"坑"里等待时机。

从技术形态的角度来看，冒头个股的"坑"有以下特征：

①股价的运行是处于调整阶段或者股价经过一波小幅度的上涨之后的横盘阶段。从各个技术上分析，短期内股价没有上攻的迹象。

②成交量呈现出持续萎缩的现象，5 日均量线向下穿越 10 日均量线形成死叉，并且成交量一般是低于中短期均量线。

③股价在整理末期时，成交量会温和放大，并且 5 日均量线逐渐向上穿越 10 日均量线。从整个走势上看，成交量呈现出两边高、中间低的形态，这些日子的成交量柱状图上面横着均量线，这些就是我们所说的标准的"散兵坑"。

在"散兵坑"形成的初期，股价通常还是处于调整阶段，从盘面上看，短期并没有止跌的迹象，此时，散户暂不宜参与操作，而是应该密切关注其后期走势。当股价随着成交量温和放大而缓慢走出谷底，并且 5 日均量线上穿 10 日均量线时，就是进场操作的好时机。从量价的角度来分析，出现量比价先行的走势时，随着成交量的不断增大，股价迟早是会跟着上涨的。当成交量爬出"散兵坑"之际，往往是多头出击之时，散户在跟庄的过程中，一定要抓住这个机会。如图 9-21 所示的应流股份（603308），图中圆形区域所示的就是"散兵坑"。

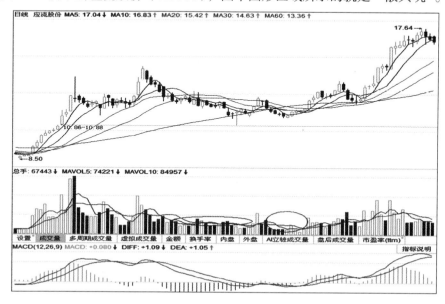

图9-21　"散兵坑"形态

　　跟庄的散户了解和掌握"散兵坑"的意义在于该区域成交量出现极度萎缩，说明市场惜售，庄家此时无意发动行情。当成交量温和放大，缓慢走出"散兵坑"时，散户就应该重点关注其股价的动态，一旦启动行情，就应该果断跟进。当庄家在"散兵坑"内休息时，散户也不妨暂时休整一下。如果散户发现偶然有一两天成交量破"坑"而出，并且是短期成交量忽然增大，就需要关注均量线的排列状况。如果均量线仍呈空头排列，说明股价短期整理还没有结束，此时还不到买入的最佳时机。

　　**（五）警惕"三只乌鸦"形态**

　　散户在跟庄的过程中，如果发现庄股经过一轮幅度比较大的上涨之后（上涨幅度在 50% 以上），K 线图上连续出现三根阴线的走势形态，并且开盘价一天比一天低，收盘价格也在不断地下跌。出现这种走势形态，K 线技术上称之为"三只乌鸦"，这是市场走势转淡的典型形态，出现这种形态时，散户要减仓操作，或者干脆清仓出局。

股价运行到高位区域连续三天收出阴线时，市场由强转弱的信号就比较明确，很有可能会立刻发生转势的走势。如果在出现"三只乌鸦"的走势时，成交量与前几天相比出现萎缩，并且5日均线和10日均线都掉头向下的话，可以判断市场很快就会出现下跌的行情，此时散户应该立刻清仓出局，以避免股价快速下跌带来的损失。

一旦股价在运行到高位区域时出现这种"三只乌鸦"的走势形态后，就会引来一群"乌鸦"的跟随，这就是我们常说的"乌鸦群飞"状态。散户遇到这种情况时，就要立刻采取减仓或者是清仓操作。特别是在股价高位回落一定幅度之后迎来反弹行情时出现这种"乌鸦群飞"的走势形态，就要更加注意，此时散户应该果断清仓出局。

散户在实际操作过程中，要想保住胜利果实，操作上就应该讲究卖出的技巧。散户在卖出时应该注意的问题如下：

1. 有备而来

无论什么时候，在买进股票之前，就要盘算好买进的理由，并计算好出货的目标位。千万不可以盲目地买进，然后盲目地等待上涨，再盲目地被套牢。买股票要看看它的基本面，有没有令人担忧的地方，以防基本面突然出现变化带来的损失。同时，还要特别注意不买问题股。

2. 一定要设立止损点

凡是出现巨大亏损的散户，都是由于入市的时候没有设立止损点。设立了止损点就必须认真执行，特别是在刚买进就被套时，如果发现买错了，就应该立刻卖出。总而言之，做长线投资必须是股价能长期走牛的股票，一旦股价长期下跌，就必须卖出。

3. 不怕下跌，怕放量

有的股票无缘无故地下跌并不可怕，可怕的是下跌时成交量放大。特别是庄家持股比较多的品种，绝对不应该有巨大的成交量。如果出现巨量成交，十有八九是庄家在出货。所以，对任何情况下的突然放量，散户都要提高警惕。

4. 拒绝中阴线

无论大盘还是个股，如果发现跌破了大众公认的强支撑，当天有收中阴线的趋势，都必须加以警惕，特别是本来走势不错的个股，一旦出现中阴线，可能引发中线持仓者的恐慌，并大量抛售。有些时候，庄家即使不想出货，也无力支撑股价，最后股价必然会跌下去。

5. 基本面服从技术面

股票再好，形态坏了也必跌。可怕的是很多人看好的知名企业的股票，当技术形态或者技术指标变坏后，就自我安慰说企业要投资。我们必须清楚地知道，即使再大的资金做投资，技术形态变坏了，也应该减仓至少50%以上，等待形态修复后再买进。要知道，没有不能跌的股票，也没有不能大跌的股票，所以对任何股票都不能迷信。

6. 不做庄家的牺牲品

有时候散户获得了有关庄家的消息。在买进之前散户可以相信，但关于庄家出货的消息千万不能相信。任何庄家都不会告诉你自己在出货，所以庄家是否在出货，要根据盘面特征来决定，千万不可以根据小道消息来做判断。

### （六）紧抓"逃命线"避损失

在股市中，如果大盘或个股处于向下调整的阶段，某一天股价却出现反弹，收出一根暂时止跌的阳线，给被套的散户以出逃的机会，那么这根阳线就称为"逃命线"。散户在跟庄的过程中如果不幸失手的话，就应该紧紧抓住这根逃命线，及时减仓或者是清仓出局，以尽量减少损失。

散户在跟庄的过程中遇到这种在下跌途中拉出的一根大阳线走势的个股时，一定不要轻易地认为有庄家在下跌的通道上对其建仓。大盘或个股在相对高位出现暴跌之后，中途冒出来一两根反弹的大阳线，并不能说明股价已经跌至底部，如果散户在实际操作中凭这一点进场操作的话，往往会被深套其中。

在跟庄的过程中，下跌之后出现的阳线是逃命机会还是买入机会，关键是要从股价运行的趋势上判断。如果股价是在上升趋势中的短线回落，调整时出现反弹大阳线，并且此时各个上升的技术指标并未改变，那么后市将会重返升势，此时收阳线就是买入的时机；如果此时从各个技术指标来看有明显的见顶迹象，说明此时的上涨"大势已去"，收出反弹大阳线之后，股价将会继续下跌，散户此时就应该把握好这次反弹的机会，果断清仓出局。如果遇到下跌途中出现反弹高度一次比一次低的个股时，那么每次反弹时都是"逃命"出局的机会，否则最后必然会被越套越深。特别是那些暴跌之后的个股，在下跌过程中出现阳线，通常并不能断定股价已经运行到底部了，因为股价的暴跌对市场人气的打击很大，在短期内很难恢复市场的元气。个股在经历了暴跌之后，也需要在低位横盘整理一段时间，这样的底部才算得上是牢固的。

### （七）关注影线看出逃

庄家一轮庄坐下来，要撤退的话，总会在 K 线走势图上留下蛛丝马迹。散户在跟庄的过程中，如果个股经过一波上涨行情之后，股价已经有比较大的上涨幅度了，盘中却突然在某一天出现冲高回落，留下一根带长长上影线的 K 线，并且此时如果伴随着成交量增大，那么出现这种形态的走势，一般是庄家逃跑时来不及销毁的"痕迹"。出现这种走势形态时，散户一定要十分谨慎，因为这预示着股价可能在短期内就会见顶，并且很有可能后市一路向下，走出一波下跌行情。

庄家出逃时的影线是由一根带长长上影线的 K 线形成的，这根 K 线可以是阳线，也可以是阴线。其中上影线的长度应该是 K 线实体的两倍以上，并且在出现上影线的当天，股价往往高于前一天的收盘价格，出现这种形态的走势时，同时伴随着成交量的放大。这种形态在分时走势图上会呈现出加速上涨的状态，经常出现直线式的上涨，但很快就会迅速下挫回来。出现这种走势形态的原因主要有以下两个：

①庄家的诱多动作。庄家在早市开盘时先把股价大幅拉高，以此来吸引跟风盘涌入，等场外的散户上钩之后，他再反手做空，把股价压下来，股价呈现出先涨后跌的走势形态。

②股价经过连续上涨之后，获利盘的利润十分丰厚，持股者对后市的看法出现了分歧，做多的散户此时出现了转变，短线投机者纷纷选择落袋为安，因此导致股价冲高回落，这种情况也会留下长长的上影线。

因此，出现此走势的个股，股价往往短期就会见顶。在跟庄的过程中，散户如果遇到这种走势时，就应该及时获利了结，从而回避短期股价回落而带来的风险。

## 四、追击涨停板

涨停板指规定交易价格在一个交易日中的最大波动幅度为前一交易日收盘价的 10%，超过后便停止交易。涨停板可以启动一波行情，推动行情飙升，可以使几元钱的股票变为几十元甚至上百元，可以给散户带来巨大的收益，也可以吸引数亿乃至数百亿资金于一只股票上。涨停表示股价有最强烈的上涨欲望，而股价出现的第一个涨停往往就是短线上涨的临界点所在。

**（一）涨停板的形态**

追击涨停板所蕴含的市场风险是尽人皆知的，而追击操作如果运用得当，其收益也是极其可观的。涨停板的表现形式，有以下几种：

1. 无量涨停板

无量涨停继续上涨的能量大。庄家控盘极强的个股，在主升阶段，适逢大盘处于上涨行情，由于筹码锁定也会造成无量涨停现象，说明庄家做多决心大，根本不给散户买入的机会。如果此类涨停板出现在股价底部区域，可理解为突发的重大利好消息刺激了股价的上升。由于市场惜售的原因造成交易量非常少，股价一直上升到前期密集成交区域附近，成交量才会放大，股价也会出现滞涨。

2. 放量涨停板

放量封住涨停需要分两种情况分析：

（1）开盘后放量封住涨停，途中不开板

放量的含义是有一部分看空的抛出，但看多的更多，始终买盘庞大，K线图中形成"一"字，即最高价、最低价、开盘价、收盘价四个价合为一个价，此时应暂缓出手。造成这种情况的原因可能是突发性政策利好；阶段性板块热炒；个股潜在重大利好，过去也常有子虚乌有、瞎编乱造的情况；庄家融资期限较短，需速战速决。庄家的目的在于造成巨单封住涨停的假象，自己往外甩货，但有时打开之后，根据市场分时走势再拉上去。

（2）开盘并未涨停，震荡拉升后再放量封住涨停

此类走势较为多见。出现在股价底部时可理解为庄家吸筹，若出现在行情上涨阶段，可视为拉升或出货。一般情况下，庄家在底部拉升至涨停板，一来可吸纳到筹码，二来可为将来的再次拉升树立市场强势形象。庄家吸筹之后，利用手中的筹码砸盘，使得散户担心再次被套而慌忙出逃，于是庄家获得更多筹码，同时持筹成本也会降低。出现在上涨行情阶段的涨停板，散户可以根据当时市场的情况、个股筹码稳定性等方面做出评判。如果市场处于人气旺盛期，介入后的胜算把握较大，可追涨，反之，则不宜追涨。

3. 反复打开的涨停板

在封住涨停之后，中途反复打开。这种形态在庄家吸筹、洗盘、拉升及出货

等各个操盘阶段意义不同。

（1）吸筹阶段

在此阶段，为达到快速建仓的目的，庄家的介入造成涨停。由于担心浮筹不肯出来，庄家故意以少量的封单挂在买盘，给人一种摇摇欲坠的感觉。结果解套盘和获利盘争先恐后地涌出，使得涨停板被打开。庄家的大量吸筹以及跟风盘多又促使价格再度冲上涨停板。如此反复，达到目的之后，庄家又会以大买单封死涨停板。其特征多数处于近日无多大涨幅的低位，大势较好。低迷市、盘整市不要在此高位吃货。刚封板时可能会有大买单挂在买一等处，这是庄家自己的单，然后大单砸下，做对倒，使肥水不流外人田，造成市场恐慌，诱人出货。而此时庄家却在吸筹，之后小手笔挂在买盘，反复震荡，有封不住的感觉。

（2）洗盘阶段

一般出现在个股主升浪的开始以及中段。庄家要做最后的洗盘，以便于主升浪能够走得更高更远。

（3）拉升阶段

庄家瞄准市场处于人气旺盛阶段，就会以连续涨停板的方式来拉升股价，形成逼空行情，使得股价远离自己持筹成本区域，以便能够顺利出货。在拉升行情尾段，反复打开涨停的现象偏多，散户应提高警惕。

（4）出货阶段

一般来说，市场人气还能保持旺盛，有追涨的愿望，跟风盘较多，庄家把股价拉至涨停板，通过反复撤掉封单等手法出货，这是散户必须掌握的重要内容。

**（二）判断涨停板的时机**

涨停板是庄家资金大举介入的明显信号，是调整布局、变换节奏或区分环节的标志。实战中，必须对涨停板做细致的分析，及时判断涨停板的时机。

1. 观察K线

K线组合是几个交易日K线的衔接和联系，它无法掩饰股票价格运行趋势的某种征兆。研究K线组合的深刻含义，感知其内在动意，把握股票价格上涨征兆，可以大大提高捕捉涨停板的概率。对强势整理、突破复合箱体、两阳夹一阴、"东方红大阳升"及三线开花等K线组合及均线系统的认真分析研究，对捕捉涨停有很实用的价值。

2. 分析成交量

成交量是多空战斗力的对比。看盘要先看成交量，临盘要关注大单成交情况，它反映庄家资金的价格意志。当大单低挂时，它往往会打压股价使其节节走低；当大单高挂时，它往往会提升股票价格，使其节节走高，随波上攻。上攻时大单的成交量为庄家资金的价格意向，一定程度上决定着股票价格的升幅。关注上攻时成交量的变化，顺其动向及时操作，可提高捕捉涨停板的概率。

3. 关注均线支撑

股票价格的即时走势大多无序，把握起来比较困难。而反映平均交易价格的均线则能较多地体现出一些规律，把握起来相对地比较容易。均价线作为平均的交易价格水平，对即时股价有着一定的影响，它或拉动、或支撑、或压制着股票即时交易的价格。股价回落获得支撑，上涨成为必然，支撑的力度越大，上涨的幅度也就越大。关注均线支撑对捕捉涨停很重要。

4. 关注公告

能够连续数个或者数十个涨停的股票，往往会有庄家的消息面配合。有时一些重要信息是能够被捕捉到的。一般来说，有重大利好首次被披露，一旦涨停，上攻力量将非常强大，获利机会很大。但是，此时需要注意该利好是否预先透支，即出利好之前是否已经被热炒过，热炒过的股票，利好有可能成为庄家逃跑的好条件。

5. 分析动能

动能是指股票价格波动的能量，它的大小常常从其运动的角度上反映出来。在操盘系统中，有一个"坡率"指标，即均线的坡率越大，上攻的动能越大。上攻动能大多从股价走势的攻击角度上体现出来，上攻角度越大，动能越大，当上攻角度大于60度时，它集中反映做多动能的不可抑制。但股价上冲一般难以一蹴而就，总要在上攻后有一次回落，然后二次上攻，动能大小在此时反映得往往会比较清晰。动能较大时介入，要以高于成交价格挂单买入，否则容易踏空。

6. 分析集合竞价

集合竞价作为沪深两市开盘前交易状况的反映，常会流露出多方当日投入资金及重点攻击对象的蛛丝马迹，显示着在总结前一交易日激烈搏击经验教训的基础上，经过一夜利弊权衡和周密安排部署，庄家资金当日运作意图的一些信息。认真细致地分析集合竞价情况，一方面，可以较早地感知大盘当天运行趋势的某些信息，掌握自己投资运作的背景；另一方面，可以及早进入状态，熟悉自己选中个股当日的第一信息，验证或调整、贯彻自己经过周密制订的投资计划，敏锐而有效地发现并且抓住集合竞价中出现的某些稍纵即逝的机会，果断出击，提高成功捕捉涨停板的概率。

散户对于自己重点关注的股票，在分析研究集合竞价情况的时候，一定要结合该股票在前一交易日收盘时所滞留的买单量，特别是第一买单所聚集的量的分析，这种分析对于当天的操作及捕捉涨停的效果有着十分重要的意义。如果一只股票在前一交易日是上涨走势，收盘时未成交的买单量很大，当天集合竞价时又跳空高走并且买单量也很大，那么这只股票承接昨日上升走势并发展为涨停的可能性极大。结合诸如 K 线组合、均线系统状况等情况的综合分析，确认具备涨停的一系列特征之后，要果断以略高的价格挂单参与竞价买入。当然，也可以依据当天竞价时的即时排行榜进行新的选择，以期捕捉到最具上升潜力的股票，获得比较满意的投资效果。

**（三）能追的涨停板**

并不是所有的涨停板都能追，能追的只是少数。在庄家出货阶段，股票涨停是为了提升出货空间，这时庄家是在边拉边出，出货顺畅，第二天可能随时会变盘，若出货不顺畅，则第二天继续拉高出货。散户不可能及时知道庄家的出货情况，见涨停就追的做法是不可取的。对多数涨停来说，属于技术形态不好情况下的涨停、跟风涨停及分时图情况不佳等，这类涨停是不能追的。实际买卖中，必须在个股本身技术形态良好，存在一定上扬空间，分时图显示出的庄家向上做盘意愿强烈以及大盘的条件相对配合等因素都具备的情况下，才能采取追涨停战术。

1. 分析分时图

分析个股分时图要注意以下四个方面：

（1）看均价线

均价线应该是开盘后保持向上，支持股价上涨。

（2）看分时图里的股价

如果股价从盘整到冲击涨停，盘整区离涨停的距离在 5% 以内，那么冲击涨停速度通常比较快、此时投资者可以立即跟进。但是如果盘整区离涨停比较远，不是很快冲向涨停，而是冲高一下再盘整（盘整区提高），然后再迅速冲向涨停，这时投资者可以观望，不适宜追涨。

（3）看分时图里的成交量分布

要求上涨成交量要放大，而且放大要适当且比较均匀连续；忌讳的是突然放量很大，而后又迅速缩小，这说明庄家心态不好，会引起追涨盘的怀疑。

（4）看委托盘

要涨停的股票，一般显示出来的买进委托盘不会比委托卖出盘大，因为庄家的真正买盘是即时成交的，也是看不见的，而那种很大的买盘托着股价慢慢上涨的，基本可以认为是庄家在出货，不能追进。

2. 分析日 K 线

日 K 线若为光头光脚的大阳线，则该股后期继续涨停的概率增大。高开高走涨停说明走势极其强劲，庄家用力拉升，更容易吸引跟风盘，第二天能走得更高。由于当天没有在低价区成交，获利盘较少，抛压出现的位置也会相应提高，从而留出更大的获利空间。

3. 分析形态

股票应经过较长时间震荡盘整，走势才趋于平稳。盘整要求 5 ～ 6 天内没有出现大阴线、大阳线，均线系统不能出现 BIAS 太大的情况，拉到涨停的位置后离强阻力区域不能太近，要给第二天的高开留下一定的空间。对于庄家持仓太重、基本只有庄家自己参与交易的股票，首先必须研究日 K 线，判断一下庄家此时的意图，再决定是否参与。一般情况下，盘整后突破的股票是最好的，由于普遍的心理预期是突破后上涨空间打开，第二天的获利幅度会大一些。对于超跌反弹的股票，由于反弹性质决定，高度不能预计太大，要保守一些。而连续上攻的股票，由于在低位买进的人可能随时抛出，形成大抛压，因此，除非是在大牛市，否则追涨停的时候一定要小心。对于庄家仓位比较重的股票，由于其出货的需要，常在涨停后继续拉高出货，才能降低仓位，反而相对安全些。

4. 分析板块

一般来说，龙头股的涨停比跟风股的涨停好，并且这里要求大盘条件要有利，能够支持板块上扬。这种情况出现，不仅容易吸引短线盘，还可以吸引中线盘，再加上股评的吹捧，造成其中的主要个股能够在涨停后继续高开高走的强劲走势，这时追涨停也是较安全的。

5. 分析换手率

成交量和换手率都是涨停板必须重点关注的。第一次即将封涨停时，通常，换手率小的比大的好。尤其是在大盘处于弱市和盘整市时。通常，情况是普通股换手率低于 2%，ST 股换手率低于 1%。在大盘处于强势时，这个换手率条件可以适当放宽，但无论在何种情况下，都不能超过 5%，包括涨停被打开后又被封住时换手率的情况。这些对换手率的限定，实际也是限定当天就已经获利的买盘数量和说明当天抛压的大小，这时获利盘越小、抛压越小，第二天的上攻余地也就相应越大。

6. 分析涨停时间

涨停时间早的比晚的好，最先涨停的比尾盘涨停的要强势。盘面分析，当天交易中第一个封涨停的最好，涨停时间最好限制在 10：10 以前。因为，短线跟风盘十分注意当天出现的机会，前几个涨停最容易吸引短线盘的目光，并且在开盘不久就能涨停，这说明庄家是在有计划地拉高，不会受大盘当天涨跌的太大影响（但不是没有一点影响），如果这时该股票的技术形态也不错，在众人的推动下，涨停往往能封得很快，而且买单可以堆积很多，上午收盘前成交量就可以萎缩得很小，在下午开盘时就不会受到什么冲击，封住涨停的可能性就非常大，第二天获利也就有了保障。由于短线盘很多已经集中在上午的涨停板上，下午的涨停板吸引力相对小一些。

其他时间段涨停的股票相对差一些。其中 10：10 ～ 10：30 以前涨停的股票，如果到涨停时换手率不大（如果是涨 10% 的股票，换手率要求低于 2%；如果是 ST 股票，换手率要求低于 1%），分时图上股价走势比较正常，没有出现顶峰情况；分时成交比较连续，没有出现大笔对倒，则可以跟进。这类涨停之所以比较差一些，一是由于这时候涨停的股票可能是跟风上涨的股票，本身庄家可能并没有事先的拉高计划，只是由于盘面影响，临时决定拉高，所以必须严格限制换手率条件，说明尽管拉高仓促，抛压还是比较小，次月才有机会冲高；二是由于涨停时间比较晚，在上午收盘前成交量不一定能萎缩得很小，那么在下午开盘时，受到抛盘的冲击相对大一些，风险也相应大一些。

在 10：30 ～ 11：10 涨停的股票，这种风险更大，经常有下午开盘后涨停就被打开的情况。在 13：15 ～ 14：00 涨停的 ST 股，如果涨停时换手率很小（低于 1%），分时图表现为在冲击涨停前只有非常稀少且不连贯的成交，只是在冲击涨停时才逐渐有量放出，并且在冲击涨停时股价走势比较连贯，没有大起大落，则也可以跟进。之所以这个时间段以考虑 ST 股为主，原因是 ST 股的涨停只有 5%，在上午的交易中，即使散户买进，今天涨停，散户获利也不大，第二天的获利抛压也不会太大，但是涨 10% 的股票就不同，上午涨停，那么上午买进的散户获利很大，第二天的抛压会相当重，风险就太大了。

在 14：00 ～ 15：00 间涨停的个股，除非大盘在连续阴跌后，在重大消息的刺激下出现反转走势，或者是在下午走强的板块中的龙头股（这时大盘还必须处于强势中），否则轻易不要进入。因为这时候的涨停是庄家尾市做盘，目的一般是为了第二天能在高点出货，同时在上午和下午买进的散户获利很大，第二天的抛压也就很重。庄家在尾市拉高不是用资金去硬做，而是一种取巧行为，此时跟进，风险非常大。

### （四）追涨实战要点

散户在追涨时要注意以下几个问题：

#### 1. 调整心态

追涨停时，最重要的是将心态调整好，有些朋友总是担心追不上，错过好股票，习惯于在涨停之前提前下单，这是非常危险的行为。追涨停的介入点一定要在待涨停个股最后 1 分钱价位快被消化殆尽（只剩一百多手卖单）时快速挂单，当你挂单的时候，往往由于时间差的关系，看上去已经涨停了，实际上股价会有一次向下强力打压的过程，这时候你挂出的买盘实际上在涨停价位上排队，由于你下手及时，一般会抢在庄家的超级大封单之前排队，并且都有希望成交，同时这个点位最安全。买不上也不可怕，怕的是在股票差几分钱涨停时就急不可待地追进，自己被庄家强劲的拉升所迷惑，认为股价一定会涨停，于是抢先买入，可是庄家偏偏在距离涨停只有 1 ～ 2 分钱的时候掉头向下，或者是刚接触到涨停价，却无力封死涨停，然后再掉头向下，结果往往当天被套，损失惨重。

#### 2. 不可忽视操作前的准备工作

要查看有关符合条件个股的股评，第二天的公告信息，股评对大势的预测，对股市有重要影响的事件发展情况等。有条件的还要看看龙虎榜信息，认真分析庄家资金是在流入还是流出，其资金是机构的还是私募的。第二天早上必须认真查看财经消息，看看有没有突发事件、利空消息，顺便回忆一下昨天晚上看过的信息，做好心理准备。

#### 3. 注意追涨换手率

涨停时，通常换手率越小越好，换手率超过 30% 的一定不要追。在大盘处于弱市和盘整市时，换手率不要超过 5%。在大盘处于强势时，换手率不要超过 15%，但无论在任何情况下，不能超过 30%，包括涨停被打开又被封住时换手率的情况。

4.注意追涨股的类型

一般来说，在低位盘整一段时间后突然涨停的个股比连续上涨后再拉涨停的股好。低位盘整的时间不能太短，至少在一个星期以上，而且在盘整期间股价运行平淡，没有出现大阴大阳，这时候的突破往往给人的心理预期是突破后上涨空间打开，第二天的获利空间会大一些。而对于超跌反弹的股票，由于反弹性质决定高度不能预计太大，要保守一些。而对于连续上攻的股票，由于在低位买进的人可能随时抛出，形成大抛压，因此，除非是在大牛市，否则追涨停的时候一定要小心。而对于庄家仓位比较重的股票，庄家由于出货时间长，常常是在涨停后继续拉高出货，才能降低仓位，所以反而相对安全些。

5.大盘向下时不要追涨停

在一般情况下，大盘破位下跌对庄家和追涨盘的心理影响同样巨大，庄家的拉高决心相应减弱，追涨盘也停止追涨，庄家在没有接盘的情况下，经常出现第二天无奈出货的现象，因此在大盘破位急跌时最好不要追涨停，因为其风险远远大于收益。而大盘强势时，庄家也更愿意看高一线，所以，追涨只能是在大盘向上时。

6.有重大利好披露时涨停的股票不要追

一般情况下，庄家总是对上市公司的利好具有先知先觉的能力，股价在利好出来之前已经被庄家拉得老高，也就是说股价早就反映出这个利好了。当利好公布时，散户由于消息的滞后，这时候去追涨停，正好给了庄家高位出货的机会。

追涨停的操作要点如下：

①在你感觉到股票要涨停可以封死的时候，提前买进。

②涨停板被突然打开，打开后只下跌一点，在几分钟内又迅速封停的时候追进。

第二天开盘后，只要股票在短时间内没有再次强势封停，就要及时出局，即使后面涨得更多，也不要后悔。否则，你将因为过于贪心而丧失很多可以及时出局的机会，以致被套。尤其在大盘很弱的情况下，及时抛出是正确的回避风险的行为，切不可贪心。

7.挑选爆发股做短线

散户要遵循强势原则，专挑那些短期爆发力十足的个股做短线。选股有两大思路：

①在技术上寻找处于"两极"的股票，一种是处于上升趋势加速段的极强势股；另一种是处于超跌中的极弱势股。

②寻找基本面变化对股价构成重大影响的股票。

### （五）追击 T 形涨停板

T 形涨停板是指当一只股票连续出现涨停后，如果某日能以涨停板开盘，盘中出现回调，收盘时再次以涨停板或接近涨停报收，当日 K 线形成 T，则称之为 T 形涨停板，当日介入，其后一般还有一个或数个涨停机会。T 形追涨停虽然无法把所有涨停一网打尽，但还是可以从庄家手里分一杯羹的。若发现强势股在 K 线图上出现 T 形涨停时，表明该股短期内仍将继续急升，此时迅速抢进，往往还能获得一个或数个不等的涨停板。

T 形涨停板是庄家的一种当天洗盘、当天再往上拉的强势洗盘形式，主要手法是当天股价大幅高开（甚至以涨停开盘）之后直线下挫，给一些意志不坚定的人以巨大的心理压力，有效地洗出浮筹。出现此种形态时成交量通常会同时放大。经此一战，筹码经过了大换手，庄家重新将股价拉至涨停板。

T 形涨停的奥妙在于，庄家先放任获利盘涌出，前期已经获利丰厚的、意志又不坚强的散户此时会及时卖出，落袋为安。同时，让急于入场的散户跟进，筹码犹如接力赛般传到新的散户手上，市场平均成本无形中提高，上行压力随即减轻。留下的获利盘也是一些态度坚决的散户，在拉升中可以有效地为庄家锁仓。

散户在追击涨停板时要注意以下实战要点：

①T 形涨停追涨是为了后面的连续涨停，获取暴利。高收益对应的是高风险，因此并非每一个 T 形涨停都可以追入，还必须结合前几节内容综合分析。这种追涨只能针对强势股，且大盘环境较佳、市场活跃时才可使用。

②在第一个 T 形涨停时介入安全性相对较高，越往后风险越大。

③追 T 形涨停一般适用于未能在启动时及时跟进的散户，T 形涨停形态是极好的介入机会，能在下影线处抢入当然最佳，但庄家通常是在早市高开后往下俯冲，尾市再迅速收复失地，所以散户动作一定要快，否则机会稍纵即逝。

④该类形态的追涨必须保持短线思维。此类股涨起来如火箭，跌起来如过山车，因而了解顶部的特征、掌握逃顶的技术极为重要。一旦涨停趋缓、股价由远离均线到逐渐向均线靠拢时要警惕。

⑤T 形涨停有一类变种，该类 K 线形态不是标准的 T 形，而是带着长长的下影线的锤头，我们称作"锤形涨停"，此形态与 T 字云梯的意义相同，都表明后市短线看好，此时可短线介入。

━━━━━━━━━━━━━━━━**本章操作提示**━━━━━━━━━━━━━━━━

　　对于散户而言，如果能深入研究庄家操作中的技术弱点，把握好股价在涨、跌停板时的买卖点，也就能获得较好的收益。涨停表示股价有着强烈的上涨趋势，而股价出现的第一个涨停往往就是短线上涨的临界点所在。散户如果能正确识别当时的形势，就可以买入，从而获得较好的收益。

# 参考文献

［1］范江京. 跟庄 [M]. 北京：机械工业出版社，2015.

［2］康凯彬. 短线看盘快速入门必读 [M]. 2 版. 北京：中国纺织出版社，2015.

［3］燕翔，战迪. 追寻价值之路：2000 ～ 2017 年中国股市行情复盘 [M]. 北京：经济科学出版社，2019.

［4］王坚宁. K 线形态查询使用手册 [M]. 北京：中国纺织出版社，2014.

［5］楚云风. 简简单单做股票：交易系统的构建心得和运用技巧 [M]. 北京：中国经济出版社，2017.